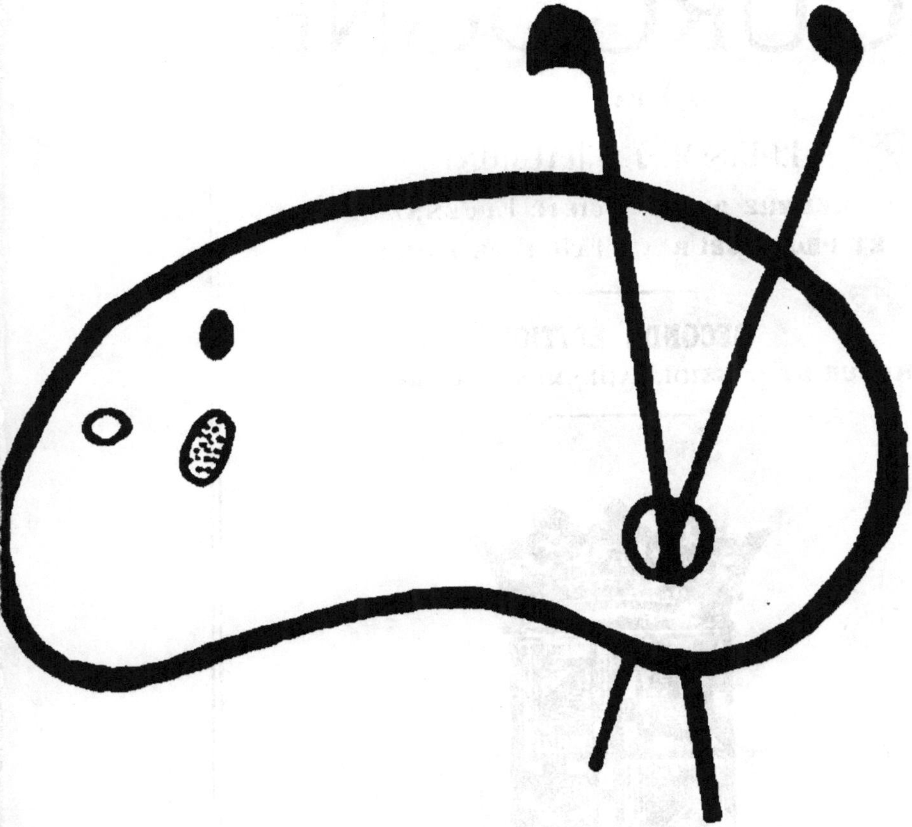

DEBUT D'UNE SERIE DE DOCUMENTS

HISTOIRE POPULAIRE
DE
BOURGOGNE

PAR

LOUIS-M.-J. CHAUMONT

MEMBRE DE LA SOCIÉTÉ ÉDUENNE
ET PROFESSEUR A L'ÉCOLE DE RIMONT

SECONDE ÉDITION
REVUE ET CONSIDÉRABLEMENT AUGMENTÉE

CITEAUX
(Côte-d'Or)
IMPRIMERIE ET LIBRAIRIE
—
1882

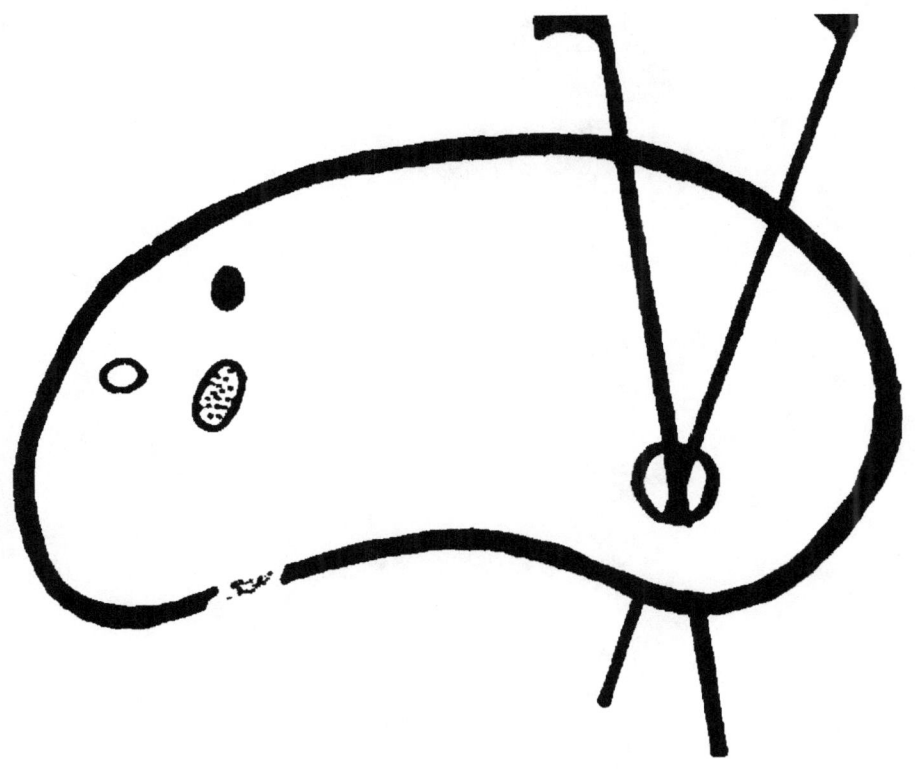

FIN D'UNE SERIE DE DOCUMENTS
EN COULEUR

HISTOIRE POPULAIRE
DE
BOURGOGNE

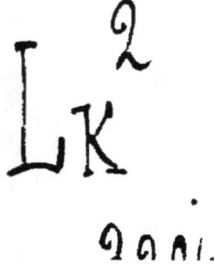

HISTOIRE POPULAIRE
DE
BOURGOGNE

PAR

LOUIS-M.-J. CHAUMONT

MEMBRE DE LA SOCIÉTÉ ÉDUENNE
ET PROFESSEUR A L'ÉCOLE DE RIMONT

SECONDE ÉDITION
REVUE ET CONSIDÉRABLEMENT AUGMENTÉE

CITEAUX

(Côte-d'Or)

IMPRIMERIE ET LIBRAIRIE

—

1882

… A MA MÈRE

PRÉFACE

DE

LA NOUVELLE ÉDITION

« Depuis longtemps, disions-nous dans la préface de la première édition, on désirait une histoire de la Bourgogne courte et simple, qui pût tout à la fois être mise entre les mains de la jeunesse des Écoles et fournir une lecture attrayante aux familles. »

En vérité, nous ne pensions pas que le besoin d'un tel ouvrage fût aussi universellement senti, quoique nous l'eussions pour notre part éprouvé souvent. Il y avait donc une lacune à combler. Ce qui nous étonne, c'est que parmi tant de savants et d'habiles écrivains, dont se composent nos sociétés littéraires et scientifiques de Bourgogne, aucun n'ait songé à mettre à la portée de tous, les glorieux souvenirs de notre province, en donnant un abrégé des grandes histoires de Paradin, de Saint-Julien de Baleure, de Duchesne, de Pérard, de Dom Plancher et des autres compilateurs bourguignons. On objectait que Courtépée avait composé lui-même un résumé de sa *Description générale et particulière du duché de Bourgogne*, justement estimé; et la coutume était d'y renvoyer les lecteurs curieux de connaître l'histoire de leur pays. Les *annuaires* des départements, disait-on aussi quelquefois, sont également publiés pour suppléer au silence des histoires générales. Mais qui donc pouvait se contenter des notices souvent incomplètes et quelque peu vagues, parce qu'elles sont nécessairement très écourtées, données par ces recueils périodiques, qui sont avant tout des ouvrages de statistique ? Quant à l'*Histoire abrégée du duché de Bourgogne* par Courtépée, on sait qu'elle n'a pas été réimprimée depuis la Révolution et que les éditions de ce livre sont devenues des raretés, dont ne se dessaisissent pas facilement les bibliophiles qui les possèdent. On les chercherait en vain dans le commerce de la librairie.

Tous cependant n'auront pas la bonne fortune de fouiller dans la bibliothèque des érudits. Faut-il donc que l'étude de notre histoire provinciale demeure éternellement le partage du petit nombre ? La réponse à cette question s'imposait d'elle-même, et c'est ainsi que nous est venue la pensée d'une *Histoire populaire de Bourgogne*.

L'abrégé de Courtépée en effet n'est pas un livre facile à lire ; il y a encore trop d'érudition et souvent l'intérêt languit au milieu des controverses soulevées par l'auteur. Disons aussi que l'abbé Courtépée ne s'est pas assez mis en garde contre les préjugés de son époque et que facilement il prend rang, soit avec les Jansénistes, soit avec les Encyclopédistes, dont il fut le collaborateur, pour battre en brèche indistinctement toutes les institutions du passé. Voilà pourquoi il nous a fallu refondre en entier son travail, entreprise délicate assurément et qui dépassait de beaucoup nos faibles lumières.

Le but que nous nous étions proposé a-t-il été

atteint? Nous n'osons l'affirmer et il ne nous appartient pas de le constater; mais les éditeurs zélés, auxquels nous nous étions adressés avec confiance, ne tardèrent pas à nous prier de revoir notre premier travail, afin de donner à la nouvelle édition, qui devenait nécessaire, une importance plus considérable. On voulait de plus amples détails, des renseignements plus circonstanciés sur les personnes et les choses; on trouvait, en un mot, que nous étions *trop court*. Cette critique, nous l'avions prévue (page IX), et pour ne pas nous y exposer de nouveau, nous avons été obligé, non de modifier notre premier plan, mais de l'agrandir et de franchir en quelque sorte les limites restreintes, que nous nous étions imposées dans l'intérêt de la jeunesse. Notre premier dessein, en effet, était de fournir aux élèves des Écoles secondaires et primaires, un moyen facile de compléter leurs études historiques sur notre pays. C'était à cause d'eux que nous avions voulu être *court*, afin, disions-nous, « de ne pas les effrayer par un grand nombre de pages. » Quand ils sauront que la nouvelle édition ne s'est accrue que des détails et des anecdotes toujours agréables à connaître, que leurs maîtres donnent eux-mêmes de vive voix, en classe, ils ne se rebuteront pas de ce que le petit manuel est devenu un volume; car l'ouvrage reste substantiellement le même, même plan, même division, même facilité de tout rapporter aux faits et aux dates de l'Histoire universelle ou de l'Histoire générale de France.

Notre *Histoire populaire de Bourgogne* n'avait pas seulement la prétention de devenir un livre classique; elle avait aussi celle de se faire lire au foyer domestique. La science du professeur n'était plus là pour suppléer au laconisme du manuel ; il fallait, lorsqu'on voulait entrer dans le vif de certaines questions, recourir aux in-folio, aux in-4°, dont nous nous sommes servi nous-même pour composer notre abrégé. C'est afin d'épargner cette peine à nos lecteurs que nous avons plus que doublé notre première rédaction. Toutefois, qu'on veuille bien le remarquer, cette augmentation considérable ne change pas le caractère primitif de l'ouvrage : pas plus aujourd'hui qu'hier, nous ne faisons de l'érudition. C'est toujours une *Histoire populaire* de notre chère Bourgogne que nous offrons à nos compatriotes. Nous avons évité avec soin les discussions oiseuses, nous ne faisons que de rares citations, nous ne donnons pas de renvois. Les notes, qui se rencontrent de temps en temps au bas des pages, contiennent des détails ou des remarques, que nous n'insérons point dans le texte lui-même, pour ne pas nuire à la rapidité du récit.

Notre plan aussi vaste que celui de Courtépée, puisque comme lui nous commençons notre récit à la période éduenne, est encore agrandi par la suite des événements compris entre 1477 et 1789, qu'il a négligés ; son histoire s'arrête à la réunion de la Bourgogne à la France, sous Louis XI. Courtépée a partagé son ouvrage en sept livres ; pour nous, nous avons adopté une division plus simple et en même temps plus logique : les *Romains*, les *Rois*, les *Ducs*, car telles sont les grandes phases politiques de la Bourgogne.

Après être remonté aux temps les plus reculés de notre histoire et avoir raconté la conquête romaine et le rôle des Césars dans notre pays, nous arrivons à la prédication de l'Évangile par nos apôtres bourguignons. Nous l'étudions avec tous les détails que mérite un fait de cette importance, trop écourté par notre auteur et la plupart des historiens de la province. La fin de la domination romaine nous conduit jusqu'aux barbares et clôt ainsi le premier livre.

Le second, intitulé les *Rois*, se divise en quatre chapitres selon les quatre races souveraines, qui ont gouverné la Bourgogne, soit comme royaume indépendant, soit comme annexe de la couronne de France. Tous les chapitres sont subdivisés par règne, comme il convient à l'histoire d'un État monarchique.

Le troisième et dernier livre est consacré à la période ducale : ici encore, chaque règne est étudié séparément pour plus de clarté. Le dernier chapitre donne l'histoire de la Bourgogne depuis la mort de Charles le Téméraire jusqu'à la Révolution. Des gouverneurs, nommés par le Roi, remplacent les ducs héréditaires à la tête de la province, mais le titre honorifique de duc de Bourgogne ne tarda pas à être rétabli en faveur du fils aîné du Dauphin de France. Voilà pourquoi nous avons encore rangé cette dernière partie de notre travail dans le livre des *Ducs*.

Cette nouvelle édition, outre les développements plus considérables donnés le long du récit à tous les faits importants, a été augmentée d'un tableau contenant les villes, bourgs, paroisses et hameaux, qui formaient des communautés séparées dans la province de Bourgogne. Cette nomenclature, dont le fond appartient à Garreau, renferme toutes les localités comprises aujourd'hui dans les départements de la Côte-d'Or, de Saôneet-Loire et de l'Yonne. Chacun y verra donc figurer son pays natal avec des détails qui ne pouvaient trouver place dans le cours de l'histoire générale.

Nous avons dit quel était notre but ; nous venons d'exposer notre plan : l'utilité incontestable de l'entreprise est le seul motif qui puisse nous faire espérer, comme la première fois, un bienveillant accueil de la part de nos lecteurs.

Germagny, le 9 Avril 1882

INTRODUCTION

On sait quelle incertitude règne sur l'ethnographie des premiers habitants de la Gaule. D'où venaient-ils ? Comment se rattachent-ils à la descendance d'Adam ? Questions intéressantes, mais qui resteront toujours peut-être sans solution plausible. On aurait tort en effet de prendre au sérieux les vaines théories de certains publicistes qui, au nom d'une prétendue science chaque jour démentie par les faits, voudraient reculer à des millions d'années l'apparition de l'homme sur la terre. Ni la géologie, ni la cosmogonie des anciens peuples, ni l'anthropologie ne peuvent justifier ces hypothèses, trop évidemment inspirées par des passions antireligieuses pour mériter la moindre créance.

Nous devons cependant indiquer les grandes divisions des temps qu'on est convenu d'appeler *préhistoriques* et qui, selon nous, seraient mieux désignés sous le nom de *temps primitifs*; ils n'ont pas précédé l'histoire, puisque l'histoire commence à la création de l'homme; mais ils sont encore hors du cadre général de l'histoire, en ce sens que les premiers écrivains, qui ont recueilli les annales de l'humanité, n'ont pas su ou n'ont pas pu remonter jusqu'à cette époque reculée de nos origines. Il est d'usage de la diviser en trois ou quatre périodes principales nommées : *âge de pierre, âge de bronze, âge de fer.*

Disons de suite que ces âges ne sont pas successifs, se remplaçant l'un par l'autre uniformément sur toute la surface du globe ; ils sont plutôt contemporains ou simultanés, si on les considère dans plusieurs pays à la fois. Ainsi l'Europe n'était encore qu'à l'âge de pierre que déjà l'Asie, berceau du genre humain, n'avait rien à envier à nos civilisations modernes. L'homme, en effet, est sorti des mains de son Créateur avec la pleine possession de ses facultés intellectuelles et morales. L'état sauvage, préconisé par une certaine école, est aussi opposé à sa nature que contraire à ses besoins et à son développement rationnel. S'il est un fait attesté par l'histoire, c'est que les barbaries ne sont pas autre chose que des décadences d'un état social parfaitement organisé, dues soit à des guerres, à des invasions, soit aux excès d'une civilisation démoralisatrice et irréligieuse. Pour notre pays, comme pour le reste de l'Europe, s'il y a eu ce que nous oserions appeler une enfance politique, c'est-à-dire une période de formation sociale, on en trouve aisément la cause dans les grandes émigrations, qui ont poussé les peuples d'Asie devenus trop nombreux à se répandre dans toutes les parties de la terre. Les familles ou tribus qui parvinrent en Europe, et dont on veut à tort ou à raison voir les restes dans certains amas d'ossements découverts parmi les fossiles de terrains quaternaires, appartiennent ou au rameau japhétique ou à une race antédiluvienne, mais on ne peut leur appliquer l'épithète fausse historiquement et scientifiquement de *préadamites*. Ces observations admises, nous pouvons entrer dans quelques détails sur l'époque dite *préhistorique*.

1°. — L'*âge de pierre* désigne la période la plus reculée de notre histoire. Il est subdivisé lui-même selon les auteurs, en *âge archéolithique* de la pierre taillée brute et en *âge néolithique* de la pierre polie. L'homme vivait alors avec le mammouth, l'ours des cavernes, l'aurochs, le rhinocéros velu, l'urus gaulois et d'autres animaux, dont les espèces ont disparu, ou qui, comme le renne, ont depuis longtemps émigré vers d'autres climats. Le roi de la création n'avait, pour se défendre contre ces compagnons dangereux, que des armes en pierre, des instruments en silex, taillés en forme de haches, de têtes de lance et de flèche, de couteaux, de poinçons, de doloires, de marteaux, de harpons, de râcloirs, souvent très bien confectionnés. On ne trouve aucune trace de la connaissance ou de l'usage d'un métal quelconque, l'or excepté, que l'on employait déjà comme ornement. Des grottes naturelles, ou des cabanes faites de branchages et de peaux d'animaux, étaient les seuls abris de ces populations primitives que, pour cette raison, on nomme *troglodytes* ou *habitants des cavernes*.

On a découvert en Bourgogne des stations nombreuses, qui appartiendraient à cet âge reculé. Les gisements de Bâlot, près de Châtillon-sur-Seine, de Genay en Auxois, de Gilly-sur-Loire, de la Charbonnière, non loin de Mâcon, de Mellecey, bourg du Chalonnais, sont compris dans la plus ancienne période de l'âge de pierre, la période archéolithique. La station de Solutré, située près de Mâcon, remonterait à la même date. Les débris fossiles qu'on y a rencontrés et son prodigieux ossuaire appelé le *charnier*, où se trouvent peut-être 100,000 squelettes de chevaux, ont fait donner le nom de *Solutréens* aux gisements analogues.

Gigny et Santenay renferment des grottes naturelles qui, après avoir abrité les vivants, ont été transformées en nécropoles ou cimetières de la période néolithique. Les hommes de cette époque, dite de la pierre polie, construisent aussi des allées couvertes et posent les larges tables des dolmens funéraires. On en voit des restes remarquables à Château-Chinon et à La rochepot, près de Nolay. Ils connaissent aussi l'art de se retrancher contre leurs ennemis dans des camps fortifiés. Chassey, non loin de Chagny, à égale distance de Beaune et de Chalon, en est une preuve éclatante.

Vers quel siècle prit fin leur misérable existence, si toutefois il y a eu des troglodytes, car bon nombre de savants les révoquent en doute, parce que les découvertes sur lesquelles on s'appuie pour établir leur histoire sont trop souvent insuffisantes et même contradictoires? Selon toute apparence, l'âge de pierre dura fort peu d'années, le temps indispensable aux émigrants de parer aux exigences de leur situation précaire dans un pays inconnu. Bientôt, en effet, il fut pénétré par l'invasion restreinte d'abord, puis très rapide du bronze apporté de l'Orient ou fabriqué sur place par de nouveaux arrivants plus précautionneux et mieux avisés que les premiers, qui étaient partis précipitamment, peut-être à la suite de querelles ou de divisions intestines et sans aucun viatique. Mais il est difficile de préciser l'époque où cette substitution du métal aux instruments de pierre eut lieu. D'après quelques chronologistes, il faudrait remonter au XI° siècle avant notre ère, c'est-à-dire au règne de Salomon, en Judée. Comme on le voit, nous sommes déjà en plein dans les temps historiques.

2° L'*âge de bronze*, pendant lequel le bronze ou airain sert à la confection des armes et des instruments tranchants de toute sorte, appartient bien davantage à l'histoire. C'était le temps où l'on voyait se fonder en Orient ces grandes monarchies assyriennes ou babyloniennes, qui ont jeté un si vif éclat. Tout le monde connaît les fastueuses constructions de Ninus et de Sémiramis et les gigantesques travaux des rois égyptiens Busiris et Mœris. Même en Gaule, les hommes ne se contentent plus de s'abriter sous des huttes de feuilles ou des cavernes ; ils se mettent à construire des maisons : toutefois l'emplacement qu'ils choisissent de préférence rappelle encore les alarmes de l'âge précédent. C'est au milieu des lacs, à quelque distance du rivage, qu'ils vont désormais établir leurs demeures, afin d'être de plus en plus à l'abri des attaques de leurs dangereux voisins, les animaux féroces, qui remplissaient les forêts et rendaient toute résidence sur la terre ferme impossible. Voilà comment prirent naissance les *populations lacustres*.

Les débris de leurs villages attestent une organisation sociale nettement établie et l'existence des arts et de l'industrie. Durcis au feu à l'une de leurs extrémités, des troncs d'arbres sont enfoncés dans la vase des marais en forme de pilotis; par dessus, s'étend une plate-forme en planches destinée à recevoir les habitations. Chaque village communiquait avec le continent au moyen d'une passerelle ou pont-levis, que l'on retirait à volonté selon les circonstances; c'est ce qu'on nomme *parafite*. Si les stations se trouvaient trop éloignées de la rive, on y parvenait à l'aide de canots faits de troncs d'arbre. Un autre genre d'habitations de l'âge de bronze, ce sont les *terramares*, ou maisons bâties sur pilotis non plus au milieu des lacs, mais sur la terre ferme. Afin de les préserver de toute agression dangereuse, on les entourait d'un large fossé rempli d'eau. Les pilotis ou poutres fichées en terre supportaient une charpente, sur laquelle s'élevait le logis fait de branches entrelacées et enduites d'un torchis d'argile: un toit de glaïeuls et de roseaux couvrait le tout. Les animaux sur lesquels l'homme exerce son empire comprennent toutes nos espèces domestiques: le bœuf, le chien, le cheval, et déjà, il ne se borne plus pour sa nourriture et celle de sa famille au gibier de sa chasse et au poisson de son lac, il se livre à la culture des champs, tisse des étoffes et fabrique du pain; même il connait la fonte et l'emploi des métaux. On se servit d'abord du cuivre plus fusible que le fer et moins difficile à extraire du minerai; puis on le coula avec l'étain, dont les mines étaient abondantes dans notre pays à cette époque reculée, et on obtint l'alliage, qui a fait nommer cette période intermédiaire *âge de bronze*.

La Bourgogne étant très pauvre en nappes d'eau, on y découvre peu de traces de villages lacustres ou même de parafites. On peut croire cependant que les bords de nos nombreuses rivières, principalement les rives de la Saône, auront servi de cantonnement aux hommes de cette époque; il est d'ailleurs facile de constater les restes d'une cité lacustre dans le lac de Clairvaux, près de Lons-le-Saulnier.

3°. — La troisième division des temps primitifs commence avec l'apparition du *fer*. Au pied des parafites composant les cités lacustres, et dans le circuit des terramares sont enfouies d'immenses quantités d'armes et d'instruments en fer et qui déjà portent le cachet d'une certaine recherche. On rencontre bien encore quelques objets en pierre, mais alors la pierre n'est pas seulement polie, elle est ouvragée, sculptée : ce sont presque des œuvres d'art. Les faucilles abondent, ce qui indique de grands progrès dans l'agriculture; en effet, les vases en poterie renferment du froment, de l'orge, de l'avoine, des pois, des lentilles. On a découvert des bijoux, des bracelets, des boucles d'oreilles et jusqu'à une trompette ou cor de chasse. Les creusets en terre reproduisent des têtes de lance, des haches, des serpes, des ciseaux, des alênes, des aiguilles à filocher, des navettes de tisserands, etc., etc.

On rencontre un peu partout en Bourgogne, sur les tertres et dans les plaines, des tombelles ou buttes remplies de ces objets curieux. Les bois et les forêts de la Franche-Comté ont conservé leurs tombelles par milliers. Les montagnes du Morvan montrent encore leurs *fosses à loups, marges ou margelles*, qui formaient l'étage souterrain des maisons gauloises.

L'âge de fer remonte donc à peine à quelques siècles avant l'ère romaine, ou mieux lui appartient déjà. On devrait, selon quelques historiens, l'appeler *âge gau-*

lois, car, à l'époque où l'on voit apparaître le fer, les Gaulois non seulement sont en possession de la France actuelle; ils dominent dans la Haute-Italie, mêlés aux Liguriens, dans la vallée du Danube où ils ont laissé des traces de leur passage. C'est la route qu'ils avaient suivie pour se rendre d'Orient en Occident, apportant aux populations lacustres et troglodytes tous les éléments qui leur manquaient encore pour se constituer en sociétés politiques, soit monarchies, soit plutôt confédérations aristocratiques. On aurait tort en effet de voir dans ces émigrants des sauvages dénués des moyens de civilisation dont nous sommes si fiers. Les témoignages des historiens grecs, peu suspects en général, lorsqu'ils parlent des *barbares*, permettent d'affirmer, que, dès le troisième ou le quatrième siècle, les Celtes de la vallée du Rhône et de la Saône avaient une réputation bien établie, qui leur permettait de jouer un rôle considérable dans les événements contemporains. Les Éduens, en particulier, jouissaient d'une grande célébrité. Leur histoire commence donc à cette époque.

C'est là que nous la prenons nous-mêmes. A l'arrivée des Bourguignons, qui, avec les Francs et les Visigoths, se partagèrent l'héritage des Césars, en Gaule, au cinquième siècle de l'ère chrétienne, le pays des Éduens change de nom comme de maîtres. Toutefois le théâtre des événements que nous avons à raconter reste le même. Tantôt il grandira, tantôt il diminuera, mais le centre de la vie politique, sociale et religieuse, ne se déplacera qu'au moment où la Révolution du dernier siècle, brisant violemment avec un passé glorieux, prétendra inaugurer une ère nouvelle.

Nous terminons notre récit à cette date.

Les temps qui s'écoulent entre ces deux points extrêmes se partagent naturellement en trois périodes principales, selon les trois phases politiques de la Bourgogne : les *Romains*, les *Rois*, et les *Ducs*, et telle est aussi la division que nous avons adoptée.

LIVRE I

LES ROMAINS

CHAPITRE Ier

TEMPS PRIMITIFS

ou

PÉRIODE ÉDUENNE

Sommaire : Premiers habitants. — Gouvernement des Éduens, leur caractère. — Émigrations principales. — Fondation des villes. — Alliance avec les Romains. — Vêtements, armes, religion des Éduens. — Les druides. — Hospitalité des Éduens. — leurs repas, leur langue.

Sans nous attarder aux questions ethnographiques sur les premiers habitants de notre pays, disons seulement qu'ils se rattachent tous à une souche commune, *la race de Japhet*, qui, dans les desseins de la Providence devait peupler les diverses contrées de l'Europe. Une tribu de cette race vigoureuse, les *Galls*, vint s'établir dans le vaste hexagone qui s'étend entre l'Océan et la Méditerranée, le Rhin et les

Pyrénées, la Manche et les Alpes, et lui donna le nom de Gaule. Les chronologistes font remonter l'époque de cette invasion du dix-huitième au quinzième siècle avant l'ère chrétienne.

Quand les derniers émigrants eurent choisi leurs possessions, la Gaule se trouva partagée en trois régions principales : au Nord, la Belgique, au Sud, l'Aquitaine, et au Centre, la Celtique. Cette dernière contrée, limitée par le Rhin, le Rhône, la Seine et la Garonne, comprenait plusieurs peuples confédérés, parmi lesquels on remarquait en première ligne les *Éduens*, dont le territoire avait à peu près les mêmes bornes que le duché de Bourgogne, c'est-à-dire s'étendait depuis la rive occidentale de la Saône jusqu'à la rive droite de la Loire.

Leur capitale était *Bibracte*, ville considérable, située sur le sommet du mont Beuvray à plus de huit cents mètres d'altitude, véritable nid d'aigles, d'où ils pouvaient défier leurs ennemis, et commander à leurs rivaux.

A la tête de la confédération était un magistrat annuel nommé *Vergobret*. Nous pourrions l'assimiler aux dictateurs romains; comme eux, en effet, il avait le droit de vie et de mort sur tous ses concitoyens; mais la même interdiction, qui était faite au dictateur de quitter l'Italie et de monter à cheval, le retenait sur le territoire éduen, tant que durait sa charge. En temps de guerre, on choisissait pour diriger la campagne un *Vercingétorix*, ou généralissime, appelé parfois à commander toutes les armées gauloises.

Telle qu'elle était constituée, la confédération éduenne formait une sorte de gouvernement oligarchique, soumis presque complètement à l'influence des *druides* ou prêtres, qui faisaient les lois, concluaient les traités et jugeaient la plupart des contestations et des crimes. Venaient ensuite les chefs militaires, d'autant plus jaloux de leur influence, que l'intrépidité dans les combats était la première vertu, et comme le caractère distinctif des Gaulois. Les Celtes, en particulier, se faisaient remarquer par leur bravoure et leur mépris de la mort.

Un Celte était maître absolu dans sa famille : il en retranchait quiconque la déshonorait par sa lâcheté ou ses vices. On peut, en effet, appliquer aux Gaulois ce que Tacite a dit des Germains : « Les bonnes mœurs avaient chez eux plus de force que les bonnes lois n'en avaient à Rome. » Malheureusement, les factions politiques et les rivalités particulières troublaient trop souvent la paix de la République. Elles occasionnèrent en maintes circonstances l'intervention étrangère, et provoquèrent des émigrations lointaines, qui étaient du reste dans les traditions de la race. Obligés de parcourir successivement les campagnes, les forêts, les prairies, pour y faire subsister leurs troupeaux, source de toutes leurs richesses, les Éduens n'avaient pas à l'origine de demeures fixes. Il ne faut donc pas s'étonner des fréquentes incursions qu'ils entreprirent à travers l'Europe, aux diverses époques de leur histoire.

Le fait le plus reculé, où l'on voit figurer le nom des Éduens, est la double expédition de Sigovèse et de Bellovèse, vers l'an 590 avant J.-C. Sigovèse s'enfonça avec ses compagnons dans les immenses forêts de la Germanie, nommées forêts *Hercyniennes*.

Après avoir pénétré dans la Haute-Italie, Bellovèse s'arrêta sur les bords du Tessin, où déjà s'était établie une tribu sortie de la confédération éduenne, les Insubriens, qui avaient Milan pour capitale. Cette première émigration en Italie fut suivie de beaucoup d'autres (1), jusqu'à ce qu'enfin la Gaule, qui avait été pendant de longs siècles la terreur de Rome, devint un appât pour les futurs maîtres du monde, lesquels ne tarderont pas à leur tour à franchir les Alpes.

(1) On compte parmi ces expéditions guerrières :

1° La marche des Gaulois sur Rome en 390. La campagne débute par la prise de Clusium, où la jactance et la mauvaise foi des Fabius fut si sévèrement punie. Une grande bataille eut lieu ensuite le 16 Juillet sur les bords de l'Allia. Les Romains ne purent tenir devant les habiles dispositions du Brenn gaulois et l'enthousiasme de son armée; ils furent enfoncés au premier choc et trois jours après, Rome tombait au pouvoir des vainqueurs.

2° De nouvelles tentatives dirigées par les Gaulois contre Rome en 367 et 349, à la suite desquelles une trêve de cinquante années fut conclue entre les deux peuples.

3° Une invasion de la Macédoine en 335. Alexandre venait de succéder à son père Philippe. Il eut le talent, en flattant les Gaulois, de se gagner leur affection et délivra ainsi son royaume de ces hôtes embarrassants.

4° Une troisième descente en Italie (320). Les Samnites, écrasés par les Romains, avaient imploré le secours des Gaulois : ceux-ci furent repoussés, grâce au dévouement de Décius. Le sénat profita de sa victoire pour étendre les frontières de la République jusqu'au Rubicon, et l'ambition romaine se mit à convoiter tout le Nord de la péninsule. Les tribus gauloises qui s'y étaient établies furent appuyées dans leur résistance par diverses armées venues de la Gaule transalpine.

5° Le sac du temple de Delphes, en 279, par le second Brennus ou Brenn. Tandis que ses hordes intrépides dévastaient l'Italie, la Grèce, la Thrace et la Macédoine, d'autres bandes

Mais, en attendant, une demi-civilisation a pénétré chez les Gaulois. Peu à peu, les Celtes se fixent sur leur territoire, et se construisent des demeures solides, appropriées aux besoins de la vie et le plus souvent enfoncées en terre. Ce ne sont pas encore des villes, car ces fiers guerriers ne les voient qu'avec dédain, prétendant qu'elles ne peuvent servir qu'à enchaîner la liberté et à amollir la valeur des soldats. Aussi, une de leurs lois fondamentales est-elle de ne tenir des assemblées politiques ou religieuses qu'en rase campagne. Les nobles, distingués du reste de la nation par leur longue chevelure et leur moustache, choisissent de préférence pour habitation les montagnes, afin d'être plus à portée de la chasse, qui faisait leurs délices et leur unique occupation. A une faible distance, leurs clients ou compagnons d'armes s'établissent, isolément aussi, le long d'un ruisseau, dans une campagne, au sein d'une forêt. Chacun se loge au milieu de sa possession. C'est là l'origine des cantons (*Pagi*), nom que l'on donnait

pénétrèrent en Asie Mineure, où elles errèrent pendant près de trente ans : elles parvinrent à se fixer dans la province qui de leur nom fut appelée *Galatie*.

6° Enfin une dernière tentative faite contre Rome à la suite du passage d'Annibal dans les Gaules (216). Le général carthaginois avait su habilement réveiller les vieilles rancunes des Transalpins et des Cisalpins qui s'attachèrent à sa fortune. Les Boïens prolongèrent la lutte jusqu'en 193 avec une bravoure et un héroïsme dignes d'un meilleur sort. Mais, en quittant l'Italie pour s'établir sur le territoire éduen, ils purent se vanter d'avoir plus tué de Romains, que le Sénat n'en avait sacrifié pour toutes ses guerres d'Asie, de Grèce et d'Afrique. Rome garda du reste un profond souvenir des désastres dont l'avait frappée le peuple qui, jusqu'à la conquête de César, fut son ennemi le plus redoutable.

à un district occupé par un certain nombre de familles qui avaient leurs lois et leurs magistrats particuliers. Les maisons, qui parsèment la campagne tout autour, indiquent la place où, dans la suite, s'établiront soit des bourgs, soit des villages, selon la fertilité du sol, l'agrément du lieu ou la facilité des chemins.

Ces maisons étaient rondes et spacieuses, construites avec des cloisons en terre et couvertes de chaume ou de paille hachée et broyée. La plupart des cantons étaient à l'origine de petits états séparés et indépendants : la nécessité de se défendre contre un ennemi commun les amena ensuite à se réunir et à former les confédérations dont nous avons parlé.

Quand le bruit des invasions étrangères se fit entendre, les Celtes, malgré leur répugnance, se virent en outre obligés de construire des villes ou châteaux-forts. Afin de s'y ménager une retraite assurée, ils les établissent, tantôt sur des hauteurs inaccessibles, au milieu des escarpements les plus élevés, tantôt dans des marais inabordables. Les remparts étaient faits de grosses pierres, de terre et de poutres énormes ; en cas d'attaque, on y ajoutait des abatis d'arbres croisés en tous sens. Des relations, politiques d'abord, puis commerciales, unissent sans tarder ces différents cantonnements.

A la tête de cette révolution qui va bientôt changer la face de toute la Gaule, sont les Éduens, maîtres des principaux fleuves, seules voies de communication existantes entre le Nord et le Midi. La nécessité d'ouvrir de nouveaux débouchés à leur commerce, les mit en rapport avec les Romains, possesseurs d'une province en Gaule. Un traité d'alliance fut conclu entre les deux peuples, l'an 123 avant J.-C. Les Éduens reçurent le titre d'*alliés* et d'*amis* du peuple romain et donnèrent en retour à ceux-ci le nom de *frères*, qui désignait, chez les Gaulois, la plus intime des associations politiques (1).

Avant d'exposer les conséquences de ce pacte d'alliance offensive et défensive, disons un mot des mœurs et usages des Éduens à cette époque.

Comme tous les Gaulois, ils aimaient passionnément la parure. Ils se couvraient de bijoux ; leurs colliers d'or, les anneaux de même métal, dont ils entouraient leurs bras et leurs poignets, rendaient sur le champ de bataille leurs dépouilles précieuses pour le vainqueur. Leurs vêtements ont varié selon les temps, les lieux et les circonstances. Voici ce que nous connaissons à ce sujet : ils portaient une tunique à manches, sorte

---

(1) Les rapports des Éduens avec les Romains n'ont pas toujours été appréciés comme il convient. L'équilibre établi parmi les différentes tribus gauloises étant fréquemment rompu par le débordement des peuplades non civilisées du Nord, on ne saurait reprocher à la plus policée des tribus celtiques d'avoir recherché dans l'alliance des Romains un appui contre des envahissements si propres à effrayer pour l'avenir. De l'aveu de tout le monde, le droit public de Rome était le plus grand effort de la sagesse humaine pour arriver à l'ordre social, et ce droit avait la mission de contribuer puissamment à organiser le monde matériel. Les Éduens furent appelés par une disposition secrète de la Providence à faire ce que les Juifs eux-mêmes avaient fait lorsqu'ils étaient cependant un peuple de héros, sous les ordres de Judas Machabée. Leur alliance avec les Romains ne saurait donc être regardée comme un acte de pusillanimité, mais plutôt comme un acte de sagesse, par l'homme éclairé et dévoué aux intérêts de la patrie, qui sait que l'imprévoyance et la témérité ne contribuèrent jamais au bonheur des peuples.

M. Dinet

de blouse qui descendait jusqu'au bas des reins ; elle était teinte de couleurs éclatantes et parsemée de fleurs : celle des riches était brodée d'or ; on la serrait avec une ceinture argentée ou dorée. Par-dessus, ils avaient un manteau nommé saie ou sayon, qui était d'une étoffe épaisse en hiver, légère en été, divisée en une multitude de petits carreaux ornés de fleurs et qui s'attachait avec une agrafe.

On reconnaissait les Celtes à leur chevelure longue et rousse, et les différentes tribus à la manière particulière dont ils arrangeaient leurs cheveux ; les uns, pour paraître plus grands, les retroussaient et les nouaient sur le sommet de la tête ; d'autres en faisaient une ou plusieurs tresses. Les nobles avaient le droit de porter les cheveux plus longs que le reste du peuple.

Les premiers engins de guerre des Éduens étaient en silex, ainsi que leurs instruments tranchants : haches, couteaux, pointes de javelot et de lance. Ils continuèrent même de tailler des armes en cette pierre très dure, après que l'usage du fer se fût répandu parmi eux. Ils adoptèrent à la longue, un sabre sans pointe et d'assez mauvaise trempe, lequel fut remplacé ensuite par une véritable épée.

Pendant longtemps, les Gaulois ne voulurent point avoir d'armes défensives, par mépris de la mort ; beaucoup même tenaient à honneur de combattre nus. A la fin cependant, ils se servirent de casques, de boucliers et même de cuirasses. Sur leurs casques étaient attachés de grands appendices, destinés à servir d'épouvantail à l'ennemi, comme des cornes, des ailes, des images d'oiseaux. Leurs boucliers étaient énormes et chargés de figures d'animaux en airain artistement travaillées. Leurs cuirasses se composèrent d'abord d'un tissu de mailles de fer, puis furent coulées en bronze comme les casques.

La religion des Gaulois était un mélange informe de superstitions trop souvent cruelles et de dogmes élevés, ou plutôt, elle était de deux sortes : l'une, toute populaire, avait pour base la déification des forces de la nature : le feu, les vents, le tonnerre; l'autre, moins répandue, se résumait en quelques préceptes : adorer les dieux, ne point faire de mal et combattre vaillamment.

La première s'éleva insensiblement de cette simplicité native à des conceptions plus poétiques qui s'allièrent sans difficulté au polythéisme de Rome. *Teutatès* était le génie du commerce, le protecteur des routes et l'inventeur des arts, comme le Mercure des Grecs. Le Mars Gaulois fut *Hésus* ou *Camulus*, dieu de la guerre et des combats. *Taranis* avait tous les attributs de Jupiter : régenter le ciel et menacer les humains. *Bélénus* divinité bienfaisante présidait à la lumière du soleil, faisait croître les plantes et favorisait la médecine. *Ogmius*, vieillard armé de la massue et de l'arc, suivi de captifs, attachés par les oreilles à des chaînes d'or, était la personnification de l'éloquence et de la poésie.

La seconde religion, métaphysique, mystérieuse, offrait avec les doctrines de l'Orient la plus étonnante ressemblance, et avait conservé plusieurs points de la révélation primitive, comme l'immortalité de l'âme, l'existence de la vie future. Cette foi à un autre monde était même si fortement enracinée dans l'esprit du peuple qu'on enterrait rarement un mort sans lui remettre ses armes, ses vêtements ou d'autres objets précieux, destinés à lui rendre la seconde vie plus agréable.

Les observances religieuses des Éduens étaient peu considérables : Ils vénéraient certaines plantes médicinales comme la verveine, la mauve et surtout le gui de chêne, lequel, d'après les croyances communes, renfermait toutes les vertus curatives. Les druides, ministres de la religion, lui avaient donné un nom qui signifiait *guérit tout*. Cependant les effets salutaires des végétaux, entourés de ce culte idolâtrique, dépendaient moins de leur nature que du cérémonial avec lequel on les avait cueillis. Le *gui*, par exemple, devait être coupé le sixième jour de la nouvelle lune, avec une faucille d'or. Une foule immense accourait de toutes parts pour assister à la fête, toujours suivie d'un grand sacrifice et d'un grand festin, sous le chêne privilégié. Au signal donné, un druide, en robe blanche, montait sur l'arbre et tranchait la tige de la plante, que d'autres druides recevaient dans un linge précieux ; car il ne fallait pas qu'elle tombât à terre.

On distinguait parmi les druides trois ordres ou rangs principaux : les *Bardes*, chantres sacrés, les *Vates*, devins qui présidaient aux sacrifices, et les *Druides* contemplatifs, instituteurs de la jeunesse. Ces derniers étaient au sommet de la hiérarchie : ils habitaient au fond des plus vieilles forêts, où ils se rendaient inaccessibles : leur chef avait un pouvoir illimité. A sa mort, le plus ancien en dignité lui succédait : s'il y en avait plusieurs ayant des titres égaux, on avait recours à l'élection et souvent il fallait en venir aux mains pour trancher le différent. Aux jours de bataille, les druides se tenaient au premier rang, en chantant des poésies guerrières. S'il fallait apaiser la colère du ciel ou se rendre la divinité propice, ils immolaient des victimes humaines, tantôt en les brûlant dans une statue d'osier, à l'effigie du dieu qu'on voulait calmer, tantôt en les égorgeant sur des autels de pierre, appelés *dolmens*.

On serait tenté de croire, d'après ce qui précède, que les Celtes étaient d'un caractère dur et cruel. Rien cependant de plus contraire à la vérité. Les Éduens, pour ne parler que de ce peuple, se faisaient remarquer par une candeur et une simplicité qui les rendaient incapables de tout déguisement. Quoique terribles à leurs ennemis, ils étaient compatissants, jusqu'à répandre des larmes sur ceux qui leur demandaient grâce ou qui tombaient dans l'infortune.

Avides de nouvelles, ils arrêtaient les passants et leur offraient à l'envi l'hospitalité. On donnait à l'étranger ce qu'il y avait de rare et de curieux ; et ce n'était qu'après ces démonstrations d'amitié qu'on lui demandait son nom, sa patrie, sa condition. Dans les villes, on entourait les marchands forains, et on les obligeait à raconter ce qu'ils avaient vu ou entendu durant leurs pérégrinations. Une loi ordonnait à tous ceux qui apprendraient un fait de nature à intéresser l'État d'en informer aussitôt les magistrats, et ceux-ci, en hommes prudents et avisés, ne faisaient part à leurs concitoyens que de ce qui leur convenait. Même en dehors de tout intérêt politique, on traitait toujours favorablement l'étranger : l'hospitalité était une des vertus des anciens. Un Celte, qui refusait son toit à un voyageur, devenait l'objet de l'exécration publique, et, de plus, était condamné à une amende pécuniaire. Aussi, jamais les Éduens ne fermaient leurs portes pendant la nuit, de crainte, disaient-ils, que quelque passant attardé ne pût trouver un gîte durant leur sommeil.

En général, les Gaulois se piquaient d'une grande propreté. Ils lavaient souvent leur chevelure naturellement blonde avec du lait de chaux, pour la rendre de plus en plus éclatante de blancheur ; hiver comme été, ils se baignaient dans les lacs et les rivières, non seulement pour entretenir la beauté du corps, mais encore pour fortifier la santé et rendre les membres plus souples. C'est ce qui les portait à plonger dans l'eau froide les enfants au sortir du sein de leur mère.

Les jeunes gens ne paraissaient en public que lorsqu'ils étaient en âge de porter les armes. On leur apprenait à monter à cheval, à tirer au but, à faire toutes les évolutions militaires ; mais là se bornait leur éducation. Les Celtes auraient cru se déshonorer s'ils avaient appris à lire et à écrire ; les druides eux-mêmes ne confiaient qu'à la mémoire de leurs élèves l'objet de leur enseignement. Les exercices, auxquels les enfants et les jeunes gens étaient soumis, constituaient un des passe-temps les plus agréables au peuple. Aussi, les donnait-on dans toutes les circonstances solennelles, dans les festins, dans les obsèques, dans les assemblées générales.

La nourriture des Éduens était simple et frugale : leurs repas se composaient de pain en petite quantité et de beaucoup de viandes bouillies, grillées sur des charbons, ou rôties à la broche. La chasse leur procurait du gibier, la pêche du poisson. Quand ils étaient plusieurs à table, ils formaient un cercle et le chef de la réunion était le personnage le plus distingué par sa valeur, sa naissance ou sa fortune ; près de lui s'asseyait celui qui donnait le festin ; les autres prenaient place tout autour, chacun selon son rang ; derrière eux, se tenaient debout les guerriers portant de longs boucliers. Les enfants servaient. On présentait la meilleure portion, ordinairement la cuisse, au plus brave ; s'il y avait quelqu'un dans la compagnie pour lui disputer cet honneur, le festin se transformait immédiatement en mêlée furieuse. Celui qui occupait le rang principal buvait toujours le premier et faisait ensuite passer la coupe aux convives. Ceux-ci, avant d'y tremper leurs lèvres, avaient soin de le saluer et de lui adresser des compliments et des souhaits agréables.

Le temps, chez les Éduens, comme chez tous les peuples de la Celtique, était divisé non par jour, mais par nuit, parce que, d'après leurs traditions primitives, les ténèbres avaient précédé la lumière. Autre souvenir de leur séjour en Asie, berceau du genre humain, ils réglaient sur le cours de la lune la durée du mois et celle de l'année, et la plupart des cérémonies religieuses.

La langue celtique était commune à toute la Gaule. Avec le temps et à cause de l'étendue du territoire, elle se fractionna en plusieurs dialectes, assez différents les uns des autres, pour que les peuples du Nord entendissent difficilement ceux du Midi et réciproquement. Les idiomes du centre, le pays des Éduens, devaient être plus purs de toute altération étrangère. Ils disparurent eux-mêmes, peut-être encore avec plus de rapidité, lorsque, après la conquête romaine, le latin devint la langue officielle, seule parlée à l'armée, aux tribunaux et dans toutes les assemblées ou fêtes religieuses et politiques.

CHAPITRE II
CONQUÊTE ROMAINE

Sommaire : Les Romains interviennent dans les affaires de la Gaule. — Invasion d'Arioviste et des Helvétiens. — Victoires de César, allié des Éduens. — Révolte de la Gaule, Vercingétorix. — Siège d'Alise. — Soumission des Éduens. — César organise sa conquête, sa mort.

Une fois délivrés de la crainte que leur inspiraient les Gaulois, les Romains s'habituèrent à considérer les Alpes comme une barrière que ces redoutables voisins ne devaient plus franchir ; mais ils ne prirent pas eux-mêmes l'engagement de s'arrêter à cette limite. Le lendemain du jour où l'Italie fut fermée aux Gaulois, la Gaule fut ouverte aux Romains.

Marseille leur en facilita l'entrée. Cette colonie phocéenne avait introduit dans le midi de la Gaule le génie de la Grèce avec ses mœurs et sa langue. De bonne heure, les Marseillais voulurent être les amis et les alliés du peuple romain. Quand ils se crurent lésés dans leurs droits, ils implorèrent le secours du Sénat, qui s'empressa d'envoyer des légions au delà des Alpes, sous le commandement du consul Fulvius. Son successeur, C. Sextius, ne se borna pas à soutenir les prétentions de Marseille; il établit, pour le compte de Rome, une nouvelle ville, avec des aqueducs, des thermes, à laquelle il donna son nom, *Aquæ Sextiæ*, (Aix). Cette première colonie fut le point de départ des armées envahissantes que Rome ne devait pas tarder d'envoyer en Gaule. (123 av. J.-C.)

Du reste, les Gaulois parurent aller d'eux-mêmes au devant de la servitude. Nous avons déjà vu comment les Éduens étaient entrés en relation avec les Romains. C'est encore à Marseille que l'on doit la conclusion du traité qui allait amener de si grands bouleversements dans la Gaule, en fournissant au Sénat un prétexte plausible pour s'immiscer dans les affaires des diverses confédérations celtiques. Le premier essai de cette politique ambitieuse fut tenté pendant la guerre qui avait éclaté entre les Éduens et les Allobroges (Savoie). Le consul Domitien invita fièrement les Allobroges à respecter le territoire des Éduens, devenus les alliés de la République, et, comme on le pense bien, le résultat de cette étrange médiation fut l'annexion du pays des Allobroges à la colonie d'Aix, désormais déclarée province consulaire. A ce titre, le Sénat se crut en droit d'y envoyer chaque année un consul avec une armée.

Peu de temps après la victoire de Marius sur les Cimbres et les Teutons (102), des difficultés survenues entre les Éduens et les Arvernes permirent au Sénat de faire un pas de plus dans ses tentatives d'envahissement. Afin de mieux accabler leurs rivaux, les Arvernes s'unissent aux Séquanais, anciens clients des Éduens, désireux de briser les derniers liens de dépendance politique et commerciale qui les unissaient encore à eux. Mais l'alliance romaine était pour les

Éduens le gage d'un succès certain. Leurs adversaires, dans l'intention de la contrebalancer, ne virent rien de mieux que d'appeler à leur secours un prince germain, Arioviste, roi des Suèves. Ce barbare épiait qu'une occasion pour se jeter, lui et son peuple, dans les riches plaines des Gaules. Il accueille donc avec empressement la demande des Séquanais, passe le Rhin, et, semblable à un torrent dévastateur, couvre de ses hordes guerrières tout le territoire des Éduens. Le succès ne fait qu'accroître son ambition; bientôt il se déclare à la fois contre les Séquanais et contre les Éduens. Réconciliés par le danger commun, les Éduens, les Arvernes et les Séquanais se liguent ensemble pour refouler les barbares dans les forêts de la Germanie. Ils sont vaincus à Magetobrige (Môgte-de-Broie près de Gray). Arioviste, fier de sa victoire, pénètre de plus en plus dans le pays avec ses farouches soldats, auxquels il laisse commettre partout les plus affreux brigandages.

Dans leur détresse, les Gaulois n'ont plus d'autre ressource que d'en appeler à Rome. L'éduen Divitiacus fut donc chargé d'aller solliciter le secours de ces hommes, que ses ancêtres avaient autrefois fait trembler. Rome le reçut avec honneur: on lui permit d'entrer dans la Curie, et là, debout, entouré de ses compagnons, appuyé sur son bouclier dans l'attitude du respect et de la prière, il conjure les Pères conscrits de délivrer sa patrie des barbares qui l'oppriment. Le Sénat, quoique favorable à la demande des Éduens, hésitait encore cependant, quand, au même moment, on apprit que la Gaule et la province romaine étaient menacées d'une nouvelle invasion.

Après avoir brûlé leurs villes, leurs quatre cents villages, et détruit tout le blé qu'ils ne devaient pas emporter avec eux, afin de s'enlever par là l'espoir du retour, les Helvétiens, encouragés par les premiers succès des Cimbres et les récentes victoires des Suèves, venaient, au nombre de trois-cent soixante-huit mille, de quitter leurs âpres montagnes, et cherchaient à s'établir dans la Gaule occidentale. Pour sortir de leur pays, ils n'avaient que deux chemins, l'un par le territoire des Éduens, l'autre par la province romaine, plus large et plus avantageux, d'autant plus que les Allobroges, nouvellement soumis et impatients du joug de Rome, leur livreraient facilement le passage.

César, qui, au sortir de son consulat (59, av. J.-C.), s'était fait donner pour cinq ans le gouvernement d'Illyrie, de la Gaule cisalpine et même celui de la Gaule transalpine, occupe Genève à la première nouvelle de l'invasion helvétienne et se cantonne sur les bords du lac Léman, attendant de pied ferme les émigrants, qui descendent de leurs montagnes. Les Helvétiens essaient en vain de forcer le passage que César avait si promptement fermé. Ils obtinrent alors des Séquanais, par l'intermédiaire de Dumnorix, frère de Divitiacus et leur protecteur à Bibracte, la permission de pénétrer sur leur territoire et de se diriger par le pays des Éduens sur celui des Santones, où ils comptaient s'établir; mais ils marchaient avec une telle lenteur que César, grâce à sa prodigieuse activité, eut le temps de voler en Italie, d'en ramener cinq légions, et de rejoindre les barbares au moment où leur arrière-garde allait, comme le gros de l'armée, franchir la Saône. Le général romain les attaque à l'improviste près de l'île des Palmes, au nord de Mâcon, les taille en pièces, traverse la rivière à son tour, et, après un combat de cavalerie qui lui fut défavorable, écrase, sous les murs de Bibracte, l'armée helvétienne, dont les bandes se dispersent dans toutes les directions. Ceux qui échappèrent au massacre durent, sur l'ordre du proconsul, regagner leur pays et rebâtir leurs villes et leurs bourgades. Les Éduens obtinrent que les Boïens, qui avaient suivi l'émigration helvétienne, pourraient se fixer sur leurs frontières; ils leur donnèrent des terres, et, dans la suite, ils leur firent part des mêmes droits et des mêmes privilèges que ceux dont ils jouissaient eux-mêmes.

Débarrassé de ce premier ennemi, César marche avec la même rapidité contre les Suèves et remporte sur Arioviste, terreur des armées gauloises, une brillante victoire, qui l'oblige à repasser le Rhin. Les Éduens furent dans une grande joie, lorsqu'ils se virent enfin délivrés des barbares germains, qui avaient, pendant de longs mois, exercé d'horribles ravages sur leur territoire. Mais cette joie ne fut pas sans mélange, et ils ne tardèrent pas à s'apercevoir qu'ils n'avaient fait que changer de maîtres.

Le proconsul romain, au lieu de repasser les monts avec ses troupes, organise ses légions dans la contrée, demande et garde des otages, lève des impôts, agit en un mot, comme si la Gaule était déjà un pays conquis. C'est alors que le sentiment national, blessé au vif, s'éveilla dans tous les cœurs. La révolte devint générale, et il fallut sept campagnes à César pour soumettre au joug de Rome des peuples qui avaient appelé et accueilli ses soldats comme des libérateurs.

Sans entrer dans le détail des opérations stratégiques, au milieu desquelles César déploya toutes les ressources de son génie et de son infatigable activité, nous arrivons de suite au dénouement de cette guerre acharnée, puisqu'il eut pour théâtre le territoire des Éduens.

En l'an 52 avant J.-C., la Gaule entière, soulevée par la parole ardente d'un jeune chef des Arvernes, dont l'histoire n'a pas même conservé le nom, (car il n'est connu que sous celui de sa charge de *Vercingétorix*,) était debout, résolue à tenter un suprême et dernier effort pour conserver son indépendance. La ville de *Genabum* (Orléans) venait d'être reprise par les Romains, au prix d'efforts héroïques, ainsi qu'*Avaricum* (Bourges), que les Bituriges avaient eu le tort de faire excepter de la dévastation générale, regardée comme le seul moyen de salut par le conseil de Vercingétorix. *Gergovie*, capitale des Arvernes, allait subir le même sort, si les Éduens, sortant enfin de leur inaction, n'étaient venus au secours des assiégés. Cette diversion heureuse changea tellement la face des choses, que César se vit pour la première fois obligé de reculer devant ses ennemis. Il abandonne brusquement le siège de Gergovie, se hâte de rallier ses légions à celles de Labiénus, son lieutenant, qui se trouvait lui-même dans la situation la plus critique, et ne songe plus qu'à regagner la province romaine. C'est le chemin de l'Italie : il abandonne donc sa conquête... Les Gaulois le pensent du moins; sous la conduite de Vercingétorix, ils se portent en masses innombrables à sa rencontre, et veulent lui barrer le passage. Le choc des deux armées eut lieu près de Mâcon; il fut terrible. Pendant douze heures, les chances furent égales de part et d'autre : on se battait avec un acharnement qui tenait du désespoir. Vercingétorix fit des prodiges de valeur. César de son côté paya courageusement de sa personne; il faillit même être pris et perdit son épée. A la fin, la cavalerie germaine, qu'il s'était procurée à prix d'or pour remplacer celle des Éduens, décida de la journée en sa faveur.

Mais, si César savait vaincre, il savait encore mieux profiter de la victoire. Sans perdre de temps, il se met à la poursuite des débris de l'armée gauloise, que Vercingétorix avait déjà ralliés, et avec lesquels il était allé s'enfermer dans *Alesia* (Alise). Cette ville était une des places les plus fortes et un des lieux les plus révérés de la Gaule. Hercule, disait-on, l'avait fondée, et veillait incessamment à sa conservation. Aussi, les Gaulois étaient-ils persuadés que du sort de cette ville dépendaient les destinées futures de tout le pays. C'est dire assez quel prix ils attachaient à sa possession, et quel courage ils déployèrent pour sa défense. César, entre les mains duquel la victoire avait fait tomber les principaux chefs éduens, utilisa habilement cette circonstance, afin d'intimider ses anciens alliés et de prévenir d'autres défections. Quand il vit le pays terrorisé, il s'avança pour investir Alise, défendue par une armée de quatre-vingt mille hommes. Il déploya au siège de cette ville des prodiges de valeur et d'activité, qui feront l'admiration de tous les stratégistes. Dans un circuit de quinze mille pas autour de la place, il parsema le sol de fossés, de palissades, de chausse-trapes, de terrasses, de pieux aigus, recouverts de gazon et de branches d'arbres, qui rendirent impossible l'approche du camp romain. Cette précaution sauva l'armée assiégeante. A la voix de Vercingétorix, qui avait fait des efforts incroyables pour empêcher les travaux d'investissement, vingt-cinq mille hommes accoururent au secours d'Alise, et César se trouva lui-même menacé d'être pris entre les assiégés et l'armée de secours, commandée par Ambiorix. Malheureusement, les efforts désespérés des alliés et de Vercingétorix qui de son côté avait fait une sortie furieuse, se brisèrent contre la valeur disciplinée des Romains et les habiles manœuvres de César. Les Gaulois du dehors et les assiégés pénétrèrent en vain dans le retranchement; ils ne purent franchir l'espace qui les séparait et se joindre. Après deux échecs consécutifs qui avaient anéanti l'armée d'Ambiorix, la résistance des assiégés abandonnés désormais à eux-mêmes n'était plus possible. Le généralissime, désespérant de vaincre, résolut de se livrer à son ennemi. Il revêt ses plus belles armes, monte son cheval de bataille harnaché splendidement, et se rend sans escorte dans le camp romain. Quand il fut près du vainqueur, il fait un moment caracoler son cheval autour de l'éminence sur laquelle César avait établi son tribunal; puis, sans proférer une seule parole, il met pied à terre, jette l'une après l'autre toutes les pièces de son armure, enlève à son coursier tous ses ornements et va au milieu d'un profond silence s'asseoir aux pieds du proconsul. Devant la majesté d'une telle infortune, les durs soldats eux-mêmes se laissent attendrir; seul, César n'éprouva aucune émotion et ne sut pas respecter un adversaire malheureux. Il l'accabla même de reproches inutiles et le fit ensuite charger de chaînes et jeter dans un cachot ténébreux. Après avoir servi à orner le triomphe de son vainqueur, Vercingétorix, dont la noble attitude ne se démentit pas un instant, périt sous la hache du bourreau, l'an 46 avant J.-C.

Alise démantelée, la Gaule était à la discrétion du Sénat. César le savait; il voulut néanmoins user modérément de sa victoire. Il reçut à Bibracte la soumission des Éduens, presque aussitôt suivie de celle des Arvernes. Afin de s'attacher ces deux peuples, les plus puissants et les plus influents de la Celtique, il leur rendit tous leurs prisonniers, tandis que les autres furent indignement partagés, comme un vil troupeau, entre les soldats romains.

Des garnisons furent établies à Chalon et à Mâcon, avec des officiers chargés de pourvoir à la subsistance des troupes, que César maintint longtemps encore dans le pays pour étouffer tout germe de révolte. Des camps retranchés s'élevèrent en différents endroits, et donnèrent ainsi naissance à des localités importantes. Les Éduens et leurs clients, les Lingons (pays de Langres), contribuèrent puissamment à la pacification générale. En retour, César leur fit accorder de bonne heure le titre, alors si envié, de *citoyen romain*, et leur procura des dignités, non seulement dans les cités gauloises, mais encore dans ses armées, et jusque dans Rome même. C'était par les bienfaits de la paix que le conquérant voulait affermir et compléter l'œuvre de ses victoires. Voilà pourquoi il mit tous ses soins à encourager l'agriculture et le commerce. Les colons gaulois eurent les mêmes privilèges que ceux d'Italie. On déclara libre et affranchie de tous droits la navigation de la Saône et du Rhône; on créa diverses industries qui ne tardèrent pas à amener l'aisance et la prospérité dans ce pays encore demi-barbare.

Mais c'en était fait de l'antique liberté de la Gaule. Son histoire reste désormais inséparablement unie à l'histoire romaine, avec laquelle elle se confond jusqu'à la chute de l'Empire. La République, déchirée par des dissensions intestines, avait fait place au gouvernement monarchique, seul capable de défendre et de maintenir les immenses conquêtes des consuls et du Sénat. Quand les guerres civiles eurent été terminées, César triompha quatre fois dans le même mois. « Le premier et le plus beau de ces triomphes, dit Suétone, fut celui des Gaulois. » Les soldats ne manquèrent pas, suivant leur usage, de chanter en chœur, derrière son char, des vers mordants sur la vie débauchée du dictateur. A quelque temps de là, comme on le sait, Brutus crut venger par un parricide exécrable la perte de la liberté de Rome, ou mieux la fin de l'omnipotence du Sénat et des consuls, — l'établissement de la République ayant été plutôt le fait des patriciens ambitieux que du peuple, lequel regretta longtemps la royauté. — Mais le fer des conjurés ne put ramener un état de choses désormais condamné. César expia seulement par sa fin tragique les flots de sang innocent dont il avait inondé les champs de la Gaule; on dit que pendant les sept années qu'il y fut, il se gorgea d'or et d'argent et qu'il fit périr trois millions d'hommes. Octave, son neveu, sous prétexte de punir les complices de Brutus renouvela les proscriptions de

Sylla, et remplit Rome et l'Italie de meurtres et de rapines. Après s'être rapidement débarrassé d'Antoine et de Lépide avec lesquels il avait formé le second triumvirat, il obtint le titre d'*empereur* et jouit de l'autorité absolue d'un monarque, que César avait en vain ambitionnée.

CHAPITRE III
LES CÉSARS

Sommaire : Politique romaine. — Fondation d'Augustodunum. — Changements qui surviennent dans les mœurs des Éduens. — Tibère et Sacrovir. — Caligula, Claude et Néron.

Octave, devenu empereur, prit ou reçut le nom d'Auguste, sous lequel il est presque exclusivement désigné par l'histoire. Son premier soin, lorsqu'il eut rétabli l'ordre en Italie, fut de se rendre en Gaule dont il s'était réservé le gouvernement. La politique romaine tendait à faire disparaître peu à peu et sans éclat, pour ne pas froisser la susceptibilité des vaincus, tout ce qui pouvait rappeler dans les pays conquis l'ancien état de choses. Elle parvint ainsi à substituer aux capitales des antiques confédérations celtiques de nouvelles villes, où de somptueux édifices s'élevèrent comme par enchantement et où se trouvèrent réunis tous les agréments de la vie. Bibracte ne devait pas échapper à cet implacable système de décapitation. Elle fut abandonnée; le silence sur son passé glorieux fut si complet que, dans la suite des siècles, les Éduens oublièrent jusqu'à l'emplacement où avait été le dernier boulevard de leur liberté. La nouvelle capitale fut adossée aux montagnes que longe l'Arroux, et prit en l'honneur d'Auguste le nom d'*Augustodunum*, d'où par syncope on a fait *Augustum*, *Ostum* et enfin *Autun*. La jeune cité reçut de ce prince une physionomie toute romaine. Elle eut son capitole, son champ de Mars, son forum, son amphithéâtre, ses thermes, des temples dédiés aux dieux de l'empire, des palais magnifiques, des écoles célèbres qui devaient remplacer les collèges druidiques établis à Bibracte. On ne lui épargna rien, pas même les titres emphatiques de *Soror et æmula Romæ*, *Roma celtica*, en échange et pour compensation d'une nationalité et d'une indépendance à jamais perdues. Afin de lui enlever jusqu'au désir de les recouvrer, Auguste lui donna avec ses écoles la littérature, les arts, les jeux du cirque, les luttes du forum, en un mot, les plaisirs, les mœurs, la vie de Rome ; et de même qu'à Rome se rencontraient, à la borne dorée ou mille d'or, tous les grands chemins de l'empire et du monde, de même, au centre d'Autun, aboutirent les magnifiques routes qui sillonnèrent la Gaule dans toutes les directions.

La dédicace de la nouvelle ville eut lieu vers l'époque où le Sauveur du monde naissait à Bethléem, rapprochement remarquable qui fait aussitôt réfléchir sur la future destinée de la cité d'Auguste nommée plus tard *cité du Christ* (1).

Cependant la nouvelle division politique des Gaules fit perdre à Autun son rang de capitale, qui fut donné à Lyon (*Lugdunum*), simple bourgade des Éduens, sous la domination celtique. La jeune cité fut assignée

(1) M. DINET.

comme métropole à la province, qui en tira son nom de *Lugdunaise* ou *Lyonnaise*. Auguste y séjourna deux ans et l'embellit d'un temple de Vesta, d'un théâtre, d'aqueducs et d'autres magnifiques édifices publics. En peu de temps, grâce à sa position heureuse, Lyon devint tout à la fois le siège de l'administration proconsulaire et le centre commercial de la Gaule celtique (1).

Quoique moins favorisées, les autres cités éduennes conservèrent leur organisation intérieure, telle qu'elle existait avant la conquête. Leurs habitants gardèrent le titre d'*alliés* et de *frères* du peuple romain, dont ils avaient été si fiers et qui leur fut si fatal. Ils continuèrent même d'avoir leurs magistrats et leurs officiers particuliers. Mais l'action de ces gouvernements locaux ne s'étendit plus au delà de l'enceinte de chaque ville, et l'on ne tarda pas à voir s'affaiblir peu à peu, puis, à se rompre tout-à-fait les liens de l'ancienne confédération politique. La hiérarchie romaine, basée sur un système de concentration difficile à surpasser, mais, à vrai dire, fort peu enviable, se substitua finalement et par la force même des choses au gouvernement fédératif de la Gaule. Le pouvoir central absorba tout : de la villa ou bourgade, il fallut remonter au pagus, du pagus à la cité, de la cité à la métropole, et partout se trouvait un représentant de la puissance

(1) Pour faciliter le commerce de Lyon, Auguste fit ouvrir par vingt-cinq légions quatre grandes voies romaines, qui traversaient les Gaules et qui ont immortalisé Agrippa, gendre de ce prince. L'une d'elles allait de Lyon à l'Océan ; elle passait à Mâcon. Tournus, Chalon ; là elle se partageait en deux branches, dont la plus droite allait à Langres, l'autre, à Autun.

impériale : officier militaire, magistrat civil ou agent fiscal. Ce fut là le moule de fer, où les nationalités celtiques vinrent se fondre et se condenser dans l'unité romaine.

Les Gaulois perdirent même leurs antiques croyances pour adopter les dieux de l'empire. Ils ne vinrent plus, sous la conduite des druides, s'enfoncer dans la profondeur des forêts à la recherche du gui sacré. La serpe d'or, qui servait à la cueillette du précieux végétal, au sixième jour de la lune, fut destinée à d'autres usages, et l'œuf de serpent, auquel les bardes attribuaient de si merveilleuses propriétés, ne fut plus aussi avidement recherché (1). Le polythéisme de Rome pénétra partout ; les familles druidiques recherchèrent avec ardeur les charges de prêtres et de pontifes du nouveau culte, richement doté et en si parfaite harmonie avec les instincts et les penchants de la nature humaine corrompue. Seules, les druidesses survécurent à ce naufrage des anciennes pratiques superstitieuses. Réfugiées dans une île de l'Océan, elles faisaient, de temps à autre, de courtes apparitions sur le continent, où, au moyen d'une baguette magique, elles prétendaient revêtir toutes sortes de formes, prédire l'avenir, apaiser les tempêtes, donner la victoire, en un mot, accomplir les prodiges merveilleux, dont le souvenir s'est perpétué jusqu'à nos jours dans les contes de *fées*.

(1) Au dire des druides, cet œuf merveilleux avait entre mille autres dons la propriété de faire gagner les procès à son possesseur et de lui faciliter l'accès des princes. Il était le produit de la bave et de la transpiration des serpents, lorsque ceux-ci, à une époque de l'année se réunissent et s'entrelacent de façon à former une espèce de pyramide.

Les proconsuls romains, mettant tous leurs soins à accréditer le paganisme, poursuivirent avec acharnement les derniers débris de l'ancien culte : *dolmens, menhirs*, etc. C'est ce qui explique pourquoi il en reste si peu sur le territoire éduen. Afin de façonner de plus en plus les vaincus aux mœurs romaines, Auguste établit des colonies de tous côtés, et restaura ou changea de fond en comble les anciennes cités. Par ses ordres, les bains de Bourbon-Lancy furent ornés de marbres et de statues. Des cendres d'Alise sortit une ville, où il s'établit une fabrique de bossettes et de mors de bride, que l'on argentait au feu. Chalon et Mâcon eurent aussi des manufactures de même genre. Quelques incursions des Germains sur le territoire celtique furent promptement réprimées. Ce fut alors qu'au milieu de la paix profonde dont jouissait l'univers entier, le Messie, attendu depuis quatre mille ans, NOTRE-SEIGNEUR JÉSUS-CHRIST, fils de Dieu dans l'éternité, d'Abraham et de David selon le temps, naquit de la Vierge Marie, à Bethléem, l'an de la fondation de Rome 754, et la 32me année de l'empereur Auguste (1).

Ce prince en mourant, l'an 14 de J.-C, désigna pour son successeur le fils de sa seconde femme, le

(1) La Judée, soumise aux Romains, était gouvernée par un prince iduméen de leur choix, Hérode l'ancien. Le sceptre n'était donc plus entre les mains de Juda et tout était préparé selon les prophéties pour l'avènement du Désiré des nations. « Un enfant né dans une étable au milieu d'une nation méprisée, voilà, dit Chateaubriand, un singulier maître du monde et dont Rome eut été bien étonnée d'apprendre le nom ! C'est pourtant à partir de la naissance de cet enfant qu'il faut changer la chronologie et dater le commencement de la civilisation moderne. »

sombre TIBÈRE, dont la froide cruauté égala la sordide avarice. Il fut à la tête de l'empire pendant vingt-trois ans. Son administration s'était d'abord fait remarquer par une grande douceur, mais bientôt à cette modération simulée succédèrent les actes les plus arbitraires et l'odieuse tyrannie de Séjan, son indigne favori. C'est alors que la Gaule fit un effort pour secouer le joug. Julius Florus et l'éduen Sacrovir se mirent à la tête du mouvement, provoqué moins encore par leur propre ambition que par l'orgueil des gouverneurs romains et l'exagération des impôts. Sacrovir s'empara d'Autun. La possession de cette ville, en le rendant maître de toute la jeune noblesse qu'attirait la réputation de ses écoles, lui répondait des familles influentes du pays. On avait fabriqué des armes secrètement : il les fit distribuer aux habitants et eut ainsi sous la main une armée de quarante mille hommes, auxquels il joignit les gladiateurs du cirque nommés *Crupellaires*. Malgré leur nombre, les soldats de Sacrovir ne purent résister au choc des légions impériales. Après sa défaite, Sacrovir se réfugia dans une maison de campagne voisine d'Autun, où il se poignarda lui-même; ses partisans s'entre-tuèrent ensuite et le feu qu'ils avaient mis au bâtiment consuma leurs restes sanglants. On voit encore à Autun les restes d'une tour très ancienne, près de laquelle l'armée des révoltés fut taillée en pièces.

CALIGULA (37-41), successeur de Tibère et son fils adoptif, mit le comble à ses folles débauches et à sa rapacité. Elevé dans les camps, habillé comme les soldats, cet indigne fils de Germanicus avait reçu d'eux le nom de *Caligula*, parce qu'il portait la même sandale militaire appelée *caliga*. Tibère, dit-on, ne l'avait choisi que pour faire oublier sa propre infamie, devant l'énormité des crimes dont il allait se souiller. On connaît ses extravagances à l'égard de son cheval *Incitatus*, qu'il voulait élever au consulat. Il vint à Lyon dans l'intention de se procurer de l'argent, car s'il traversa les Gaules, sous prétexte de faire la guerre aux Germains, ce fut en réalité, pour piller la province. Un jour qu'il jouait aux dés dans une ville du territoire éduen, informé qu'il n'avait plus d'argent, il fit apporter les registres du cens en Gaule, et, ayant commandé de mettre à mort les plus riches citoyens de la province, il put offrir un enjeu considérable avec leurs dépouilles sanglantes. Il établit dans le temple d'Auguste, élevé au confluent du Rhône et de la Saône, des combats d'éloquence grecque et latine. Les vaincus étaient obligés de fournir le prix aux vainqueurs et de faire l'éloge de Caligula. Ceux qui avaient le plus mal réussi se voyaient condamnés ou à effacer leurs écrits avec la langue, ou à être battus de verges ou précipités dans le Rhône.

CLAUDE (41-54), oncle de Caligula, lui succéda. Sa mère ne l'appelait pas autrement que « mon fils l'imbécile ». Il était né à Lyon, et avait pour les Gaulois une sympathie qui le poussa à ouvrir, en faveur des nobles éduens, les portes du Sénat de Rome. Autun, flatté par cette distinction, demeura tranquille, tant que l'empire ne fut point troublé par les incursions des Barbares. Fidèle à la politique de ses prédécesseurs, Claude proscrivit par de nouveaux décrets, sous les peines les plus sévères, la religion des druides, que déjà Auguste avait déclarée incompatible avec le titre de citoyen romain.

Un noble gaulois, fait chevalier romain, plaidait un jour devant son tribunal. Inquiet peut-être sur l'issue de son procès, il s'était, par précaution, nanti d'un œuf de serpent, qui devait lui donner raison contre son adversaire. Mal lui en prit, car Claude fut à peine informé de ce fait qu'il condamna à mort sur le champ le crédule et superstitieux plaideur.

Néron (54-68), qui vint après lui, apporta sur le trône les vices et les instincts les plus féroces. Il avait cependant fait espérer un règne heureux ; mais une fois qu'il eût lâché la bride à ses passions, la famille impériale, le Sénat, Rome, l'Italie, le monde entier éprouvèrent les effets de sa soif de sang et de voluptés.

La Gaule, épargnée par Néron, fut néanmoins frappée d'un grand désastre sous son règne. La ville de Lyon devint, l'an 57, la proie d'un incendie que rien ne put arrêter. On envoya de Rome quatre millions de sesterces pour aider à la rebâtir, les citoyens de Lyon ayant offert aux Romains la même somme dans de semblables circonstances.

Le gouverneur de la Haute-Germanie avait proposé de joindre par un canal la Saône à la Moselle. Ce projet d'une utilité manifeste ne pouvait qu'être rejeté par le monstre couronné qui remplissait le monde de ses fureurs, et livrait les chrétiens aux flammes.

Un tel prince, qui est resté le type de la cruauté, méritait bien d'être le premier persécuteur de l'Église Il trouva, pour seconder sa politique sanguinaire, des instruments dociles dans les Romains avilis qu'effrayait le seul nom de la vertu; mais la mort, les tortures sont impuissantes. L'empire se sent pénétré de toutes parts par le feu sacré de la foi qu'apportent au monde païen, pour le régénérer, de pauvres pêcheurs ignorants; et les Césars, malgré leur formidable puissance, seront bientôt forcés de s'avouer vaincus par *le Galiléen*.

CHAPITRE IV

LE CHRISTIANISME

Sommaire : *I. Période apostolique. Saint Paul, saint Luc, saint Lazare et ses sœurs. — II. Période gréco-orientale. Saint Pothin, saint Bénigne, saint Marcel, saint Valérien et saint Symphorien. — III. Période romaine. Saint Révérien, sainte Reine, saint Martin à Autun, fin du paganisme.*

Il est temps de parler de cette nouvelle conquête du monde, qui, pour s'être faite par la prière et le martyre, et non par des sièges et des batailles, n'en fut pas moins glorieuse; car elle aussi compte des héros dont nous serons éternellement fiers, des victoires qui confondent l'esprit humain et l'obligent à reconnaître l'intervention d'une puissance surnaturelle.

En jetant un coup d'œil sur les origines de l'Église dans nos contrées, on distingue trois périodes principales : la période apostolique, la période grecque et la période romaine.

I. — *La période apostolique* commence avec la première prédication de l'Évangile. Au cénacle, apôtres et disciples se partagent le monde ; quelques-uns arrivent en Gaule et jettent la semence évangélique dans les familles sénatoriales d'Autun. « Sous Claude, rapporte un manuscrit authentique remis en lumière par un historien aussi docte que pieux, l'Apôtre Pierre envoya dans les Gaules, pour annoncer aux Gentils la foi à la Trinité, quelques disciples, auxquels il assigna des villes particulières. Ce furent Trophime, Paul, Martial, Austremoine, Gatien, Saturnius, Valère et plusieurs autres, que le bienheureux apôtre leur avait désignés comme compagnons. » Il est un autre fait qui se rattache à la première apparition de l'Évangile dans notre pays : c'est le passage de saint Paul dans le midi de la Gaule, lorsqu'après son dernier voyage à Jérusalem, en compagnie de saint Pierre, il se rendit en Espagne, où il fonda une chrétienté. Ce point de l'histoire, trop longtemps méconnu, mérite toute notre attention. Il est attesté à la fois par la fameuse inscription du temple de Néron, découverte en Portugal, et par le témoignage formel de saint Jérôme. L'apôtre des nations, tandis qu'il suivait la voie romaine, qui allait d'Italie en Espagne, en traversant les Gaules par Nice, Arles, Narbonne, put saluer à l'avance les innombrables générations chrétiennes, que cette terre prédestinée allait bientôt enfanter pour le ciel.

Saint Épiphane assure de son côté que saint Luc et quelques autres disciples du grand apôtre ont prêché la foi dans les Gaules, et tout porte à croire que ce fut principalement au milieu des riches contrées, dont Lyon était la métropole, que le saint évangéliste et ses compagnons exercèrent leur ministère apostolique. Les Gaulois étaient trop célèbres, ils avaient porté trop loin et en trop de lieux leur nom et leur épée pour ne pas attirer de suite l'attention et le zèle des apôtres. On sait qu'ils formaient la garde d'honneur des rois de Jérusalem, absolument comme les Suisses devinrent plus tard chez nous les gardes du corps de nos rois. Tout devait donc contribuer à la prompte diffusion de l'Évangile à Vienne, à Lyon, où d'illustres proscrits de la Judée, Hérode-Antipas, Hérodiade, Ponce-Pilate, avaient sans doute entraîné à leur suite plus d'un témoin, plus d'un acteur peut-être du grand drame de la Passion du Sauveur, et où leurs récits avaient été comme une préparation à la prédication des premiers apôtres. Il n'est pas jusqu'à la haine des Juifs déicides contre les amis et les disciples de Jésus-Christ, qui n'ait favorisé dans les Gaules la rapide semence de la parole divine. Ce fut sur les côtes de la Provence qu'aborda le vaisseau qui portait Lazare, Marthe et Marie, et que les Juifs avaient lancé sur les flots de la Méditerrannée sans voiles, sans viatique et sans pilote. Le divin Maître voulut tenir lui-même le gouvernail et dirigea la frêle embarcation vers la terre, qui, au milieu des ténèbres de l'idolâtrie, rendait déjà un culte à sa très sainte Mère (1).

II. — La première mission des sept évêques envoyés par saint Pierre dans les Gaules, fut presque aussitôt suivie d'une seconde, que les écrivains ecclésiastiques placent sous le pontificat de saint Clément (91-100), un peu avant ou pendant la seconde persécution ordonnée par Domitien. La pieuse caravane remonta le Rhône, sous la conduite de saint Denis l'Aréopagyte, atteignit la Saône, et pénétra dans *Lutèce* (Paris), qui eut aussitôt un évêque, dans la personne du converti de saint Paul. Quelques années

---

(1) On sait que les druides dans le pays chartrain honoraient la statue de la *Vierge qui devait enfanter* le Sauveur du monde.

après, une nouvelle troupe d'ouvriers évangéliques, ayant à sa tête saint Pothin, se fixa à Lyon pour rayonner de là dans le pays éduen. C'est le commencement de la seconde période de nos origines chrétiennes, ou *période gréco-orientale*, vers l'an 190 de J.-C. Pothin était disciple du grand évêque de Smyrne, saint Polycarpe, qui avait été formé lui-même à l'école de saint Jean, l'apôtre cher au Cœur de Jésus. Il conduisait, pour combattre le culte des idoles dans ces riches contrées et y implanter la pure doctrine de la foi chrétienne, saint Irénée, saint Bénigne, saint Andoché, le diacre saint Tyrse et le sous-diacre saint Andéol. Plusieurs autres clercs, prêtres ou évêques, venus de la terre d'Ionie, les accompagnaient. Les uns et les autres tenaient leur mission du pape saint Anicet, auquel saint Polycarpe, les avait présentés à Rome. La plupart d'entre eux avaient reçu la consécration épiscopale dans une église des catacombes, en face du tombeau des saints apôtres. Ils furent bientôt rejoints par d'autres prédicateurs de l'Évangile, jaloux de partager leurs travaux et leur gloire. Citons entre autres saint Ferréol, saint Ferrutien, saint Valérien, saint Marcel, saint Félix, saint Fortunat, saint Achillée. Tous partaient de cette Rome qui, après avoir donné l'ordre à ses consuls de subjuguer les peuples, envoyait à ces mêmes peuples des conquérants nouveaux non moins ambitieux mais avec la mission plus noble de les sauver.

Déjà le feu de la persécution, depuis longtemps allumé à Rome, en Asie et en Afrique, étend ses ravages jusqu'en Gaule. La fausse et orgueilleuse philosophie du portique, parée du masque de la vertu et secrètement souillée de fange, venait de s'asseoir pour la seconde fois depuis Trajan, l'auteur de la troisième persécution, dans la personne de Marc-Aurèle, sur le trône des Césars et, de rechef, elle devait avoir la honte de faire couler par torrents le sang innocent; une trêve avait été accordée aux chrétiens, en souvenir du miracle de la légion fulminante; Marc-Aurèle n'hésita pas à la rompre. Sa prétendue tolérance sceptique alla plus loin dans la voie du sang que la cruauté de Néron et la folie de Caligula, puisque par elle, le glaive des persécuteurs pénétra jusqu'au cœur de la Gaule.

L'église de Lyon, la plus nombreuse et la plus florissante, fut aussi la première qui attira l'attention et reçut les coups du prince philosophe. Échappés miraculeusement des prisons de Lyon, saint Marcel et saint Valérien suivent la vallée de la Saône et annoncent sur leur passage la parole du salut. Valérien prend la grande voie militaire qui longe la rive droite et ne s'arrête qu'à Tournus. Marcel s'est jeté dans les forêts de la rive gauche, où il prêche la foi aux Séquanais; puis, il arrive près des portes de Chalon, qu'il voit, non sans douleur, surmontées d'une statue du soleil, objet d'un culte sacrilège. Située sur le territoire éduen, comme une forteresse avancée contre les Séquanais, cette ville avait acquis sous les empereurs une importance considérable. Son port abritait une flotte pour le service des légions et offrait au commerce un débouché facile avec l'Italie. Priscus en était le gouverneur, quand saint Marcel entreprit d'y prêcher l'Évangile et ce fut à son tribunal que le glorieux apôtre du Chalonnais comparut sous l'inculpation d'être l'ennemi des dieux de l'empire. Après divers supplices, qui firent éclater son courage et sa patience, en même temps qu'ils attestèrent la barbarie du proconsul, saint Marcel fut enterré vivant, jusqu'à la ceinture, et expira glorieusement au bout de trois jours d'agonie, le 4 septembre 178.

Son compagnon, d'autres disent son frère, s'était fixé, comme nous l'avons dit, à Tournus, point stratégique, immense magasin fortifié où venaient s'entasser, avec les provisions des armées impériales, les redevances des contrées voisines. Valérien avait fait du *castrum* romain le centre de ses courses apostoliques. Les succès de sa prédication le signalèrent bientôt à la haine que Priscus portait au nom chrétien. Condamné à mort pour ce seul motif, il fut attaché à un poteau, déchiré cruellement avec des ongles de fer et enfin décapité (17 Septembre 178). Sur le lieu arrosé par son sang et dépositaire de ses reliques, les chrétiens élevèrent un petit oratoire, transformé, sous Constantin, en une basilique, près de laquelle on construisit dans la suite une abbaye bénédictine.

Tandis que les rives de la Saône étaient fécondées par le sang des martyrs, Autun recevait à son tour les envoyés de Rome, chargés de faire croître et multiplier dans son sein les germes de salut, que les premiers messagers de l'Évangile y avaient déposés. Cette ville, en effet, renfermait déjà quelques néophytes, parmi lesquels on distinguait Fauste, chef d'une famille sénatoriale et décoré de la dignité de préteur. A lui revint l'honneur d'abriter sous son toit les nouveaux missionnaires, qui venaient, armés de la croix, prendre possession, au nom de Jésus-Christ, de l'opulente cité d'Auguste. C'étaient saint Bénigne, saint Andoche et saint Tyrse, futurs apôtres de la Bourgogne. Leur premier catéchumène à Autun fut le fils que Fauste avait eu d'Augusta, sa pieuse épouse, le jeune Symphorien. Tous les autres fidèles baptisés en même temps que lui le surpassaient en âge, mais aucun d'eux ne l'égalait en ferveur et déjà on pouvait prédire qu'il serait l'ornement et la gloire de la nouvelle église.

Au bout de quelque temps, saint Bénigne se dirigea, avec ses deux compagnons, vers l'antique Alise. Après avoir annoncé Jésus-Christ sur divers points du territoire éduen, tels que Saulieu et Dijon, ils arrivèrent à Langres, capitale des Lingons, dans le voisinage de laquelle vivait une sœur de Fauste, nommée Léonille, fervente chrétienne comme lui. Son fils en mourant avait laissé à sa sollicitude maternelle trois fils jumeaux, Speusippe, Éleusippe et Méleusippe (1). Ce furent les premiers disciples de saint Bénigne, à Langres. Animés d'une piété ardente, et d'un courage à toute épreuve, ils ne tardèrent pas à tracer la voie à leur illustre parent Symphorien, en confessant généreusement la foi devant des juges perfides, qui essayèrent par toutes sortes d'artifices de séduire leur jeunesse. Sainte Léonille, leur aïeule, partagea leurs souffrances et leur gloire.

Saint Bénigne revint ensuite à Dijon, station militaire, au confluent de deux petites rivières tributaires

---

(1) Leur plus grand plaisir, j'allais dire leur passion, lorsqu'ils n'étaient encore que païens, était d'élever dans leurs vastes domaines et de dresser de superbes coursiers. De là, leurs noms de *Speusippe*, d'*Éleusippe*, et de *Méleusippe*, c'est-à-dire qui *pousse*, qui *presse*, qui *soigne* les chevaux.

de la Saône, que d'immenses travaux commencés sous Marc-Aurèle, allaient bientôt transformer en une cité opulente. La parole du saint apôtre, confirmée par le prestige de la vertu et la sanction des miracles, y obtint des succès merveilleux. Paschasie, instruite et baptisée par lui dans cette ville, fut la plus noble conquête de sa prédication. Digne émule de sainte Léonille, cette sainte et courageuse vierge partagea bientôt avec saint Bénigne les honneurs du martyre et plus tard la vénération des peuples. L'empereur, en effet, étant venu inspecter l'enceinte de la ville naissante, son premier soin fut de prescrire une recherche active des adorateurs du Christ. Bénigne est aussitôt dénoncé et traduit devant le tribunal du prince philosophe qui le fit fouetter horriblement avec des nerfs de bœuf; mais, comme rien ne pouvait ébranler sa constance à confesser Jésus-Christ, on l'enferma dans un cachot au milieu de chiens affamés ; ces animaux féroces respectèrent le saint apôtre, auquel on brisa ensuite la tête à l'aide d'une barre de fer. C'était le jour des calendes de Novembre, en cette même année 178, qui avait déjà vu le glorieux triomphe de saint Marcel et de saint Valérien. Bénigne n'était qu'un étranger, pauvre, inconnu ; son supplice devait passer inaperçu, et son nom rester à jamais enseveli dans l'oubli. Cependant cet inconnu est à peine mort que sa tombe devient glorieuse, les peuples y viennent en foule, les petits d'abord, les grands ensuite. L'humble crypte élevée par les premiers chrétiens se transformera en une magnifique église, et ce qui est plus remarquable encore, ce tombeau deviendra le centre de toute l'histoire civile et politique de la Bourgogne. Dijon, en effet, doit plus ses agrandissements successifs qui ont fait d'un simple *castrum* romain, la riche capitale de toute une province, au pèlerinage de saint Bénigne qu'à la fertilité de son sol et à son heureuse position au pied des montagnes appelées *Côte-d'Or*.

Quant aux deux compagnons du bienheureux martyr, saint Andoche et saint Thyrse, ils étaient alors à Saulieu. Saint Félix, riche négociant venu d'Asie dans ces contrées, secondait admirablement leur prédication par sa piété et surtout par sa charité inépuisable. Il voulut même, lorsque la persécution devint plus violente, recevoir chez lui les deux apôtres. C'était s'associer à leur danger. Dieu l'en récompensa en l'associant à leur triomphe. Le martyre de ces trois valeureux athlètes de Jésus-Christ, arrivé en 179, ne précéda que d'un an le supplice, ou mieux le couronnement de saint Symphorien, auquel présida en personne le proconsul Héraclius, digne serviteur d'un maître tel que Marc-Aurèle (22 Août 180). Tout le monde connait l'éclat extraordinaire dont fut entourée la confession du jeune héros chrétien. Sainte Augusta, son illustre mère, accourt sur le chemin par où devait passer son fils bien-aimé. Aussi généreuse que la mère des Machabées, elle se présente aux regards de Symphorien, non pour l'attendrir par ses larmes, mais pour l'affermir et l'animer par ses paroles. La foi qui fit triompher la mère de toute la tendresse qu'inspire la nature, n'est pas moins admirable que celle qui fit triompher le fils de toutes les horreurs de la mort. Cette mort clôt, pour ainsi parler, l'âge héroïque des églises éduennes. Un intervalle de quelques années sépare la mission grecque de la mission romaine qui forme la troisième période de la prédication de l'Évangile dans nos contrées. Sans doute, à Autun comme à Rome, comme dans tout l'univers, l'impiété s'est vue trompée dans ses odieux calculs ; car la persécution, au lieu d'étouffer le nom chrétien dans le sang des martyrs, n'avait fait au contraire que multiplier le nombre des adorateurs de Jésus-Christ. Néanmoins, les exécutions douloureuses, dont nous venons de dérouler le sombre tableau, avait eu pour résultat inévitable de désorganiser la hiérarchie sacrée dans cette église naissante.

Dirigée pendant quelque temps par les évêques de Langres, la communauté chrétienne d'Autun eut bientôt le sien, grâce à la sollicitude du grand Irénée, successeur de saint Pothin sur le siège de Lyon. Ce fut un prêtre également distingué par sa naissance et ses vertus, appelé Amateur, nom sénatorial très célèbre dans la province. Choisi pour être mis à la tête de l'Église d'Autun, sa ville natale, il ouvrit saintement cet illustre catalogue de l'épiscopat éduen, qui, pendant plusieurs siècles, fut un véritable martyrologe.

Il rassembla autour de sa houlette pastorale les brebis dispersées et tremblantes, et sut non seulement conserver intact le petit troupeau de Jésus-Christ, mais encore l'accroître et l'augmenter. Tandis que se formait la constitution hiérarchique de l'Église éduenne, la Providence, pour la rendre plus facile par un peu de calme, n'avait pas permis que le sang chrétien coulât à Autun. Ce ne fut toutefois qu'une éclaircie entre deux orages : la tempête éclata bientôt avec une violence qui aurait dû à jamais anéantir la religion de Jésus-Christ, si elle avait été l'œuvre des hommes. Citons-en un exemple.

En 357, l'empereur Valérien vint en personne visiter l'antique et brillante cité Gallo-romaine et voulut y arrêter lui-même les progrès de la foi. C'est alors que l'on vit un jeune martyr, un second Symphorien, Flocelle, aux prises avec le farouche César. Malgré son âge tendre, Flocelle supporta bravement la flagellation et la torture et fut ensuite enfermé dans un cachot pour y être dévoré par un lion. Le saint fit une prière et l'animal tomba mort à ses pieds. On lui perça les mains et la langue; mais, comme les tourments ne pouvaient fermer la bouche à l'éloquent et intrépide enfant, il fallut lui arracher la vie par le glaive. Il eut la tête tranchée en présence d'une multitude barbare et sous les yeux d'un prince plus barbare encore qui n'avait pas honte de verser le sang d'un enfant de douze ans.

III. — Nous arrivons à la troisième et dernière période de nos origines chrétiennes : la *mission romaine*. Cette époque non moins glorieuse que les deux précédentes, est remplie par les travaux de nouveaux apôtres qu'envoyait de Rome même, le pape saint Félix, vers le milieu du troisième siècle. Ils arrivaient sous la direction de saint Révérien, juste à l'heure, pour soutenir les fidèles dans la foi au milieu des rudes épreuves qu'ils avaient encore à traverser. Révérien, ayant appris que l'empereur Aurélien accourait du fond de l'Orient afin de frapper d'un même coup, en Gaule, le parti de Tétricus et l'Église de Jésus-Christ, voulut devancer le persécuteur, et accourut, avec le prêtre Paul et dix autres compagnons, dans sa ville épiscopale, veuve et désolée. Il était temps; car le farouche

Aurélien, après avoir écrasé l'armée de Tétricus, entrait à Autun, traînant à sa suite son infortuné compétiteur et la reine de Palmyre, la célèbre Zénobie, tous les deux destinés à orner son triomphe. On disait de lui que *personne n'avait bu autant de vin qu'il avait versé de sang*. C'était surtout du sang chrétien qu'il était altéré : il savourait avec une joie féroce celui des évêques et des prêtres. Saint Révérien donna courageusement le sien pour son Dieu et pour son troupeau. Avec lui furent couronnés saint Paul, son prêtre fidèle, et leurs dix autres coopérateurs. Le sol éduen est donc encore une fois arrosé d'un sang pur et généreux. Aussi va-t-il montrer dès lors toute sa fécondité. La semence est jetée ; elle produira des fruits au centuple.

Dieu fit servir les desseins mêmes des ennemis de l'Évangile au rétablissement de la paix dans les églises de la Gaule. Tandis que Maximien s'appliquait à combattre la religion chrétienne, son collègue Dioclétien, voulant arrêter le flot envahisseur des barbares, avait créé Césars *Galère*, monstre de cruauté, auquel l'Orient fut attribué, et *Constance-Chlore*, excellent prince, qui reçut le gouvernement des Gaules. Cette circonstance rendit, en partie du moins, le calme aux églises éduennes ; car on ne voit pas que la persécution, qui fit couler le sang de tant de martyrs sous Dioclétien et Maximien, ait exercé de grands ravages à Autun. Nous devons mentionner cependant la glorieuse confession de saint Gervais, diacre, né dans le Maine, qui fut martyrisé dans une forêt près de la Saône, ainsi que celle de saint Florentin et de saint Hilaire.

On rattache encore à la même époque la mort de sainte Reine dont le culte est si célèbre dans toute la Bourgogne. Cette illustre vierge était originaire d'Alise. Persécutée par son propre père à cause de sa religion, elle opposa à la colère du proconsul Olibrius une invincible résistance et préféra endurer les tourments les plus horribles plutôt que de perdre sa foi et sa vertu.

La persécution avait fait des victimes dans tous les rangs de la société : pauvres et riches, vieillards et enfants, soldats et prêtres, jeunes gens et vierges timides avaient généreusement versé leur sang pour la foi de Jésus-Christ. Les tyrans se lassèrent plus tôt de frapper que les chrétiens de mourir. Après trois siècles de combats et de victoires, le christianisme vit enfin luire le jour du triomphe. Disons-le pour l'éternel honneur de l'église d'Autun, son évêque, saint Rhétice, successeur de saint Révérien, eut une part considérable au grand événement qui allait changer la face du monde. Ce fut lui, selon quelques historiens, qui détermina Constantin, durant son séjour à Autun, à embrasser l'Évangile et qui l'instruisit des premières vérités de la foi.

Saint Rhétice mourut vers 334 et eut pour successeurs des pontifes jaloux de marcher sur ses traces, tels que saint Cassien, venu d'Égypte pour prêcher la foi dans nos contrées, saint Egémone, recommandable par sa piété et sa science, saint Simplice, doué d'une douceur admirable et d'une charité ardente, et dont la grande vertu contribua puissamment à faire disparaître les derniers vestiges de l'idolâtrie sur le territoire éduen.

Comme Autun, les villes importantes de l'antique confédération devinrent autant de sièges épiscopaux fondés, puis illustrés par de dignes pasteurs qui furent en même temps, de grands saints et de grands hommes, mais qu'il serait trop long d'énumérer.

Le thaumaturge des Gaules, saint Martin, dans la dernière moitié du quatrième siècle, détruisit par l'éclat de sa sainteté et la vertu de ses miracles, les derniers restes du paganisme, cantonné dans plusieurs obscures campagnes. Non loin de l'ancienne porte de Langres, s'élevait un temple en l'honneur de Saron, roi fabuleux des Gaules, renommé pour son savoir et fondateur de quelques écoles particulières, d'où une secte de Druides avait pris le nom de *Saronides*. Ces druides tenaient, au milieu des forêts sacrées qui couvrent les hauteurs d'Autun, un collège fameux, refuge du druidisme expirant. Saisi d'indignation à la vue de cet outrage permanent à Jésus-Christ, et animé par l'Esprit de Dieu, Martin pénètre dans le temple au milieu d'une assemblée d'idolâtres, renverse l'autel et la statue de Saron. Aussitôt, les païens se précipitent sur lui en poussant des cris furieux ; l'un d'eux, plus violent, s'élance l'épée à la main sur le saint évêque. Déjà il lève le bras pour le frapper de son arme, quand soudain il est renversé à terre, tremblant et demi-mort. Ce prodige, suivi d'un grand nombre d'autres, ouvrit les yeux des plus obstinés, et le paganisme disparut entièrement, même du fond des campagnes. A dater de cette époque, notre belle province fut ce qu'elle est aujourd'hui, ce qu'elle restera jusqu'à la fin, une terre chrétienne, profondément catholique. Elle pourra changer de nom et de maîtres ; mais sa foi demeurera toujours la même, parce qu'elle a pour base le roc inébranlable de Pierre, contre lequel les portes de l'enfer ne prévaudront point, et pour soutien, pour gloire, cette magnifique dévotion au Cœur de Jésus, qui a pris naissance dans son sein ! (1)

(1) Personne n'ignore que la bienheureuse Marguerite Marie Alacoque, qui reçut les révélations du Sacré-Cœur, était une religieuse de la Visitation, à Paray-le-Monial. Cet ordre de la Visitation, suscité par Dieu, après la Compagnie de Jésus, pour rappeler aux hommes qui l'oubliaient, l'infinie tendresse de son Cœur, nous pouvons le considérer comme un ordre essentiellement bourguignon, soit à cause des grandes âmes, que notre province lui a données, soit surtout à cause de sa fondatrice sainte Jeanne-Françoise de Chantal, née à Dijon et pendant longtemps retirée dans la banlieue d'Autun. Madame de Chantal venait souvent dans cette ville vénérer les précieuses reliques de saint Lazare, qu'on y conserve depuis le dixième siècle. Quels rapprochements faciles à saisir entre le culte rendu à l'ami de N.-S. et la dévotion au Sacré-Cœur ! Et tout cela dans une église fondée par les disciples de l'Apôtre bien-aimé !

CHAPITRE V

FIN
DE LA
DOMINATION ROMAINE

Sommaire : Décadence de l'empire, successeurs de Néron et de Maricus. — Les Flaviens et Sabinus. — Les usurpateurs militaires. — Des empereurs Gaulois. — Les Illyriens. — Constance-Chlore et les Écoles méniennes. — Constantin à Autun. — Prise de Rome par les Barbares.

Le sang des martyrs, qui devait être pour l'Église une semence de chrétiens, fut pour l'empire une tache indélébile et une marque de réprobation. Tant de nobles victimes, — on en compte douze millions — immolées à la férocité des Césars et à la haine sauvage du peuple-roi, ne criaient-elles pas vengeance, et n'allaient-elles pas attirer sur Rome les foudres de la colère divine, déjà provoquée par des crimes sans nom et par une corruption aussi hideuse qu'universelle? Le châtiment ne se fit pas attendre longtemps. A partir du jour où les Césars signèrent les premiers édits de persécution, l'empire fut en complète décadence. Il y eut menaces à l'extérieur et révoltes à l'intérieur; les guerres ne cessèrent plus, tantôt sur un point, tantôt sur un autre.

Néron, le dernier des Césars de la famille d'Auguste, était tombé, moins encore sous le verdict de la conscience publique — un tel monstre était bien le maître qu'il fallait à la Rome païenne, puisqu'elle se prit à le regretter après sa mort — que sous les coups de Vindex qui souleva les Gaules, et de GALBA, proclamé empereur, tous les deux instruments de la Providence pour venger le supplice de saint Pierre et de saint Paul.

OTHON (l'an 69 de l'ère chrétienne), qui avait autrefois partagé les débauches de Néron, quoique celui-ci lui eût ravi son épouse, succéda à Galba, tué au bout de sept mois de règne, et ne fit comme lui que passer sur le trône. L'un et l'autre, malgré leurs défauts, étaient encore trop vertueux aux yeux de ces hommes avilis dont se composait alors la société païenne. Aussi, acclamèrent-ils avec transport l'ignoble VITELLIUS que proposait l'armée du Rhin.

Le nouvel empereur avait été élevé à Caprée sous les yeux de Tibère et s'était attiré la faveur de Caligula par son adresse à conduire les chars du cirque, celle de Claude par son goût pour les jeux de hasard et celle de Néron par ses vices. Les Éduens, les Lingons et les Séquanais avaient soutenu la révolte de Vindex ; ils tentèrent également de s'opposer à l'avènement de ce César, remarquable par sa brutale voracité, mais dépourvu de talents et d'énergie. Il fallut que ses généraux agissent pour lui et l'imposassent aux populations consternées. L'un deux, Valens, chercha en vain un prétexte pour faire la guerre aux Éduens et les dépouiller : il vendait ses marches et ses campements par un honteux trafic avec les possesseurs des terres qui se trouvaient sur son chemin; partout où l'argent manquait, on devait, par des contributions d'un genre infâme, fléchir un général non moins débauché qu'avare.

Vitellius était à Autun quand il apprit la victoire, que ses partisans venaient de remporter à Bédric sur les troupes d'Othon. En se rendant à Rome, il passa à Lyon, où il fit célébrer en son honneur des fêtes et des orgies effroyables. Les désordres et la licence furent tels qu'ils provoquèrent une révolte des pauvres paysans obligés de subvenir par leur travail aux frais de ces débauches monstrueuses.

Le Boïen Maricus se mit à leur tête. Sans autres armes que le fer dont ils se servaient pour remuer la terre et faucher leurs moissons, ils s'avancent contre la ville d'Autun, dans le but de s'en emparer et de la détruire comme le foyer de la tyrannie et de la corruption romaine en Gaule. Les habitants de la cité n'attendirent point leur arrivée, et envoyèrent à leur rencontre la milice urbaine, ainsi que la jeunesse des écoles, soutenues par quelques cohortes légionnaires. Les bandes de Maricus furent vaincues et dispersées, et lui-même pris et conduit à l'empereur. Condamné à être livré aux bêtes, les lions refusèrent de le dévorer. Alors Vitellius le fit massacrer sous ses yeux et oublia ses complices.

La mort de cet empereur, marquée par l'incendie du Capitole, provoqua un mouvement plus sérieux dans toute la Gaule.

Les druides sortirent de leur retraite, ameutèrent les peuples en leur montrant cet embrasement comme un présage de la destruction romaine, et en leur annonçant que l'empire allait passer entré les mains des Gaulois.

Heureusement pour Rome, VESPASIEN, le premier des empereurs *Flaviens*, qui occupa le trône de 69 à 79, venait de succéder à Vitellius. Il fit marcher ses troupes contre l'armée des insurgés que commandaient le Batave Civilis et le Lingon Sabinus, et la vainquit, grâce aux secours que lui fournirent les Éduens et les Séquanais restés fidèles à l'empire.

Civilis obtint une paix honorable pour les Bataves. Quant à Sabinus, il mit le feu à sa maison, se cacha dans un souterrain et fit répandre le bruit de sa mort. Éponine, son épouse, qui connaissait sa retraite, joua le rôle d'une veuve désespérée. Pendant neuf ans, elle parvint à le soustraire aux recherches de Vespasien. A la fin, Sabinus fut découvert et traîné à Rome avec sa femme et ses enfants. Éponine se jeta aux pieds de l'empereur, et lui montrant ses fils : « Ces enfants, dit-elle, je les ai élevés, afin que nous fussions plus de suppliants à implorer la clémence de César. » Sa magnanimité, son éloquence, firent couler les larmes des spectateurs, mais ne firent qu'exciter la colère de Vespasien qui se montra impitoyable.

Le supplice inutile de ces deux infortunés pèse sur la mémoire de ce prince, que l'on compte cependant parmi le petit nombre des empereurs qui honorèrent la pourpre.

Vespasien combla Autun de ses faveurs. On dit même qu'oubliant sa parcimonie habituelle, il fit construire à ses frais le vaste théâtre, dont on voit encore les ruines. Par reconnaissance, les Éduens auraient donné à leur ville le nom de sa mère *Pola*.

Titus (79-81), son fils et son successeur, chercha à apaiser les esprits, et mérita durant son règne trop court, d'être appelé « les délices du genre humain. »

Son frère Domitien (81-96) en fut l'effroi et la honte. Jaloux de marcher sur les traces de Néron, qu'il s'était proposé pour modèle, il signa contre les chrétiens le second édit de persécution générale. Les Lingons, qui n'avaient pas encore déposé les armes, rentrèrent dans l'obéissance et fournirent une armée pour défendre les frontières contre les incursions des Barbares.

Le règne des *Antonins* (1), qui occupe tout le second siècle (96-193), a été appelé l'âge d'or de l'Empire romain. Les calamités cessèrent de désoler le monde, les séditions parurent s'apaiser; mais, comme nous l'avons vu, le sang des chrétiens coula à flots; nos plus illustres martyrs souffrirent sous le règne de Marc-Aurèle. Ce prince, charmé, dit-on, de la situation exceptionnelle de Dijon, qui n'était encore qu'un simple camp retranché, destiné à protéger la frontière éduenne, voulut en faire une ville qu'il dédia aux dieux de l'empire (*dii* ou *divi* d'où *Divio*, Dijon). Il y construisit des temples en l'honneur de Jupiter, de Mercure et de Saturne, l'entoura de trente-trois tours (174). Chalon vit son port agrandi; Autun et Mâcon accrurent aussi leur importance, en recevant, la première, une fabrique de flèches, la seconde, une manufacture de cuirasses.

(1) *Nerva, Trajan,* auteur de la 3ᵐᵉ persécution générale, *Adrien, Antonin, Marc-Aurèle* qui ralluma le feu de la persécution (4ᵐᵉ persécution générale), *Commode,* digne fils d'un empereur philosophe et émule de Domitien et de Néron.

Pendant l'administration des *Princes Syriens* (1), il y eut quelques séditions en Gaule, provoquées par les différents compétiteurs à l'empire. Trois révoltes éclatèrent à la fois.

Le territoire éduen servit de champ-clos à Albinus et à Septime-Sévère, qui vidèrent leur querelle à la bataille de Trévoux, (19 février 197). Albinus y perdit la vie et le vainqueur poursuivit avec une implacable rigueur ses partisans, à Lyon principalement. Cette ville s'effaça un instant de l'histoire et Autun redevint pour un temps le centre de l'administration politique des Gaules, laquelle fut presque toute remaniée (2).

Les deux fils de Septime-Sévère devaient lui succéder, mais CARACALLA finit par se défaire de son frère en le poignardant de sa propre main, sous les yeux de leur mère Julia Domna qui, née en Syrie, donna à la dynastie dont son mari fut le fondateur le nom de son pays. Ce monstre, surnommé le *meurtrier du genre humain,* promena ses fureurs dans tout l'univers. Les Éduens eurent particulièrement à souffrir de ses folies sanguinaires. En compensation des faveurs et des privilèges attachés

---

(1) *Pertinax, Didius, Septime-Sévère* qui édicta la 5ᵐᵉ persécution, *Caracalla,* son fils, *Macrin, Héliogabale.*

(2) Auguste avait divisé la Gaule en quatre provinces : la *Narbonnaise* (ancienne province romaine), l'*Aquitaine,* la Celtique ou *Lyonnaise* et la *Belgique*, ce nombre fut ensuite porté à 6, puis à 11 et enfin à 17.

La *Lyonnaise première,* la seule qui nous intéresse ici avait Lyon pour métropole et comprenait les cités d'Autun,

au titre de citoyen romain, qu'il avait accordé à tous les sujets de l'empire, il les écrasa d'impôts. HÉLIOGABALE, qui succéda après MACRIN à son cousin Caracalla, sembla s'être proposé de surpasser tous ses prédécesseurs en extravagance, en corruption et en cruauté. Enfin, parut un empereur estimable (222-235), ALEXANDRE-SÉVÈRE. Sa mère, Julia Mammea fit d'Autun une de ses résidences favorites : elle y fit construire des édifices considérables et ne négligea rien pour que la ville reparût avec un nouvel éclat sur la scène du monde.

Durant le siècle qui suivit, l'empire devenu la proie des *usurpateurs militaires* (1), fut menacé d'une complète dissolution. Les Barbares l'attaquèrent de

de Langres, de Chalon et de Mâcon. Cette province était rangée parmi les six principales administrées par des *proconsuls*, c'est-à-dire, par des gouverneurs, qui, d'après l'organisation qu'Auguste avait établie, étaient censés tenir leurs fonctions du Sénat. Les onze autres avaient à leur tête des *présidens* du choix de l'empereur. Les proconsuls et les présidents recevaient les ordres du *vicaire des Gaules*, siégeant à Arles et subordonné lui-même au *préfet du prétoire des Gaules*, qui résidait à Trèves.

L'Église suivit pour son organisation hiérarchique la même division administrative, en plaçant un archevêque dans chaque métropole et un évêque dans chaque cité. Voilà pourquoi Dijon, quoique ville très-importante, ne fut pas érigé en évêché.

(1) *Maximin* sous le règne duquel eut lieu la sixième persécution, *Gordien*, *Philippe l'Arabe*, *Dèce* qui édicta la 7ᵐᵉ persécution, *Gallus*, *Émilien*, *Valérien*, le vaincu de Sapor et l'auteur de la 8ᵐᵉ persécution générale, *Gallien*, son fils.

toutes parts, et il y eut autant de prétendants à la pourpre que de généraux ou de gouverneurs. La peste, la famine, la guerre semblaient avoir fait un pacte pour moissonner les populations. Comme surcroit d'infortune, la Gaule fut traversée par une horde d'Allemands, à la tête de laquelle était Chocrus. Ces Barbares mirent le siège devant Langres : la ville fut prise d'assaut et les habitants passés au fil de l'épée (274). L'évêque saint Didier et son archidiacre saint Vallier eurent la tête tranchée par ordre du roi païen.

Posthume, gouverneur des Gaules, avait, à l'exemple de beaucoup d'autres, usurpé la pourpre impériale. Acclamé sous les noms d'*Hercule gaulois*, de *restaurateur des Gaules*, il avait choisi Autun pour capitale de son empire. Gallien vint l'y assiéger avec des forces imposantes, mais ne put forcer la place.

Grièvement blessé, et pressé d'aller en Italie combattre un autre usurpateur, le fils de Valérien se retira, laissant Posthume maître du pays qu'il défendit énergiquement contre les Barbares. Après un règne glorieux de dix ans, Posthume fut égorgé par ses soldats. Sa sœur Victorine ou Victoria, qui s'était donné le titre d'*Auguste* et de *mère des armées*, fit et défit, pendant quatre ans, les empereurs gaulois. A la fin, les Éduens refusèrent de reconnaître leur autorité, et invoquèrent l'appui de Claude le gothique, empereur légitime, contre l'usurpateur Tétricus.

Ce prince, le premier des empereurs *Illyriens*, (1) (268-284), occupé à repousser les Goths, ne put rien

(1) *Claude II*, *Aurélien* (neuvième persécution générale), *Tacite*, *Probus*, *Carus*, *Carin et Numérien*.

faire pour les fidèles éduens. Réduits à leurs propres forces, les habitants d'Autun n'en persévérèrent pas moins dans leur résistance. Ils soutinrent contre Tétricus un siège de sept mois, et ne se rendirent que vaincus par la famine et la peste. Tétricus irrité, démantela la belle cité d'Auguste et exerça toutes sortes de cruautés contre ses habitants.

Au bout d'un règne de six ans, l'empereur gaulois fut défait par Aurélien dans les plaines catalauniques, et conduit à Rome avec son fils.

La Gaule, rentrée dans l'unité de l'empire, après en avoir été séparée pendant vingt ans, respira un peu sous Probus dont le règne fut trop court pour le bonheur de ses sujets. Il délivra soixante-dix villes gauloises du joug des Barbares, qui avaient profité du long interrègne causé par la mort d'Aurélien pour franchir le Rhin. Autun était l'une de ces villes, et déjà les *Burgondes* figuraient parmi les plus persévérants agresseurs de l'empire. La Gaule doit à Probus la replantation des vignes que Domitien avait fait arracher, les patriciens de Rome et d'Italie voulant se réserver le monopole du commerce des vins. Ainsi la création des riches vignobles, qui font la renommée du sol bourguignon, remonte au règne de cet empereur. Grâce à lui encore, Autun vit la prospérité renaître dans son sein ; mais, privée de murailles et de fortifications, cette ville eut cruellement à souffrir des Bagaudes, pâtres gaulois, rassemblés par la misère, révoltés par la dureté des exactions, et commandés par un chef du nom d'Amandus. C'est pendant cette expédition que la légion thébaine, à la tête de laquelle était saint Maurice, ayant refusé de marcher contre les chrétiens du pays éduen, fut décimée d'abord, puis massacrée toute entière à Agaume dans le Valais, qui prit le nom du glorieux martyr (286).

L'auteur de cette exécution épouvantable, *Maximien-Hercule*, général, puis collègue de DIOCLÉTIEN, écrasa les rebelles au confluent de la Seine et de la Marne, fit quelques remises aux Autunois pour qu'ils pussent rebâtir leur cité et y éleva un monument de sa victoire en l'honneur de Jupiter.

Dioclétien, qui venait de partager l'empire en s'associant Maximien pour mieux réprimer les attaques du dehors et les révoltés de l'intérieur, sentit le besoin de subdiviser encore le commandement. Mais, fidèle à son plan de politique, il ne voulut mettre à la tête des armées que des chefs personnellement intéressés à la prospérité de l'État. Chaque Auguste eut donc sous ses ordres un César, qui était héritier présomptif de l'empire, et devait s'assurer de même un héritier par adoption. C'est ce qu'on a appelé la *Tétrarchie*.

CONSTANCE-CHLORE, créé César en 292, eut le département des Gaules et s'y fit chérir par sa valeur, sa modération et ses bienfaits. Avant l'arrivée de ce prince issu de la race des Flaviens, qu'aimaient déjà les habitants d'Autun, la désolation était à son comble dans la cité d'Auguste. La plupart des familles sénatoriales, ou n'existaient plus, ou s'étaient retirées au delà des Pyrénées. Les campagnes étaient dépeuplées, et il fallut que Constance-Chlore transportât des colonies étrangères dans les plaines de Langres et jusque dans les montagnes d'Autun pour fournir des bras à l'agriculture. Constance entreprit aussi de restaurer la ville, en y envoyant d'habiles ouvriers qu'il appela du fond de l'Angleterre. Le palais des empereurs, le Capitole, les aqueducs, les thermes, les édifices publics et particuliers furent réparés, et Autun sembla renaître de ses ruines. Sur ces entrefaites, une bande de Germains étant entrée sur le territoire éduen, Constance marcha à leur rencontre et remporta la célèbre victoire de Langres, où il leur tua plus de soixante mille hommes. Ceux qui échappèrent au carnage furent établis sur divers points du territoire. Le pays ou canton des *Attuaires*, première colonie de Francs, doit son origine à cette dispersion.

Constance, quoique toujours à la tête de ses armées, aimait les lettres et les favorisait de tout son pouvoir. Il fit venir de Rome le rhéteur Eumène, pour ranimer dans Autun, sa patrie, le goût de l'éloquence et des arts, en relevant ses écoles ruinées et désertes. Elles devinrent célèbres dans la suite sous le nom d'écoles *Méniennes*, qu'elles prirent du lieu de leur installation. Maîtres et élèves se réunissaient sous les portiques ou galeries extérieures des édifices publics ce genre de constructions appelées *Mœniana* leur offrait de vastes salles commodes et bien aérées. Selon d'autres auteurs, ces écoles étaient appelées *Méniennes* du mot latin *mœnia*, murailles, parce qu'elles étaient bâties dans l'intérieur des murs qui de la ville, contrairement à ce que pratiquaient les druides, qui plaçaient leurs collèges au milieu des forêts. Quoi qu'il en soit, rien n'égalait la beauté de ces établissements qui le disputaient en magnificence avec les plus beaux monuments de la cité. Autour de l'édifice principal, régnaient de vastes portiques dits *mœniana* sur les murs desquels étaient représentées les positions géographiques de tous les pays alors connus. C'était à l'aide de ces cartes que les jeunes étudiants suivaient les expéditions des empereurs et que du temps d'Eumène, comme il le raconte lui-même, ils accompagnaient en esprit Dioclétien pacifiant l'Égypte, Maximien foudroyant les bataillons des Maures en Afrique, Constance délivrant la Batavie et la Bretagne de leurs oppresseurs, Galère foulant aux pieds le carquois du Perse. Ces écoles, dues à la munificence d'Auguste, n'avaient pas cessé de jouir, depuis leur fondation, d'une grande célébrité, laquelle s'accrut encore après l'arrivée d'Eumène. Le nombre des étudiants qui fréquentaient les écoles méniennes s'élevait à plusieurs milliers (certains auteurs prétendent même qu'on en comptait 40.000).

La tétrarchie de Dioclétien ne dura pas longtemps; elle dégénéra même en une véritable anarchie; il y eut un instant sept empereurs à la fois, et pour comble de malheur, la discorde éclata entre les Augustes et les Césars, après l'abdication de Dioclétien.

CONSTANTIN, fils de Constance-Chlore et de sa première femme Hélène, n'eut d'abord que les provinces qu'avait gouvernées son père : le reste de l'empire était la proie de *Galère* devenu Auguste, et de ses deux Césars *Licinius* et *Maximin*, auxquels il faut ajouter *Maxence* qui s'était emparé de Rome et de l'Italie. Tous ces princes ne s'accordaient qu'en un seul point : piller leurs peuples et persécuter les chrétiens. Constantin au contraire, suivait une ligne de conduite toute différente. Vainqueur de ses rivaux, il se fit chérir des peuples par sa bienveillance et il continua la politique d'apaisement inaugurée par son père à l'égard de l'Église. De Trèves, capitale de son gouvernement, il se rendit à Autun (311). Cette ville, quoique déjà honorée par les bienfaits de Constance-Chlore, était encore dans un état lamentable. A la nouvelle que l'Empereur approchait, une foule en haillons accourut de tout le voisinage. Constantin, témoin d'une si grande infortune, fut ému de pitié surtout à la vue du Sénat qui s'était prosterné à ses pieds devant la porte du palais, dans un profond silence. L'empereur versa des larmes, tendit la main aux sénateurs, les releva, et prévint l'objet de leur demande. Il ordonna que les désastres publics et particuliers seraient réparés aux dépens du fisc et remit même le tribut des cinq années, qui était dû au Trésor. Cette faveur fit renaître l'espoir dans le cœur des habitants; les terres abandonnées furent de nouveau mises en valeur et cultivées, et la ville se repeupla.

Autun, pour témoigner sa gratitude à son nouveau fondateur qui était de la famille flavienne, prit alors le nom d'*Ædua-Flavia*, que l'histoire n'a pas ratifié, pas plus que celui de *Pola*, adopté précédemment en l'honneur de Vespasien. Une tradition veut que ce soit sur le territoire des Éduens, près de Chalon-sur-Saône, que Constantin, se rendant à Rome pour combattre le tyran Maxence, eut la vision miraculeuse qui détermina sa conversion au Christianisme, et par suite de laquelle il adopta le *labarum* surmonté du monogramme du Christ, comme étendard impérial (1). Nous avons déjà vu que Constan-

(1) Ce grand événement se serait accompli dans la plaine de Loubans, où nous trouvons à une faible distance l'un de

tin s'était lié d'amitié avec saint Rhétice, évêque d'Autun, qui entreprit le premier de gagner ce prince à la vraie foi. La mort de Maximin-Daïa ne laissait plus de prince ennemi du nom chrétien. Abandonné à lui-même, le paganisme se mourait sans être persécuté. Par contre, on voyait s'élever de tous côtés des temples, des églises en l'honneur du Dieu véritable. Constantin favorisait ces pieuses constructions, et y contribuait en prince éclairé et magnifique. L'année suivante (314), l'empereur traversant les Gaules, pour se rendre en Italie, s'arrêta à Chalon, où il donna cette loi si sage, par laquelle il fit défense de marquer les criminels au front, de peur de souiller l'image et la ressemblance de Dieu.

Ce fut pendant le séjour à Autun de CONSTANT, l'un des fils et successeurs du grand Constantin, qu'eut lieu l'usurpation de Magnence, événement qui remplit l'Occident de troubles, et dont les Barbares profitèrent pour se ruer de nouveau sur le pays éduen. Leur armée ayant renversé Besançon, insulté Chalon, vint fondre sur Autun. Les vétérans du César Julien accoururent à propos pour sauver cette place, en 356.

Après les victoires de JULIEN si tristement fameux par son apostasie, vinrent celles de JOVIEN, puis celles de GRATIEN, père de VALENTINIEN Ier, et enfin celles de THÉODOSE LE GRAND; mais les victoires n'y faisaient rien. Les Barbares revenaient sans cesse à la charge: un instinct irrésistible ou mieux le bras de la Providence les poussait à la destruction de l'empire. A la fin, les digues, qui jusque-là avaient contenu ce tor-

l'autre deux villages nommés le premier *Sainte-Croix* et le second *Labarre*.

rent dévastateur, se rompirent. De l'an 406 à l'an 410, la Gaule fut envahie et parcourue en tous sens par une foule innombrable de Barbares venus du Nord, et à la suite desquels marchaient les *Burgondes*. Les uns passèrent en Espagne, et même en Afrique où ils fondèrent des royaumes; les autres (les Burgondes étaient de ce nombre), se fixèrent en Gaule; d'autres enfin aidèrent Alaric, roi des Goths, à s'emparer de Rome (410). La ville de Romulus, si enflée de ses victoires sur le monde entier, si fière de ses monuments et de ses richesses, enivrée du sang des martyrs, par un juste mais terrible châtiment de Dieu est réduite en un monceau de ruines. « Une autre Rome toute chrétienne, dit Bossuet, sort des cendres de la première, purgée par ses désastres, des restes de l'idolâtrie, et ne subsiste plus que par le Christianisme qu'elle annonce à tout l'univers. »

Ainsi, l'unité de l'empire romain est à jamais brisée; des monarchies nouvelles vont se fonder sur ses débris, et l'histoire particulière des *Burgondes* commence.

LIVRE II

LES ROIS

CHAPITRE I

ÈRE BURGONDIENNE

Sommaire : Origine des Burgondes. — Leurs mœurs, leur religion, leur arrivée en Gaule, leur conversion, leur caractère. — *Gondicaire*, ses conquêtes. — *Gondioc*, partage des terres. — *Chilpéric*. — *Gondebaud*, son ambition. — Sainte Clotilde épouse Clovis. — La loi gombette. — Dijon au VIe siècle. — *Saint Sigismond*, ses malheurs. — *Gondemar*, fin de la dynastie Burgondienne.

Alains, Gépides, Suèves, Vandales avaient roulé leurs flots envahisseurs à travers toute la Gaule, jusqu'en Espagne. Derrière eux, nous l'avons dit, s'avançait une lourde armée de géants : ils avaient sept pieds (1). C'étaient les *Burgondes*, tribu principale des Vandales, et comme eux appartenant à la grande famille teutonne ou germanique. Ils habitaient originairement la partie septentrionale des vastes plaines qui avoisinent la mer Baltique; ils étaient pasteurs et chasseurs comme tous les peuples nomades, guerriers comme tous les peuples du Nord.

(1) Ce qui doit s'entendre du pied romain qui n'était que d'onze pouces.

Longtemps ils avaient erré des bords de la Vistule aux rives de l'Elbe, du Weser au Rhin. Sans patrie, sans demeures fixes, ils n'avaient aucun art agréable; mais ils pratiquaient généreusement l'hospitalité. Leurs chefs, qui avaient le titre de *Hendin*, furent d'abord électifs; on les déposait, quand ils avaient perdu une bataille ou mal réussi dans une entreprise. Pour les faire tomber, il ne fallait qu'une année stérile ou une calamité publique. A la tête de chaque groupe de famille se trouvait un *hermann*, dont la valeur guerrière était le premier titre de noblesse, dont l'autorité et l'influence dépendaient du nombre de *leudes* ou fidèles qui s'attachaient à sa fortune. Le pontife de leur religion, nommé *Sinist*, était perpétuel; son autorité surpassait celle du hendin, et s'étendait au droit de punir les coupables, à quelque rang qu'ils appartinssent. Elle était toujours égale, ne dépendant ni du caprice des hommes ni de la nature des événements.

La religion des Burgondes, quoique altérée par une infinité de fables, avait conservé, comme celle de tous les peuples, des traces sensibles de la révélation primitive. Le Dieu suprême, père de toutes choses, était *Teutch*; son fils *Mann* était la personnification de la race humaine, et *Odin*, uni aux précédents ou mieux confondu le plus souvent avec eux, était le dieu des batailles et de la victoire. Mais, à côté de ces grandes divinités, les Burgondes, ainsi que les Germains, admettaient l'existence d'autres dieux et déesses, que l'on dirait empruntés en partie du moins à la mythologie grecque : venaient ensuite des géants et des nains; les uns supérieurs, les autres inférieurs à l'homme. Les géants ne sont que la personnification des grandes forces de la nature : la mer, le vent, le feu ; les nains postés aux quatre coins du monde sont les habiles serviteurs des dieux et des déesses. On sait que les Germains n'avaient ni temples, ni images de leurs divinités : ils les vénéraient au sein des forêts les plus profondes. La grande fonction de leurs prêtres et de leurs prêtresses était d'interroger l'avenir à l'aide de baguettes prophétiques, du chant et du vol des oiseaux : ils nourrissaient des chevaux sacrés pour le service des dieux et les attelaient à un char magnifique destiné à cet usage, afin de tirer des présages de leurs mouvements et de leurs hennissements.

Peuple essentiellement nomade, les Burgondes ne pouvaient avoir une organisation sociale définitive : ils s'établissaient au milieu des forêts qu'ils rencontraient sur leur route, vivant de fruits, de légumes et du produit de leur chasse. Leurs armes étaient la framée, espèce de lance ou de hallebarde, la fronde, l'épieu et la hache, qui servait tout à la fois pour l'attaque, la défense et la construction des maisons. On dit qu'ils portaient sur leurs boucliers la figure d'un chat, symbole de la liberté qu'ils voulaient partout conserver.

Leur première tentative contre la Gaule remonte à l'an 275 et fut repoussée par Probus. Une seconde expédition, en 287, ne fut pas plus heureuse. Maximin défit leur armée que la famine et la peste avaient déjà détruite en partie. Mais, s'étant mis à la suite des autres barbares qui avaient commencé les grandes invasions, ils finirent par franchir le Rhin pour ne plus le repasser. Ils mirent sept ans avant de descendre jusqu'à Lyon. Romains et Gaulois tentèrent à peine de leur résister. Du reste, ils arrivaient sans colère et comme des enfants oubliés qui seraient venus réclamer leur place au foyer paternel.

C'est après cette troisième émigration, dont on ignore la date, que les Burgondes commencèrent à se civiliser. Ils se mirent alors à cultiver les terres et à exercer quelques arts utiles; ils étaient surtout habiles ouvriers en fer et en bois, métiers convenables à des habitants des forêts qui s'y bâtissaient des huttes et qui se servaient de chariots. Leurs vêtements, jusquelà faits des dépouilles des animaux et d'un tissu grossier, commencèrent à être d'étoffes fabriquées en Gaule.

Les *Bourguignons* (c'est le nom que nous leur donnerons désormais) étaient déjà convertis au christianisme, lorsqu'ils s'arrêtèrent en deçà du Rhin, dans le pays arrosé par la Saône et le Rhône. On croit qu'ils eurent pour premier apôtre, à la fin du quatrième siècle, saint Sever, évêque de Mayence. Ces peuples, d'un caractère bienveillant et généreux, eurent le bonheur de puiser dans une source pure les vérités de l'Evangile. En 446, longtemps après leur entrée dans les Gaules, ils étaient encore dans le giron de l'Église; leur chef entretenait des relations amicales avec le souverain pontife saint Hilaire qui, dans sa lettre du 10 Octobre 463, lui donne le titre de *fils bien-aimé*. Ils ne furent que plus tard infectés de l'hérésie arienne, sous le roi Gondebaud.

Ainsi, les Bourguignons furent les premiers convertis à la foi catholique des peuples venus du Nord. Obéissants et soumis aux ministres de Jésus-Christ, pleins de respect pour eux, doux, complaisants, agréables, ils vécurent avec les Gaulois, plutôt en frères, que comme des maîtres avec leurs sujets. De bonne heure, on put dire d'eux le proverbe si connu : « *La parole d'un Bourguignon vaut une obligation.* » Voilà pourquoi l'empereur Honorius, accablé d'une multitude de Barbares, s'empressa de s'en faire des alliés. Le patrice Constance fit avec eux, au nom de son maître, un traité solennel, qui leur assurait, à titre d'*hôtes* et de *confédérés*, la plus grande partie du pays, dont ils s'étaient emparés. Ce traité amena un changement considérable dans leurs institutions politiques. Le désir d'étendre ou de conserver leur conquête, le besoin d'une paix durable, demandaient une nouvelle forme de gouvernement. Ils choisirent un roi auquel ils confièrent une pleine autorité, aussi sainte, aussi immuable, aussi nécessaire que celle dont jouit un père de famille au milieu de ses enfants. Leur choix tomba sur *Gondicaire* qui était hendin, au passage du Rhin, en 407, et que l'on peut regarder comme le fondateur du royaume de Bourgogne.

Ce royaume s'étant formé peu à peu, il est difficile d'en déterminer l'étendue d'une manière précise. On peut seulement dire qu'il ne comprit tout d'abord qu'une assez mince portion de la Gaule voisine du Rhin, qu'il atteignit ensuite jusqu'aux extrémités de la Savoie par delà le Rhône et la Saône, et qu'enfin il occupa toute l'étendue de cette partie des Gaules appelée *première Lyonnaise* sous la domination romaine, augmentée de quelques cantons des provinces voisines.

GONDICAIRE

(414 — 456)

Gondicaire justifia par sa conduite la confiance que ses compatriotes lui avaient témoignée en lui donnant leurs suffrages. Il fixa sa résidence tout d'abord à Genève qui était alors le centre de ses États. Plus tard, ayant soumis la province lyonnaise, il transféra la capitale de son royaume à Vienne, en Dauphiné. C'était l'époque où plusieurs tribus des Francs commençaient à faire des établissements en Gaule, sous leur roi Clodion, en 420. Quant aux Bourguignons, ils poursuivirent leurs conquêtes en s'emparant d'Autun et de la Séquanaise : ils firent même des incursions jusqu'en Belgique et dans le pays de Metz. A la fin, le patrice Aétius, justement alarmé des envahissements de ses anciens alliés, leur déclara la guerre et les défit dans une sanglante bataille (455). Ils demandèrent la paix et l'obtinrent par un traité qui les rendait tributaires de l'empire. L'année suivante, les Huns les attaquèrent sur les bords du Rhin et en firent un horrible carnage. Gondicaire y perdit la vie avec vingt mille soldats, laissant un trône chancelant à son fils *Gondioc* (1).

(1) Selon Dom Plancher, *Gondicaire* et *Gondioc* ne seraient que les deux orthographes du même nom et les deux règnes n'en feraient qu'un, lequel irait de 414 à 473, ce qui est difficile à admettre, d'autant plus que le premier roi bourguignon ne devait plus être un jeune homme à son avènement. Nous suivons donc la succession admise par la plupart des historiens.

GONDIOC

(456 — 473)

Ce prince, grâce à sa prudence et à son habileté, sut parer aux exigences de la situation critique où il se trouvait; non seulement il se maintint dans la possession de ses États héréditaires, mais il ne tarda pas à y ajouter le pays des Allobroges (Dauphiné et Savoie), qui lui fut cédé par l'empereur Valentinien III, avec le titre de maitre de la milice et de patrice. Les rois barbares aimaient ces distinctions honorifiques, parce qu'elles les rendaient plus chers aux Gallo-Romains, dont, malgré eux, ils subissaient l'influence.

La couronne, à laquelle leur naissance les faisait parvenir, ne leur semblait même qu'un degré pour s'élever à ces dignités que les Césars conféraient encore. Les conquérants les plus fiers acceptaient avec d'autant plus de joie qu'ils mettaient plus d'ardeur à les briguer, comme de simples citoyens romains, les honneurs patriciaux, la préfecture, le consulat; et tel était le respect qu'on portait à la majesté de l'Empire, que jusqu'au dernier moment de sa durée, ses vainqueurs se glorifiaient de ses titres.

Les Huns étant revenus dans les Gaules sous la conduite d'Attila, *le fléau de Dieu*, Luxeuil, Langres cités bourguignonnes, avaient été écrasées sous les pas de ces féroces Asiatiques. Gondioc et ses leudes accoururent à la voix du patrice Aétius, et contribuèrent par leur courage à la délivrance d'Orléans et à la grande victoire des champs catalauniques. Cette bataille et une courte expédition en Espagne sont les seuls événements militaires du règne. Gondioc, préférant la paix à la guerre, s'appliqua, en sa qualité de patrice, à régler, avec les sénateurs de chaque cité, le partage des terres entre Bourguignons et Romains. Les premiers eurent les deux tiers des champs labourables, la moitié des bois et le tiers des esclaves; le reste appartint aux anciens propriétaires, qui furent obligés en outre de recevoir un Bourguignon, dans leur maison, en qualité d'*hôte*. Cet arrangement s'effectua sans collision et sans violence. Les Bourguignons, animés de dispositions bienveillantes, n'étaient pas des hôtes exigeants ni incommodes, et les Gallo-Romains s'estimaient heureux d'acquérir, pour une partie de leurs anciennes possessions, la jouissance paisible et assurée de ce qu'ils conservaient. Encore cette portion était-elle exempte de tout impôt. Du territoire assigné aux vainqueurs on fit plusieurs lots qui furent distribués par la voie du sort entre les capitaines et les soldats, à titre de récompense, de bénéfice et de fief. Le soldat n'avait qu'un lot; le capitaine en avait plusieurs, selon l'importance de son grade.

C'est sous le règne de Gondioc que saint Mamert, évêque de Vienne, établit la procession des Rogations. Le souverain pontife, auquel le roi avait écrit, approuva cette pieuse coutume, qui s'est répandue insensiblement dans toute la chrétienté. On vit aussi s'élever en Bourgogne plusieurs monastères, comme autant d'asiles pour la vertu, contre le relâchement des mœurs et la fureur des guerres. Saint Romain, solitaire du Bugey, fonda sur le mont Jura, trois monastères dont le plus célèbre, appelé d'abord Condat, prit le nom de Saint-Claude, en 703. Le monastère de Saint-Symphorien d'Autun était un monument de la piété de saint Euphrone, évêque de cette ville, et celui de Réome (Moutiers-en-Tarentaise) est dû au zèle de son premier abbé.

CHILPÉRIC

(473 — 490)

Gondioc mourut en 473, laissant quatre fils : Chilpéric, Gondebaud, Godésile et Gondemar. Mais, contrairement à l'usage des rois francs qui partageaient leurs États à leurs enfants, Gondioc, qu'on peut à juste titre appeler le fondateur de la monarchie burgondienne, ne voulut pas que son royaume fût morcelé après sa mort. Son successeur devait cependant donner à ses frères puînés l'administration de quelques provinces, dont il retiendrait la souveraineté. C'est à ce titre que Gondebaud eut les terres de la Saône, Godésile les provinces du Rhin et Gondemar Vienne et le Rhône.

Chilpéric l'aîné fut proclamé roi et fixa sa résidence à Genève, capitale de ses États. Formé par son père dans l'art de régner et de gouverner en prince chrétien, il s'appliqua à marcher sur ses traces et à suivre ses exemples. Bon catholique comme lui, il ne put être séduit par les Ariens : père des peuples qui lui étaient soumis plutôt que leur maître, il s'appliqua à les rendre heureux et tranquilles. Il eut toujours pour les évêques et les abbés de son royaume un respect et un attachement qui le portaient à seconder leurs efforts, à écouter leurs prières et à profiter de leurs conseils. Ce prince bienfaisant et d'un facile

4

accès recevait souvent à sa cour saint Lupicin, fondateur, avec son frère, saint Romain, de l'abbaye de Condat dont nous avons déjà parlé. Le vénérable vieillard ne voulut jamais accepter les terres que Chilpéric lui offrait pour subvenir à son monastère; il n'usa de son influence que pour soulager les malheureux et élargir les captifs.

A ces preuves éclatantes de la religion du roi burgonde, il faut ajouter celles de sa valeur et de son courage : nous les trouvons dans la victoire qu'il remporta du vivant de son père sur le roi des Suèves. Mais, une fois assis sur le trône, il eut peine à se défendre des embûches secrètes, puis des attaques ouvertes de Gondebaud, le premier et le plus ambitieux de ses frères. Voilà pourquoi les années de son règne sont le plus souvent comprises dans la durée du règne suivant.

GONDEBAUD
(490—516)

Ce prince, quoique le second fils de Gondioc, avait reçu d'OLYBRIUS en 472, le titre de *Patrice de l'empire*. A la mort de cet empereur, arrivée la même année, il se trouva, en raison de sa dignité, le premier personnage dans le département des Gaules, où il n'y avait point alors de consul. C'est encore ce qui a poussé les historiens à faire remonter le commencement de son règne à l'année pendant laquelle Chilpéric, son aîné, montait légitimement sur le trône de Bourgogne. On sait peu de choses sur les incidents de la lutte qui éclata dès 477 entre les deux frères. Battu d'abord sous les murs d'Autun par Chilpéric, Gondebaud prit sur lui une éclatante revanche au siége de Vienne (490), mais il souilla sa victoire en trempant lui-même ses mains dans le sang de son frère et en faisant jeter la reine, épouse de Chilpéric, dans le Rhône, avec une grosse pierre au cou. Gondemar, le plus jeune de ses frères, périt aussi par le glaive; les deux fils du roi vaincu subirent le même sort. Quant à ses deux filles, Chrone et Clotilde, elles furent d'abord condamnées à l'exil, puis réservées. L'ainée prit le voile; la seconde fut élevée et nourrie chez le meurtrier de son père, à Genève, d'où elle ne sortit que pour épouser le roi des Francs, Clovis, instrument dont la justice divine allait bientôt se servir pour châtier le coupable. Gondebaud, devenu seul maitre du royaume de Bourgogne, voulut faire oublier ses crimes et son usurpation par la gloire militaire qu'il savait être la passion de son peuple. Vif, hardi, entreprenant, il se sentait à l'étroit entre les bornes de ses États. La mort de ROMULUS-AUGUSTULE, dernier empereur d'Occident (476), avait déjà rendu les Bourguignons maitres absolus des provinces où ils s'étaient arrêtés et qu'ils tenaient encore des Romains, au moins de nom. Mais, peu satisfait de ces vastes possessions, Gondebaud, dès la première année de son règne, pénètre en Italie à la tête de troupes nombreuses, s'empare de Turin et assiège Pavie. Tout le pays n'est bientôt plus qu'un désert, et les habitants qui ont échappé au massacre sont forcés d'aller chercher du pain dans les États même de celui dont ils viennent d'éprouver la violence et les fureurs.

Saint Épiphane, évêque de Pavie, qui s'était attiré l'estime de Théodoric, roi des Ostrogoths, réclama la liberté des captifs et ramena dans leur patrie la plupart de ces malheureux émigrés. Le vainqueur eut la générosité d'accueillir favorablement la demande du saint évêque et même de rendre les prisonniers presque sans rançon. Godésile, le dernier des fils de Gondioc, et qui faisait sa résidence à Genève, imita la libéralité de son frère, et renvoya gratuitement tous les Italiens qu'il tenait captifs dans cette ville.

A son retour d'Italie, Gondebaud reçut une ambassade de Clovis, roi des Francs, qui lui demandait la main de sa nièce Clotilde, fille de l'infortuné Chilpéric décapité au siège de Vienne. Cette princesse élevée dans la vraie foi par sa grand'mère Carétène, femme de Gondicaire, se faisait chérir des habitants de Genève par ses pieuses libéralités à l'égard des pauvres et des malheureux. Elle était en train de laver les pieds des pèlerins, selon l'usage de l'hospitalité chrétienne, quand elle reçut l'envoyé de Clovis, le patrice Aurélien lequel s'était déguisé en mendiant afin de pouvoir pénétrer jusqu'à elle. Clotilde réfléchit longtemps avant de donner une réponse favorable, car il lui répugnait d'épouser un prince idolâtre ; mais, encouragée par l'exemple de sa propre grand'mère, elle accepta l'alliance qui lui était proposée. Gondebaud n'osa lui-même s'y opposer et la princesse partit aussitôt pour Soissons, sans attendre Clovis qui devait venir la recevoir à Chalon. Elle avait fait hâter le départ et prendre la direction d'Autun, Saulieu, Auxerre. Cette sage précaution lui permit d'échapper aux émissaires que Gondebaud ne tarda pas d'envoyés pour la retenir (491).

Aussitôt la guerre éclate entre les Francs et les Bourguignons. Clovis, qui avait à venger les injures de son épouse, s'unit à Alaric, roi des Visigoths, gagne à son parti les évêques de Bourgogne, que Gondebaud s'était aliénés en embrassant l'arianisme. Godésile, le seul survivant des frères du roi bourguignon et roi de Genève, à la cour duquel Clotilde avait été élevée, prend secrètement la défense de sa nièce. Lorsque les deux armées sont en présence, à Fleurey-sur-Ouche, près de Dijon, il fait défection et se joint à l'ennemi. Gondebaud trahi, perd la bataille et va se renfermer dans Avignon où il se maintient énergiquement jusqu'à la paix. Le traité que lui imposa Clovis, rendait Vienne à Godésile; mais celui-ci ne jouit pas longtemps du prix de sa trahison. En effet, le roi des Francs avait à peine quitté le territoire bourguignon que Gondebaud vint mettre le siège devant Vienne, s'en empara et fit massacrer Godésile qui s'était réfugié dans une église.

Sans l'intervention pacifique des évêques, que Gondebaud flattait de l'espoir de sa conversion, la guerre aurait recommencé avec Clovis. Alors, reconnu pour unique roi de Bourgogne, libre et tranquille dans ses États, il s'appliqua à faire fleurir la justice et les lois. Il publia à Lyon la fameuse ordonnance, appelée de son nom *loi gombette*, rédigée à Ambérieu, résidence royale du Bugey, et souscrite par trente-deux comtes bourguignons et romains. On trouve dans le préambule de cette loi célèbre la nomenclature de tous les officiers civils qui avaient charge de pourvoir à son application. Ils sont nommés dans l'ordre suivant : les *optimates*, les **comtes du** palais, les *conseillers* domestiques, les *majordomes*, les *chanceliers*, les *comtes des cités* et des bourgs, les *juges délégués*. Les comtes administraient la justice, chacun en son district, et prenaient des assesseurs et des lieutenants pour les aider dans leurs fonctions. De là les *viguiers*, les *vicomtes*, les *centeniers*, les *cinquanteniers*, les *dizainiers*. Il y avait aussi les barons, au rang desquels étaient les évêques et les leudes qui tenaient des charges ou bénéfices du roi.

L'impartialité, comme on l'a dit, forme le caractère essentiel de la loi burgonde. Le Bourguignon est jugé par ses pairs et selon la loi burgonde; le romain est jugé par ses pairs et aussi selon la loi romaine. Pour les contestations entre Bourguignons et Romains, il y a un tribunal mi-parti des deux nations. On voit par la loi gombette que les hommes libres de la société burgondo-romaine se divisaient en trois classes : les *optimates*, c'est-à-dire les grands, les nobles, les *mediocres* ou les personnes de condition moyenne, enfin les *infimi*, hommes de condition inférieure, qui, sans doute, exerçaient des professions mécaniques, toujours considérées comme serviles chez les Anciens.

La période pacifique du règne de Gondebaud en est assurément la plus glorieuse ; c'est ici surtout qu'il faut chercher ses titres au souvenir de l'histoire. Conquérant, législateur, ami des lettres, protecteur des savants, il eût été un grand roi sans la cruauté qu'il déploya contre ses frères. Lorsqu'il ne trouva plus d'obstacles à régner seul, il fut doux, humain, juste, et ne s'occupa qu'à civiliser ses peuples et à les rendre heureux. On croit qu'il abjura l'hérésie d'Arius sur la fin de sa vie, arrivée en 516. Du moins est-il certain que son fils ainé *Sigismond* faisait, publiquement, du vivant de son père, profession de la religion catholique, et, lorsque, avant de mourir, Gondebaud reprit une dernière fois les armes, ce fut pour marcher avec Clovis contre le roi *arien* Alaric, qui périt à la célèbre bataille de Vouillé, en Poitou (507).

On vit, sous son administration, s'établir de nouvelles fondations monastiques. L'abbaye de Saint-Bénigne à Dijon due à la piété de saint Grégoire d'Autun, évêque de Langres, date de l'an 536.

Saint Grégoire de Tours issu de la même famille, a laissé la description suivante de Dijon à cette époque :
« Dijon, dit-il, est bâti au milieu d'une plaine riante
« dont les terres sont si fertiles et si productives
« que les champs labourés une seule fois avant les
« semailles n'en donnent pas moins de très riches
« moissons. Au midi, coule la rivière d'Ouche qui est
« très poissonneuse ; du nord, vient une autre petite
« rivière (le torrent de Suzon) qui entre par une des
« portes, passe sous un pont, ressort par une autre
« porte et entoure les remparts de son eau rapide.
« Devant cette dernière porte, elle fait tourner des
« moulins avec une étonnante rapidité. Dijon a
« quatre entrées, tournées vers les quatre parties du
« ciel ; ses murs sont ornés de trente-trois tours.
« Jusqu'à une hauteur de vingt pieds, ils sont faits de
« pierres de taille, et le dessus est bâti en moëllons.
« Ils ont en tout trente pieds de hauteur et quinze
« pieds d'épaisseur. Je ne sais pourquoi ce lieu ne
« porte pas le nom de ville. Il y a dans les environs

« des sources précieuses. Du côté de l'Occident, sont
« des montagnes très fertiles couvertes de vignes
« qui fournissent aux habitants un si noble falerne
« qu'ils dédaignent le vin de Chalon. »

La future capitale de la Bourgogne, qui devait s'appeler un jour la ville *aux cent clochers*, possédait déjà au six ème siècle trois églises fameuses : la première, consacrée à saint Jean et dédiée, disait-on, par saint Bénigne lui-même ; la seconde, bâtie également dans des temps anciens sur le tombeau de sainte Paschasie ; la troisième enfin, élevée par saint Grégoire d'Autun sur la crypte de l'apôtre de la Bourgogne. Après avoir achevé la construction de cette église, le pieux évêque, voulant assurer d'une manière permanente le culte du saint martyr, confia la garde de ses reliques précieuses, à des religieux qu'il fit venir de saint Jean-de-Réome (Moutiers-en-Tarentaise) et qu'il plaça sous le gouvernement de saint Eustade.

Vers la même époque, saint Seine, fils unique d'un seigneur du pays, se sanctifia dans la solitude, à cinq lieues de Dijon où il jeta les premiers fondements de l'abbaye qui porta son nom. De son côté, saint Eptade, pour échapper aux honneurs de l'épiscopat, s'ensevelit dans les forêts du Morvan : un grand nombre de disciples vinrent se joindre à lui et s'édifier au spectacle de ses vertus. L'abbaye de saint Côme, depuis saint Marien d'Auxerre, fut fondée par saint Germain, évêque de cette ville.

Dans ces pieux asiles, le temps était partagé entre la prière, le travail des mains et l'étude. Chaque monastère avait une école où l'abbé lui-même se chargeait d'instruire la jeunesse, et une bibliothèque qu'enrichissait peu à peu le patient labeur des copistes, auxquels nous sommes redevables de tous les chefs-d'œuvre des littératures anciennes. De ces foyers de science et de piété, sont sortis une foule de saints évêques qui ont illustré l'Église à cette époque tourmentée. Tous ces lieux, auparavant arides et déserts, devinrent, grâce au travail intelligent des moines, des campagnes fertiles et agréables. Les grandes aumônes des religieux, jointes aux instructions qu'ils faisaient, y attirèrent peu à peu de nombreuses familles. C'est ainsi que se formèrent de gros bourgs, ou même des villes qui subsistent encore aujourd'hui : Saint-Seine, Bèze, Corbigny, Couches, Saint-Claude et beaucoup d'autres.

SAINT SIGISMOND

(516—524)

Sigismond, fils aîné de Gondebaud, était un prince d'une foi profonde, d'une piété solide, et de mœurs irréprochables. Associé au trône depuis 514, il avait été nommé *patrice* et *comte du palais*, par Anastase, empereur de Constantinople. Son premier soin, en prenant les rênes du gouvernement, fut de rétablir le catholicisme dans tous ses États, et de réformer les abus qui s'étaient glissés dans le clergé sous les Ariens. Il avait, pendant le règne précédent, réparé le monastère d'Agaune (Saint-Maurice-en-Valais). Devenu roi, il travailla activement à y faire fleurir la piété, et y établit la psalmodie perpétuelle, encore inconnue en Occident, mais déjà en usage parmi les moines orientaux. On raconte qu'un jour, ce religieux monarque priant devant les reliques des saints martyrs, se sentit tout à coup inspiré d'établir des chœurs de religieux, qui, à l'exemple des anges, chanteraient les louanges de Dieu, sans s'interrompre jamais. Il fit part de son projet aux évêques de son royaume, qui l'approuvèrent avec empressement. Depuis lors, des religieux se remplacèrent et se succédèrent sans cesse sur les tombeaux des généreux soldats massacrés en haine de Jésus-Christ, et la prière y fut continuelle. C'est ce qu'on a appelé *laus perennis*.

Non moins habile, et plus éclairé que son père, saint Sigismond ajouta aux lois gombettes certains articles indispensables, et en retrancha quelques autres qui sentaient l'arianisme.

Mais les douceurs de la paix n'étaient pas du goût des seigneurs turbulents qui composaient sa cour. C'était donc avec peine que les leudes bourguignons voyaient leur prince entièrement adonné aux fondations pieuses. Leur animosité ne tarda pas à éclater. Après la mort de sa première femme, Amalberge, fille de Théodoric, dont il avait eu un fils nommé Sigéric, Sigismond avait épousé en secondes noces, Constance, princesse hautaine et vindicative. Le jeune Sigéric, l'ayant vue parée des ornements de sa mère, lui reprocha d'être indigne de les porter. Constance outrée dissimula sa colère, mais jura la perte de son beau-fils. Elle sut si bien circonvenir l'esprit du roi qu'elle lui arracha une sentence de mort. Le meurtre du jeune prince, qui n'avait alors que quinze ans, unique héritier du trône, fut le signal d'une guerre, que les rois francs, fils de Clovis, cherchaient depuis longtemps à faire naître. Les seigneurs de Bourgogne eurent le tort, en se déclarant contre Sigismond, de favoriser leur entreprise ambitieuse.

Pendant ce temps, le malheureux roi, revenu de ses préventions, se livrait aux regrets les plus cuisants ; il se jetait sur le corps de son fils, l'embrassait en poussant des plaintes et des cris perçants. Déchiré de remords, il va s'enfermer dans le monastère d'Agaume, où il veut expier sa faute par les larmes et la pénitence la plus rigoureuse. Mais, averti du danger qui menace ses États, il sort de sa retraite et se hâte de faire face à la coalition dirigée contre lui. Efforts impuissants! Il est indignement trahi, défait et déposé! (524).

Son frère, *Gondemar,* prend alors le gouvernement de ses États. Les rois francs n'en poursuivent pas moins les hostilités. Clodomir, roi d'Orléans, se saisit de la personne de Sigismond, et, par une cruauté féroce, le fait jeter dans un puits, à Coulommiers, malgré les représentations de saint Avit, abbé de Micy. Telle fut la fin d'un prince faible et malheureux, que sa pénitence, son zèle, et son amour pour les pauvres ont fait mettre au rang des saints.

GONDEMAR,

(524—534)

La mort de Sigismond ne put désarmer les ambitieux fils de Clovis. Clodomir, rentré en Bourgogne, attaqua Gondemar, près de Vézeronce, sur le Rhône ; mais, poursuivant sa victoire avec trop de chaleur, il fut pris par les Bourguignons qui le percèrent de flèches et mirent sa tête au bout d'une lance. Un traité de paix termina cette guerre, et Gondemar resta paisible possesseur du royaume, dont il jouit pendant dix ans.

Sur ces entrefaites, Amalasonthe, reine des Visigoths, qui soutenait Gondemar, vint à mourir. Les rois Clotaire et Childebert, derniers survivants des fils de Clovis, et déjà maîtres des États de Clodomir, voulurent profiter de cette occasion pour s'emparer enfin de la Bourgogne, éternel objet de leur convoitise. Ils vinrent mettre le siège devant Autun, où Gondemar s'était enfermé. Lorsque les Francs pénétrèrent dans la ville, il s'échappa secrètement et disparut sans qu'on n'entendît plus jamais parler de lui. Les seigneurs bourguignons capitulèrent avec les rois francs et se soumirent, à la condition expresse de conserver leurs lois et le titre de royaume, de n'être point incorporés dans la monarchie franque, et de ne point payer à leurs nouveaux souverains d'autres subsides que ceux qu'ils avaient fournis à leurs anciens rois. Ces redevances étaient fort peu de chose et se réduisaient presque au seul don de *joyeux avénement*.

Gondemar fut le dernier roi bourguignon de la race de Gondioc, et en lui, finit l'ancien royaume de ce nom, qui depuis, sans perdre ni le nom de Bourgogne, ni celui de royaume, fut tantôt divisé entre plusieurs rois francs, tantôt réuni entre les mains d'un seul, ou enfin partagé en deux ou trois portions dont chacune fut honorée du titre de royaume de Bourgogne. Ainsi s'éteignit la dynastie de Gondicaire qui semblait être réservée à une durée plus longue. En cette même année 534, par une coïncidence remarquable, fut détruite en Afrique la domination des Vandales, qui datait de la même époque et de la même invasion.

CHAPITRE II

ÈRE MÉROVINGIENNE

Sommaire : Politique de Clovis. — *Théodebert* et *Théodebald*. — *Clotaire Ier*. — *Saint Gontran :* Réunion de la Bourgogne à l'Austrasie, fondations pieuses. — *Childebert*. — *Thierri Ier :* régence de Brunehaut, établissements monastiques à Autun, la Porcheresse d'Auxy. — *Clotaire II*. — *Dagobert*. — *Clovis II*. — *Clotaire III*. Sainte Bathilde. — *Childéric*. — *Thierry II*, saint Léger et Ebroïn. — Les rois fainéants. — Invasion des Sarrasins.

Clovis, en épousant la nièce de Gondebaud, sainte Clotilde, avait-il voulu ménager pour lui et pour ses descendants des droits éventuels à la succession des rois burgondes ; on serait tenté de le supposer. Toujours est-il qu'à la mort de Gondemar, ses fils étaient les seuls héritiers du vieux roi Gondioc, aïeul de Clotilde. Gondemar avait disparu sans laisser d'enfants, et la famille de saint Sigismond avait été massacrée avec lui.

Mais, au moment où les seigneurs bourguignons posèrent les armes pour se ranger sous la domination mérovingienne, la confusion la plus grande régnait dans la monarchie franque. A sa mort, Clovis avait divisé ses États entre ses quatre fils, Thierry, Clodomir, Childebert et Clotaire. Clodomir ayant été tué, ses frères s'attribuèrent son royaume, au préjudice de ses enfants honteusement mis à mort. Ils se partagèrent de la même façon les dépouilles de Gondemar. La portion principale revint au fils et successeur de Thierry, *Théodebert*, roi d'Austrasie, qui eut Besançon, Langres, Chalon et Genève.

Théodebert (534-538) se montra constamment juste, bienfaisant, ami des pauvres, et fournit des secours abondants aux évêques qui les lui demandaient pour soulager les malheureux. Une de ses résidences favorites était Chalon, où il fit frapper une monnaie à son coin.

Son alliance fut recherchée à la fois par les Goths et les Grecs qui se disputaient la possession de l'Italie, et son intervention fit pencher la balance en faveur des derniers. Théodebert, en effet, se jeta avec ses soldats sur le camp des Goths, en fit un horrible massacre et les obligea à prendre la fuite. Trompé ensuite par les Grecs, il se tourna contre Bélisaire et ne se proposait rien moins que d'aller mettre le siège devant Constantinople, lorsqu'une mort imprévue l'enleva à l'affection de ses sujets. Son fils Théodebald lui succéda, et continua son expédition d'Italie, mais mourut sans laisser d'enfant.

Le roi de Paris, Childebert, en revenant d'Espagne, avait fait présent aux cathédrales de Mâcon et de Chalon des reliques de saint Vincent, diacre et martyr, dont elles prirent le nom. Ce prince ne laissant pas non plus de descendants, ses États et ceux de Théodebald passèrent à Clotaire i (539-562), qui se trouva ainsi être le seul maître de tout l'empire franc, augmenté de la Bourgogne.

Fourbe et cruel, ce monarque ne fut pas plus tôt arrivé au terme de ses rêves ambitieux qu'il en sentit tout le néant. La révolte de Chramme, son fils bien-aimé, empoisonna la fin de sa vie et fut très-funeste à la Bourgogne. Le rebelle, à la tête d'une nombreuse armée, saccagea Chalon fidèle à son roi, et s'approcha de Dijon, qui lui ferma ses portes.

A la mort de Clotaire (562), un nouveau partage constitua un second royaume de Bourgogne au profit de son deuxième fils *Gontran*, qui fut le premier roi mérovingien de Bourgogne. Les successeurs de Clovis en effet, soit oubli, soit politique, contents d'avoir réuni à leurs États les provinces du Rhône et de la Saône, parurent négliger les clauses stipulées avec les leudes bourguignons. A la fin, ceux-ci firent entendre des réclamations et obtinrent de Clotaire qu'il serait fait droit après sa mort à leur juste demande. Jamais instance n'avait été plus vive; jamais aussi elle ne fut mieux récompensée.

SAINT GONTRAN

(562—593)

Ce prince, que ses vertus ont fait placer sur les autels, ne voulut être appelé que *roi des Burgondes*, quoiqu'il fût possesseur du royaume d'Orléans. Il fixa sa cour à Chalon-sur-Saône et en fit un asile ouvert à tous les malheureux. Il gouverna ses États en bon père, et sa piété, sa clémence, sa générosité, le firent adorer de ses sujets. Les habitants des villes allaient au-devant de lui, bannières déployées, en criant : *Noël, Noël!* Les pauvres paysans, les cultivateurs, étaient l'objet de sa prédilection : il se plaisait à aller les visiter dans leurs maisons et à manger avec eux.

Son royaume comprenait ce qu'on appela plus tard le duché de Bourgogne, le Dauphiné, la Savoie et une partie de la Provence, soumise à une administration spéciale, à la tête de laquelle était un *patrice* Le plus célèbre de ces gouverneurs fut Celse, homme fécond en ressources, et remarquable par son courage et son habileté à la guerre. Il défit une armée que Sigebert, roi d'Austrasie, avait dirigée sur Arles, et s'empara d'Avignon, au nom du roi de Bourgogne. Mais les possessions méridionales de Gontran, soustraites ainsi à son influence immédiate et convoitées par ses frères, furent le théâtre de guerres et de démêlés sans cesse renaissants.

Ce fut aussi pendant son règne qu'éclatèrent les fureurs de Frédégonde et de Brunehaut. La querelle de ces deux femmes personnifia la rivalité séculaire qui existait entre la Neustrie et l'Austrasie. Les Francs *saliens*, plus vite assimilés aux Gallo-Romains, dominaient en Neustrie; l'Austrasie était la possession des Francs *ripuaires*, restés fortement Germains, ennemis, par conséquent, de l'ancien état des choses C'est ce qui donna à la guerre de Frédégonde et de Brunehaut ce caractère d'acharnement, qui fit de la France et de la Maison Royale un théâtre toujours inondé de sang et souillé de crimes. Gontran fut constamment occupé à se garantir de leurs attaques et dut, par ce motif, s'entourer de gardes, ce que n'avait fait aucun de ses prédécesseurs. Il déploya tout son zèle, sans cependant y réussir toujours, à rétablir la concorde entre les princes ses frères et ses neveux.

Modéré par caractère, pénétré d'un profond respect pour les choses saintes et les ministres de la Religion, Gontran manquait peut-être de cette fermeté qui sait allier la sévérité sans caprice à la condescendance intelligente qui excite le repentir.

Son règne fut long, et les pays soumis à sa domination auraient joui d'un bonheur parfait, si ce pieux monarque avait pu changer en un jour les habitudes barbares de ses peuples, et si des fléaux naturels ou des guerres forcées n'avaient mis obstacle à ses bons désirs. De 671 à 680, une maladie affreuse décima la population, et, pour comble de malheur, les Lombards, qui venaient de s'emparer de l'Italie, franchirent les Alpes, se jetèrent en Bourgogne où ils commirent d'horribles ravages. Ils ne se retirèrent qu'après avoir été vaincu par le patrice de Provence, Mummol, que le roi avait envoyé contre eux. Ce seigneur trahit ensuite son maître, auquel il opposa un prétendu fils de Clotaire nommé Gondowald, Mommole reçut bientôt la peine due à sa perfidie. Néanmoins la paix fut loin d'être rétablie. Gontran eut bientôt à repousser une nouvelle agression de la part de son neveu Childebert et de son frère Chilpéric qui s'étaient ligués contre lui. Vainqueur une seconde fois, le saint roi se vengea de ses ennemis en les comblant de bienfaits. Ayant perdu ses deux enfants en bas âge, il adopta, en 577, ce même Childebert, fils de Sigebert, roi d'Austrasie, et de Brunehaut. Les différends qu'il eut encore avec ce prince ne purent le faire revenir sur les clauses stipulées au traité d'Andelot, par lesquelles la Bourgogne devait être unie, après sa mort, au royaume d'Austrasie.

Childebert n'était âgé que de quinze ans. Tout d'abord peu sensible aux bontés de son saint oncle, il s'appliqua dans la suite à lui donner des marques éclatantes de sa reconnaissance. Ce fut en vain que Frédégonde chercha à semer la division entre les deux princes, afin de ménager à son propre fils la succession du roi de Bourgogne. Saint Gontran ne pouvait oublier que la cause principale des maux, qui avaient fondu sur la monarchie franque, était l'union criminelle de cette femme ambitieuse avec Chilpéric, roi de Soissons. On la soupçonnait, à bon droit, d'avoir poussé ce monarque débauché à faire mourir Galswinthe, sa première épouse, sœur de Brunehaut, et le roi de Bourgogne partageait l'horreur qu'elle inspirait à l'Austrasie.

En 590, on vit paraître à la cour de Gontran un moine étranger, suivi de douze religieux, qui venait demander au saint roi l'autorisation de se choisir une demeure dans ses États. C'était saint Colomban ; il avait quitté son couvent de Bangor en Angleterre pour servir Dieu dans la carrière de l'apostolat : grâce à l'appui que lui donna Gontran, il parvint à fonder, sur les ruines de deux bourgades où les idoles païennes étaient encore debout, les trois monastères d'Anegrai, de Luxeuil et de Fontaines. De son côté, le roi de Bourgogne se montrait de plus en plus occupé du bonheur de ses sujets. Persuadé que la prospérité d'un peuple dépend principalement de son respect pour la loi de Dieu, il fit assembler à Chalon et à Mâcon, des conciles, qui veillèrent au maintien de la discipline ecclésiastique. Lui-même porta une ordonnance fameuse, datée de Péronne en Mâconnais, contre les violateurs du saint jour du Dimanche.

Saint Gontran mourut le 28 mars 593, après un règne glorieux de trente-trois ans et fut inhumé dans l'abbaye de Saint Marcel-lès-Chalon, qu'il avait réparée et agrandie en 584. Ses largesses l'ont fait quelquefois regarder comme le fondateur de ce monastère célèbre, où il établit la psalmodie perpétuelle, selon l'usage de Saint-Maurice en Valais. Il institua la même coutume à Saint-Bénigne de Dijon, dont il accrut les possessions avec une munificence vraiment royale. Les abbayes de Tournus et de Saint-Symphorien d'Autun, ainsi que la plupart des églises de Bourgogne, reçurent de semblables témoignages de son zèle et de sa piété. Genève lui doit la belle basilique de Saint-Pierre, achevée seulement en 1024 par l'empereur Conrad II, dit le *Salique*.

L'ardeur que le pieux Gontran déployait pour la décoration des églises et des monastères, était toujours accompagnée d'un saint empressement d'assister aux prières publiques qui s'y faisaient. C'est au sortir de l'office divin que les malheureux venaient avec confiance solliciter des grâces, et qu'ils les obtenaient infailliblement. Prince d'un excellent naturel et d'une bonté qui a peu d'exemples, saint Gontran joignait aux manières aimables d'un monarque la vie austère d'un anachorète. S'il eut quelques faiblesses dans sa vie privée, il en fit, avant de mourir, une rigoureuse pénitence, et s'attira par ses grandes vertus la vénération des peuples.

CHILDEBERT (593-596) était déjà roi d'Austrasie depuis 575, quand il hérita des états de Gontran, et ne changea point son titre. Il ne fit du reste que passer sur le trône de Bourgogne ; car il mourut empoisonné, dit-on, à l'âge de 26 ans, en 596. On a loué son courage, sa prudence et sa sagesse. Saint Grégoire le Grand félicite sa mère Brunehaut de la bonne éducation qu'elle lui avait fait donner, et, dans une lettre que ce pontife adresse au roi lui-même, il le nomme « le plus zélé de tous les princes catholiques ». Childebert avait, comme on le voit, profité des leçons et des exemples de Gontran, et s'était efforcé de marcher sur ses traces. Son règne sembla aux Bourguignons la continuation du précédent.

Childebert, en mourant, laissa deux fils : l'aîné, qui fut fait roi d'Austrasie, et le second *Thierry*, ou *Théodoric*, qui occupa le trône de Bourgogne.

THIERRY
(596—615)

Thierry n'était qu'un enfant à la mort de son père. La régence, confiée à son aïeule, la reine Brunehaut, fut pour la Bourgogne une ère de prospérité intérieure d'autant plus remarquable que les temps étaient durs et troublés par toutes sortes de calamités.

Brunehaut, élevée en Espagne dans une cour plus brillante et au sein d'une civilisation plus avancée que celle des Francs austrasiens, vint fixer sa résidence à Autun. Les magnifiques palais qui décoraient cette ville sous la domination romaine n'étaient pas tous détruits, ou avaient été restaurés ; de même, les rapports que les successeurs de Constance-Chlore avaient établis entre la capitale de l'Orient et la Rome celtique n'avaient pas cessé entièrement. Plus d'un jeune patricien éduen allait encore à Constantinople étudier les sciences et se former aux manières polies du Bosphore. Autun était donc comme autrefois le centre des lumières et un foyer de civilisation pour toute la contrée. Brunehaut, en y fixant sa cour, accrut considérablement l'importance de l'antique cité. Elle commença par faire réparer les belles chaussées qui rayonnaient en tous sens autour de cette ville, point de jonction des deux grandes voies conduisant de l'Italie dans la Bretagne, et de l'Espagne en Germanie.

De concert avec saint Syagre, évêque d'Autun, elle fonda les grands établissements religieux de Saint-Martin, de Saint-Jean le Grand et de Saint-Andoche.

Ce fut sur les ruines du temple et de l'école druidique de *Saron*, que saint Syagre fit ériger l'abbaye de Saint-Martin, paisible et féconde retraite ouverte à ces hommes d'élite auxquels saint Benoît venait de donner le code admirable de sa règle, et qui menaient sur la terre une vie presque céleste.

Brunehaut aimait à s'inspirer de la civilisation et de la grandeur romaines; elle ne voulut pas que le nouveau monument eût rien à envier à ceux de l'ère impériale, dont on voyait encore se dresser les restes imposants et elle n'épargna à sa fondation ni l'espace, ni la solidité, ni la magnificence. Le monastère fut construit, à l'aide des marbres antiques, pour trois cents religieux et doté d'immenses domaines, afin que les moines pussent non seulement se suffire à eux-mêmes, mais encore répandre dans Autun et dans les environs les aumônes et les secours qui sont de tradition dans toutes les maisons de Saint-Benoît.

Brunehaut fit ensuite construire, sur l'emplacement même du temple de Bérécynthe, l'abbaye de Sainte-Marie, appelée aussi plus tard Saint-Jean-le-Grand, et destinée aux vierges consacrées à Dieu. Ainsi, une atmosphère jadis corrompue par les exhalaisons du paganisme fut purifiée par l'encens de la psalmodie montant sans cesse vers Dieu, et par le céleste parfum de la blanche fleur de la chasteté chrétienne.

Ce n'était point encore assez pour saint Syagre d'avoir créé ces deux grandes maisons religieuses. Le vénérable pontife voulut ouvrir un asile aux malades, aux pauvres, aux voyageurs et aux pèlerins, dans le lieu même où avait été la demeure de Fauste et d'Augusta, où saint Symphorien avait reçu le jour et plus tard le baptême, et où s'était élevé, à Autun, sous le vocable du prince des apôtres, le premier autel en l'honneur de Jésus-Christ. Le nouvel établissement reçut le nom de Saint-Andoche et devint ensuite, sans changer de destination, une abbaye de religieuses bénédictines.

Quand Thierry, dont l'éducation avait été confiée à saint Syagre, évêque d'Autun, et à Varnachaire, plus tard maire du palais, eut atteint sa majorité, il fixa sa cour à Chalon, et y fit battre monnaie. Afin de se créer plus de loisirs, dont malheureusement il n'abusa que trop, il créa la charge de maire du palais, jusque-là inconnue en Bourgogne. Le premier titulaire de cette haute magistrature fut, comme nous l'avons déjà dit, ce Varnachaire que Brunehaut avait choisi comme précepteur de son petit-fils, et qui paya ses bienfaits par la plus noire ingratitude. On dit que, poussé par Brunehaut, femme dévorée de la passion de dominer, Thierry n'eut pas honte de répudier son épouse légitime, la reine Ermenberge, qu'il avait reçue solennellement à Chalon, et qu'irrité ensuite des remontrances de saint Didier, évêque de Vienne, il le fit envoyer en exil. Mais comme le courageux pontife n'en continuait pas moins de se montrer l'infatigable défenseur des saints canons, Brunehaut le manda près d'elle; puis donna l'ordre de le lapider. Saint Colomban, abbé de Luxeuil, que ses vertus éminentes avaient rendu vénérable à toutes les provinces de l'Allemagne et des Gaules, et aux prières duquel Thierry aimait à se recommander, ne fut pas mieux écouté. Il se rencontra un jour avec Brunehaut à la Porcheresse d'Auxy, maison royale située entre Autun et Chalon. L'astucieuse reine, voulant surprendre sa bonne foi, lui présenta les enfants que Thierry avait eus de ses concubines. — « Qui sont ces enfants, demanda le saint abbé, et que voulez-vous que je fasse pour eux? — Ce sont les enfants du roi, reprit Brunehaut, donnez-leur votre bénédiction. — Sachez, répliqua courageusement l'austère religieux, qu'ils ne règneront jamais, parce qu'ils sont les fruits de l'incontinence. »

Cette noble protestation ne fit qu'irriter Brunehaut, qui voyait avec plaisir son petit-fils, livré à la mollesse, lui abandonner tout le soin des affaires. Elle fit enlever saint Colomban de son monastère et lui interdit le séjour de la Bourgogne.

Sur ces entrefaites, la guerre éclate entre les rois d'Autrasie et de Bourgogne jaloux l'un de l'autre. Thierry essuya d'abord de grands revers, vit ses États envahis par une armée allemande; mais, victorieux à la sanglante bataille de Tolbiac (village déjà illustré par le plus beau triomphe de Clovis), il s'empara de Théodebert et l'envoya prisonnier à Chalon, après avoir fait écraser la tête à son jeune fils Mérovée. Il mourut lui-même à Metz, séjour des rois d'Austrasie, au moment où il marchait contre Clotaire, roi de Neustrie. Brunehaut se trouvait ainsi tutrice de ses quatre arrière-petits-fils, héritiers du royaume de Bourgogne, patrimoine de leur père Thierry et du royaume d'Austrasie, qui se trouvait sans prince. Elle ne désespérait pas d'y ajouter celui de Neustrie, car elle ne croyait pas Clotaire en état de repousser l'attaque qu'elle préparait contre lui. Une fois victorieuse, elle pourrait enfin constituer l'unité monarchique de l'empire franc en faveur d'un des jeunes princes, ses pupilles, sous le nom duquel elle régnerait en souveraine.

Pour commencer l'exécution de ce plan qui ne manquait pas de grandeur, Brunehaut fit marcher contre le roi de Neustrie une armée formidable, dont elle confia le commandement à Warnachaire, maire de Bourgogne; mais celui-ci la trahit. Arrêtée à Orville, entre Langres et Dijon, l'infortunée princesse vit expirer sous ses yeux ses deux arrière-petits fils, et fut ensuite condamnée au supplice le plus ignoble, à l'âge de quatre-vingts ans! Livrée pendant trois jours aux fureurs d'une soldatesque effrénée, elle fut ensuite attachée à la queue d'un cheval fougueux, qui la mit en pièces et dispersa ses membres de toutes parts.

Ainsi périt misérablement, en 612, cette reine fameuse par son génie, ses malheurs et ses crimes. Fille, femme, aïeule et bisaïeule de tant de rois, elle fut victime de la trahison des leudes de cette même Bourgogne, qu'elle avait tant aimée et comblée de bienfaits. Flétrie et non abhorrée comme l'épouse de Chilpéric, roi de Soissons, sa rivale, Brunehaut aussi ambitieuse qu'elle, mais moins coupable, est également célèbre dans l'histoire, et par le blâme qu'on ne lui épargne pas, et par les éloges qu'on lui prodigue. Quel que soit le jugement qu'on porte sur elle, en disparaissant, elle laissa un vide qui ne fut pas rempli ; car la décadence des mérovingiens date de sa mort.

Le meurtre de Brunehaut, qu'il présida en personne facilita au fils de Frédégonde, CLOTAIRE II (615-628), le seul survivant de sa race, la réunion de la Bourgogne à la France. C'était la seconde fois, dans l'espace d'un demi-siècle, que tous les États de l'ancienne Gaule se trouvaient réunis sous le même sceptre, et toujours en faveur d'un prince du nom de Clotaire.

Maître absolu de tous les États de la domination franque, Clotaire n'exerça en Bourgogne qu'une autorité purement nominale. Le véritable roi fut le maire du palais, l'indigne Warnachaire qui, pour prix de sa trahison contre Brunehaut, s'était fait déclarer inamovible par son nouveau souverain. Les seigneurs et les prélats, stipulant au nom de la nation, avaient prié Clotaire II de renouveler la déclaration de son aïeul Clotaire I, que le pays conserverait ses magistrats, ses usages, ses immunités et son titre de royaume. Par le fait, les nobles se trouvèrent inamovibles dans la possession de leurs bénéfices, et les magistrats, irrévocables dans l'exercice de leurs fonctions ou dignités. Warnachaire rendit, autant qu'il dépendait de lui, la mairie burgondienne héréditaire dans sa famille, en obtenant du roi la survivance de cette charge pour son fils Godin. Mais, avant de descendre au tombeau, Clotaire répara sa faute, en supprimant la mairie de Bourgogne. Lui-même mourut deux ans après, en 628. Il avait fondé, pour expier ses péchés, l'abbaye de Lure en Comté.

La mort de Clotaire arriva en 628 dans la quarante-deuxième année de son règne et la quinzième depuis son avènement au trône de Bourgogne. Si l'on pouvait oublier le supplice de Brunehaut et le meurtre des enfants de Thierry, qu'il ordonna pour s'emparer du royaume de leur père, Clotaire II devrait être mis au nombre des plus sages et des plus pieux de nos rois. C'était en effet un prince doux, patient, craignant Dieu, ami des pauvres, bienfaiteur des églises et des monastères.

Ses deux fils, Dagobert et Caribert, se partagèrent ses États. Le premier fit au second un assez mince apanage au delà de la Loire et s'appropria tout le reste de la monarchie. C'est à ce titre que DAGOBERT (628-638) est compté parmi les rois de Bourgogne.

Le premier soin de ce prince, en montant sur le trône, comme aussi l'acte le plus important de son règne, fut d'unir la Neustrie au royaume de Bourgogne, ce qui n'avait pas encore eu lieu. En effet, la Bourgogne, jusqu'alors, avait toujours fait partie de l'Austrasie, avec laquelle son caractère propre lui donnait peut-être plus de ressemblance, parce que dans ces deux contrées c'était le peuple nouveau qui avait gardé l'influence prépondérante. En Neustrie, au contraire, l'élément gallo-romain, un moment abattu, s'était reconstitué avec toute la puissance que donne la supériorité des lumières et de l'expérience. Les barbares, vainqueurs sur les champs de bataille, ne l'étaient plus dans les différents actes de leur vie politique et sociale. La plupart des institutions romaines avaient survécu au désastre de l'empire et les nouveaux venus s'en montraient aussi fiers que les anciens maîtres du pays. C'est ce qui explique comment l'annexion de la Bourgogne à la Neustrie contribua si fortement à accélérer le travail de civilisation, qui s'opérait déjà dans la masse du peuple.

Dagobert, informé que la gestion des affaires en Bourgogne souffrait de son éloignement, vint tenir ses assises à Langres, à Dijon, à Auxerre, à Saint-Jean-de-Losne et à Chalon. Il donnait audience à toute heure et à toute personne, quittant même pour entendre les plaintes des malheureux, ses plaisirs, ses repas et jusqu'à son sommeil. Telle est l'origine des *Grands-jours*, heureuse institution qu'on n'a pas égalée depuis, et de laquelle est sorti le parlement de Bourgogne.

Dagobert, durant son séjour en Bourgogne, n'oublia rien de ce qui pouvait accroître le bonheur de ses peuples. Aussi, n'y avait-il qu'une voix dans ses trois royaumes pour bénir son nom. Mais à la fin, rentré dans Paris, il se laissa aller aux passions qui ont perdu les meilleurs princes, et donna autant de scandales qu'il avait répandu de bienfaits.

Ce fut pendant son règne que fut fondé à quatre lieues de Dijon, près de la fontaine de Bèze, le monastère de ce nom, par un seigneur nommé Amalgaire, qui mit son fils à la tête de la communauté naissante.

Après la mort de Dagobert, arrivée en 638, la Neustrie et la Bourgogne échurent au plus jeune de ses fils, CLOVIS II (638-656).

C'était un enfant de cinq ans, qui régna sous la tutelle de sa mère, la reine Nantilde. La dignité de maire du palais fut reconstituée en faveur de Flaochat, élu aux États d'Orléans. Ce seigneur se rendit aussitôt en Bourgogne, où il fut reçu avec beaucoup d'honneur.

Il avait un rival dans la personne de Willibaud, patrice de la Bourgogne transjurane : son premier soin fut de convoquer la noblesse bourguignonne à Châlon dans l'intention de le citer à son tribunal et de le condamner ; mais, ayant échoué dans son entreprise, il pria le roi de réunir lui-même les leudes à Autun et d'y mander le patrice. Celui-ci ne fut pas plus tôt arrivé qu'il tomba sous les coups de son ennemi implacable. Flaochat, dont la haine était assouvie, revint à Châlon : le jour qui suivit son arrivée, un incendie épouvantable consuma toutes les maisons de la ville ; le meurtrier fut lui-même atteint d'une maladie cruelle et alla mourir peu de temps après à Saint-Jean-de-Losne.

Délivré de ce dangereux ministre, Clovis assembla les États généraux à Châlon et y convoqua, en 650, un concile de tous les évêques de la province. Il laissa trois enfants en bas âge de son mariage avec sainte Bathilde qui, à sa mort (656), fut déclarée régente.

Cette pieuse princesse commença par s'entourer d'une sorte de sénat, composé des seigneurs et des prélats les plus illustres, parmi lesquels on distinguait en première ligne Léodegard ou Léger. Sous leur inspiration, Bathilde accomplit d'utiles réformes dans toutes les branches du gouvernement, racheta de ses deniers les Gaulois réduits en servitude par les Francs et abolit pour toujours le tribut de guerre qui les accablait. Ce fut là le premier coup porté à l'esclavage en Europe et ce coup fut conseillé par un évêque et partit de la main d'une sainte Bathilde voulait encore réaliser le projet qu'avait rêvé Brunehaut : constituer l'unité nationale de la France par la réunion de tous les États mérovingiens sous un même sceptre, et elle réservait cette gloire à son fils aîné, Clotaire III (656-670). Ce prince devait donc recueillir, ainsi que les deux autres rois de sa race du même nom que lui, l'héritage entier de Clovis, fondateur de la monarchie. Malheureusement les leudes austrasiens demandèrent un roi pour eux. Sainte Bathilde et son conseil se virent obligés de céder aux exigences de la fougue germanique et Childéric II fut fait roi d'Austrasie, tandis que Clotaire retint la Neustrie et la Bourgogne, dont il confia le gouvernement à Ébroïn, maire du palais (1).

A la mort de Clotaire (670), le problème de l'unification française se posa de nouveau.

Childéric (670-673), son frère, déjà roi d'Austrasie, fut seul appelé à sa succession, et le jeune Thierry, le dernier des fils de sainte Bathilde, n'eut pour le moment aucune part à l'héritage royal. Tout semblait donc favoriser le plan de la reine et de son conseil; mais si Ébroïn lui-même voulait centraliser le pouvoir, c'était pour le confisquer ensuite à son profit. Voilà pourquoi il travailla à renverser une régence qui le gênait, à chasser les évêques du conseil, et à reconstituer la charge de maire du palais, dont il s'empara. Ses violences et ses intrigues obligèrent même la pieuse et douce Bathilde à se retirer dans le couvent de Chelles, où elle termina saintement ses jours, en 690.

De son côté, saint Léger alla prendre possession du siège épiscopal d'Autun, auquel il avait été appelé. Dès

---

(1) C'est vers cette époque (657), qu'Ébroïn fit massacrer près de Chalon-sur-Saône, dans la crainte qu'il ne dévoilât les vexations dont il accablait le peuple de Lyon, un saint évêque de cette ville, nommé Ennemond et vulgairement connu sous le nom de saint Chaumont.

le premier jour de son arrivée en Bourgogne, il y exerça une immense influence, qui porta ombrage à la susceptibilité jalouse d'Ébroïn. En lui se trouvaient réunies avec le caractère sacré de l'évêque la dictature tribunitienne du *défenseur* romain, l'antique majesté du vergobret éduen et la toute puissance du comte et du conseiller des rois. Ses vertus et ses aumônes accrurent encore son prestige. Déjà il avait entrepris de grands travaux, réparé les édifices (1) publics et les murs de la ville, qui tombaient de vétusté, quand il fut mandé de nouveau à la cour. Childéric avait fini par se lasser de l'insolence d'Ébroïn et l'avait exilé au monastère de Luxeuil. Il ne jugea ensuite personne plus capable de remédier aux maux causés par la tyrannie de l'ambitieux maire du palais, que l'évêque d'Autun, l'habile conseiller de sa mère. Le saint pontife se dévoua donc une seconde fois et dépensa au service de son roi et de son pays tout ce qu'il avait de zèle, de force et de prudence. Son digne frère Guérin le secondait en tout. Leur haute sagesse ne tarda pas à rendre le calme à l'État et à affermir l'autorité du prince; chacun se mit à espérer dans les talents et surtout dans les vertus du grand évêque. Malheureusement, la faveur dont il jouissait excita bientôt la jalousie des courtisans, créatures d'Ébroïn, et sa loyauté ne le mit pas assez en garde contre les artificieuses intrigues de ses ennemis. On commença par inspirer de la défiance au jeune roi, qui supportait

(1) Le haut beffroi massif et sombre qui domine encore aujourd'hui l'évêché et la ville d'Autun, et auquel la tradition a donné le nom de *tour de Saint-Léger*, appartient probablement à cette restauration.

d'ailleurs avec peine les remontrances que lui adressait saint Léger sur son mariage avec sa parente Blichide.

La fête de Pâques de l'année 673 était proche. Les rois Mérovingiens avaient l'habitude de célébrer cette solennité tantôt dans une ville, tantôt dans une autre, au milieu d'un grand concours de peuple, de leudes et de prélats. Les évêques les plus élevés par leur rang demandaient au roi qu'il voulût bien visiter leur église en ce grand jour. Saint Léger obtint cette faveur pour Autun et s'empressa de revenir au milieu de son troupeau. Childéric le suivit avec toute sa cour. Un misérable mit à profit le séjour du roi en Bourgogne pour achever de perdre dans son esprit le saint évêque, son conseiller, son bienfaiteur et son maître. Saint Léger, averti que le prince en voulait à sa vie, et craignant que le jour de Pâques ne fut souillé par le meurtre d'un évêque et le pillage de l'église, prit le parti de fuir secrètement. Il se laissa ensuite arrêter sans opposer la moindre résistance, et, sur sa demande, il fut conduit à Luxeuil, où il rencontra Ébroïn, son rival et son ennemi. Celui-ci feignit de se réconcilier avec le prélat et lui promit une amitié éternelle.

Privé de son sage ministre, Childéric n'écouta plus que la violence de ses passions : il s'emporta un jour contre un seigneur nommé Bodillon, jusqu'à le faire attacher à un poteau et battre de verges. Bodillon, pour se venger, excita à la révolte les leudes neustriens qui tendirent des embûches au roi, dans la forêt de Livry, près de Chelles, et l'assassinèrent avec Dagobert, son fils (673). Cette mort rendit la liberté aux deux captifs de Luxeuil. Saint Léger revint à Autun au milieu de l'enthousiasme indescriptible de tout son peuple, et Ebroïn aspira de nouveau à la charge de maire du palais.

Cependant, la France avait les yeux tournés vers l'ancien conseiller de sainte Bathilde, qui était occupé tout entier aux devoirs de sa charge pastorale ; pour la troisième fois, on fit appel à son dévouement. Le grand évêque n'hésita pas un instant, et, afin de mettre un terme à l'anarchie qui désolait le royaume, il courut avec les leudes à Saint-Denis, tirer du monastère Thierry, dernier enfant de Clovis II et de sainte Bathilde, le fit proclamer roi de Neustrie et de Bourgogne et lui donna pour maire du palais un bourguignon nommé Leudèze.

Irrité de ce choix, Ébroïn, qui convoitait cette dignité, lève des troupes contre Thierry, assassine Leudèze et jure la perte de saint Léger. Aussitôt il ordonne à ses partisans d'investir Autun et de la réduire en cendres avec ses habitants, s'ils ne livraient pas leur évêque. Voulant épargner à ses ouailles les malheurs d'une prise d'assaut, saint Léger, par un dévouement héroïque, se sacrifie lui-même, distribue ses biens aux pauvres et aux monastères, s'arrache des bras de son peuple, et vient se mettre à la discrétion de ses ennemis. Ceux-ci, ravis de tenir en leur possession le rival de leur maître, le condamnent par son ordre à avoir les yeux crevés. Le saint évêque endura ce douloureux supplice sans laisser échapper une plainte, ne cessant de louer Dieu et de prier pour ses bourreaux. Une telle barbarie ne put cependant assouvir la haine d'Ébroïn : il fit conduire son captif au fond d'une immense forêt, avec l'intention de l'y laisser périr de faim et de misère.

Mais, trompé dans ses odieux calculs par la compassion des bourreaux, il donna l'ordre de lui couper la langue et les lèvres, ce qui n'empêcha pas le glorieux martyr de prêcher et de chanter les louanges de Dieu. Ce prodige frappa tellement les auteurs de son supplice qu'ils le traitèrent désormais avec les plus grands égards, jusqu'à le conduire au monastère de Fécamp, où il jouit pendant quelque temps d'une paisible retraite. A la fin, Ébroïn, résolu de lui ôter à la fois l'honneur et la vie, le cita devant un synode qu'il avait convoqué et composé lui-même. Il obtint, sur les plus odieuses calomnies, la dégradation du saint évêque dont il prononça ensuite la sentence de mort. Saint Léger eut la tête tranchée dans une forêt de l'Artois, qui porte son nom (678). L'Église honore en lui un martyr de son honneur et de sa liberté.

Tandis que le faible Thierry laissait ainsi commettre en son nom les forfaits les plus exécrables, le saint roi Sigebert régnait glorieusement en Austrasie. Parmi les hommes vertueux dont il s'était entouré, on remarque le bienheureux Pépin de Landen, qui n'usa de son crédit et de sa puissance que pour la gloire du prince et le bien de l'État. Mais à sa mort, son indigne fils Grimoald, marchant sur les traces d'Ébroïn, avait eu l'audace de chasser le jeune Dagobert, légitime héritier du trône, et de le faire reléguer en Irlande, d'où les leudes Austrasiens le rappelèrent ensuite.

On apprit bientôt que Dagobert à peine en possession de la couronne, venait d'être violemment attaqué dans une forêt, et qu'il était mort d'un coup d'épée. C'était une nouvelle victime de la cruauté d'Ébroïn. Ce tyran audacieux ne devait pas tarder à subir le châtiment que ses crimes lui avaient mérité. Il fut massacré par un seigneur qu'il avait condamné lui-même au dernier supplice. Sa mort laissa respirer les peuples et délivra l'Église et l'État d'un joug odieux (681). Un an auparavant, les leudes bourguignons ou neustriens, fatigués de la tyrannie du maire du palais, s'étaient révoltés contre lui et avaient appelé à leur secours les Austrasiens, qui venaient d'abolir la royauté en proclamant duc Pépin d'Héristal, petit-fils de Pépin de Landen. Mais Ébroïn avait dispersé à la bataille de Leucofao la coalition commandée par Martin et Pépin. Le meurtre de Martin par Ébroïn rendit Pépin, héritier de ses richesses, plus puissant que jamais. Une trêve fut conclue entre le successeur d'Ébroïn à la mairie de Bourgogne et de Neustrie et Pépin, ce qui permit à ce dernier de consolider sa puissance et de se poser en *faiseur* de rois.

Nous sommes arrivés à la période de décadence des princes mérovingiens. Le sceptre n'est plus qu'un vain hochet entre les mains des *rois fainéants*, auxquels il ne reste de leur ancienne fortune qu'une table délicate et un repos aussi conforme à leur naturel qu'indigne de leur naissance. Les véritables dépositaires du pouvoir sont les maires du palais, neustriens ou austrasiens, se disputant avec acharnement la tutelle et l'exploitation de la royauté défaillante.

La mort de Thierry, roi de Neustrie et de Bourgogne, n'eut pas plus de suite que celle d'un simple particulier. L'autorité était passée tout entière des mains d'Ébroïn à celles de Pépin d'Héristal, qui fit monter successivement sur le trône, *Clovis III* (691), fils de Thierry, puis son frère *Childebert III* (695), *Dagobert III* (711), fils de Childebert et enfin *Clotaire IV* (715), dernier fils de Thierry.

Pépin venait de mourir lorsque *Childéric III* (717), fils de ce Childéric II dont saint Léger avait été le ministre avant d'en être la victime, succéda à Clotaire IV. Ce prince entreprit de se soustraire à la tutelle des maires du palais, mais il succomba devant la résistance que lui opposa Charles-Martel, héritier des grandes qualités aussi bien que de la puissance et de l'ambition de son père, Pépin d'Héristal.

A la mort de Childéric III, la couronne fut donnée non à son fils, mais à *Thierry IV* (720), fils de Dagobert III, qui n'eut pas de successeur immédiat. Son héritier légitime était son fils, *Chilpéric III* (749); à peine fut-il sur le trône qu'on l'en fit descendre et rentrer dans le monastère où il avait été élevé (752). *Thierry*, son fils, le dernier des mérovingiens, mourut aussi dans le cloitre.

Cependant cette révolution ne s'accomplissait pas sans résistance. Les Bourguignons, en particulier, ne subirent qu'en frémissant, le joug que les Pépins prétendaient leur imposer. Les leudes et les prélats firent une telle opposition à Pépin d'Héristal, que la Bourgogne perdit, au triomphe de celui-ci (bataille de Testry 687), son indépendance, ses privilèges et son titre de royaume. Elle devint un fief pour les enfants de Pépin.

Froissés dans leur fierté nationale, les Bourguignons refusèrent de reconnaitre l'autorité de Charles-Martel. Dans la guerre qui suivit, le fils de Pépin eut le dessus et traita la Bourgogne en conquérant irrité. Il partagea cet ancien royaume entre ses plus dévoués partisans. Les Austrasiens s'emparèrent de tous les bénéfices enlevés à leurs anciens possesseurs, et les Bourguignons se virent privés, dans leur propre pays, de toutes les charges et dignités.

Pour comble d'infortune, aux calamités intérieures vinrent se joindre les désastres d'une invasion étrangère. Les Sarrasins conduits par Abdérame, après avoir porté le fer et le feu dans les provinces du midi, avaient remonté le Rhône et pénétré dans la vallée de la Saône, où quelques-unes de leurs tribus s'établirent. Les villes de Mâcon, de Chalon, d'Autun, de Beaune, de Dijon, d'Auxerre furent pillées et brulées par ces féroces musulmans. Les peuples consternés ne songeaient même pas à leur résister et fuyaient de toutes parts. Cependant, une expédition composée de Bretons, et à la tête de laquelle se trouvait le courageux évêque de Nantes, saint Émilien (saint Émiland), voulut arrêter le flot envahisseur. Saint Émilien parvint à dégager Autun, remporta sur les hauteurs qui portent son nom, une victoire éclatante sur les infidèles, mais périt enseveli dans son triomphe, le 22 Août 725. Les Sarrasins, un moment arrêtés par cet intrépide prélat, reprirent aussitôt leur marche dévastatrice. A la fin cependant, Charles, fils de Pépin, s'avance à la rencontre d'Abdérame et écrase, comme un marteau brise le fer, ses bandes innombrables, à la journée de Poitiers (731).

Cette victoire sauva la chrétienté et rendit Charles-Martel l'arbitre des destinées de la France. Maitre de la Bourgogne, il la donna en apanage à l'un de ses fils, Pépin le Bref, qui fut obligé d'établir son autorité en faisant marcher des armées. Avec lui, commence pour notre province une ère nouvelle. C'est une période d'affaissement et d'humiliations. Les Bourguignons subjugués ont perdu leur autonomie et ne conservent de leur ancienne constitution politique que la loi gombette. Le gouvernement de la province est confié à de grands officiers nommés par le prince et révocables à volonté ; puis viennent, sous leurs ordres, les comtes, les vicomtes ; les barons, tous agents d'un pouvoir central, imposés par le droit du plus fort, et accourus en Bourgogne à la suite des maires du palais ou attachés à la fortune des Pépins.

CHAPITRE III
ÈRE CARLOVINGIENNE

SOMMAIRE : État de la société. Rôle bienfaisant des évêques et des abbés.— Les comtes d'Autun.— *Pépin le Bref.*— *Charlemagne* et la Bourgogne.— Suite des comtes d'Autun.— *Louis le Débonnaire.*— Démembrement de la Bourgogne.— *Charles le Chauve.*— *Louis le Bègue.*— Nouveaux royaumes de Bourgogne.

Soumis de plus en plus à la domination franque, l'ancien royaume des Burgondes subit nécessairement des transformations profondes qui achevèrent de l'assimiler au reste du pays. Les conditions sociales, telles que la loi gombette les avait établies, furent elles-mêmes modifiées : il y eut les nobles (*nobiles*), les hommes libres (*ingenui*), et les esclaves (*servi*), les uns de naissance, les autres par le droit de la guerre.

La hiérarchie féodale n'était pas encore constituée, et même, quand elle le fut, elle souffrit de nombreuses exceptions : tel vassal, décoré du simple titre de baron, était souvent plus puissant que le suzerain auquel il devait hommage. De là, des guerres interminables suscitées par la jalousie et la rivalité de ces petits souverains, prétendant ne relever que de Dieu et de leur épée. Tant qu'il y eut à la tête du pouvoir des hommes comme Pépin et Charlemagne, ces désordres furent peu à craindre; ils éclatèrent quand les rênes du gouvernement passèrent en des mains faibles et débiles.

Heureusement pour les peuples, l'Église s'interposait toujours entre l'oppresseur et l'opprimé, protégeant l'un, apaisant l'autre. Les évêques composaient presque exclusivement le conseil des rois ; ils usaient de leur influence pour soulager les malheureux et réprimer la fougue germanique de ces fiers seigneurs, qui s'étaient partagé le territoire comme un pays conquis. Sans les évêques, musulmane ou barbare, la Gaule ne serait jamais devenue la France (1).

(1) Ce sont eux, au témoignage d'un auteur protestant, qui l'ont faite, comme les abeilles font leurs ruches. Ils mirent tous leurs soins à modifier, dans le sens de l'Évangile, les coutumes et la législation à demi-barbares des vainqueurs, et contribuèrent pour la grande part à adoucir leurs mœurs grossières. Les veuves et les orphelins étaient sous la protection spéciale de l'évêque, et jamais on ne prononçait contre eux sans sa participation. Les pauvres trouvaient leur pain quotidien dans les monastères, qui leur étaient ouverts à toutes les heures du jour et de la nuit. Les laboureurs ne pouvaient en aucune manière être distraits de leur travail; leurs instruments de culture échappaient à la confiscation et à la rapine des gens de guerre. La *trève de Dieu*, instituée plus tard par les conciles et propagée par les abbés et les évêques, ramena peu à peu la sécurité dans le pays. Qu'on ne s'étonne donc pas de voir le clergé mêlé alors aux affaires publiques; il y était appelé par l'ordre formel du souverain et plus encore par le vœu des populations. Comprenant le besoin que l'on avait de ses lumières, de son autorité, il intervint, sans hésitation méticuleuse ou superbe comme sans ambition, pour le bien et le salut de la patrie. On arriva ainsi à l'idéal de tout gouvernement humain, la royauté chrétienne, qui jeta son plus grand éclat sous Charlemagne, qui se maintint pendant toute la durée du moyen âge, et qui fit la gloire et la force de ces générations hardies et fières qu'on admire davantage à mesure qu'on les connaît mieux.

La France entière, mais surtout la Bourgogne, doit aux évêques d'avoir échappé à une ruine imminente. Après le passage des Sarrasins, tout était à reconstituer dans notre malheureux pays, et, s'il n'eût été soutenu par une influence complètement désintéressée, telle que l'était celle du clergé, le génie des premiers Carlovingiens aurait été impuissant pour l'accomplissement d'une si grande œuvre. Encore devons-nous dire que la nouvelle dynastie fit peu, comme nous l'avons vu, pour la Bourgogne. Mais les évêques et les abbés mirent courageusement la main à l'œuvre. A la tête du mouvement on voit l'évêque d'Autun et bientôt après l'abbé de Cluny. Le vieil Augustodunum gallo-romain n'existait plus ; les bandes musulmanes l'avaient détruit. La nouvelle cité s'abrita à l'ombre des établissements religieux, comme pour y chercher une protection, et on laissa vide une partie de la première enceinte. Autun continua néanmoins d'être la première ville de la Bourgogne. Les revues militaires, les grandes assemblées de leudes et de barons se tenaient dans la vaste plaine située sur les bords de l'Arroux et nommée le *Champ-de-Mars*.

Aux assemblées du Champ-de-Mars où les rois mérovingiens discutaient les grands intérêts de l'État, succédèrent sous les Carlovingiens d'autres assemblées moins importantes par leur objet, mais plus magnifiques par leur appareil. C'étaient les *cours plénières* des rois, qui se tenaient deux fois par l'an, à Noël et à Pâques, pendant huit jours, et les *plaids* des seigneurs, qui rendaient la justice à leurs vassaux. Malgré ses désastres, la ville d'Autun acquit ou mieux conserva sous la nouvelle dynastie l'importance, qu'elle avait eue sous les deux précédentes et pendant la domination romaine. De plus, par sa position, elle formait le centre d'une ligne de places fortes échelonnées sur la Saône, le Rhône et la Loire, pour comprimer les révoltes des Aquitains, jaloux d'une nationalité distincte et impatients du joug des peuples du Nord, et aussi pour opposer une digue aux invasions musulmanes sans cesse renaissantes.

L'intérêt politique décida Charles-Martel à mettre cette ville entre les mains de son frère *Childebrand* (732), qui est regardé comme le premier comte d'Autun, et, à ce titre, comme premier gouverneur de toute la Bourgogne, au nom du roi. Sa juridiction s'étendit bientôt sur les autres comtés voisins, où il était représenté par des vicomtes, ayant sous leurs ordres des vicaires ou centeniers. Les comtes d'Autun eurent ainsi dès l'origine un rôle important dans les affaires générales du pays, et leur influence en Bourgogne fut prépondérante. Nous tarderons peu, du reste, à les voir échanger leur titre de comte d'Autun pour celui de duc de Bourgogne.

En attendant, revenons encore un instant aux faits généraux de notre histoire.

Quand Charles-Martel mourut, le trône de France était vacant depuis quelques années. *Pépin*, son fils et son successeur dans la charge de maire du palais, pouvait à son gré ou le laisser vide ou s'y asseoir. Il ne prit aucun de ces deux partis si capables de tenter le cœur d'un ambitieux. Il fit, comme nous l'avons dit, un roi de Childéric III; mais il ne lui céda que les honneurs de la royauté, et retint pour lui toute l'autorité. A la fin cependant, il se fit proclamer roi, à l'assemblée de Soissons, en 752, et commença ainsi une nouvelle dynastie, dont les princes furent à la fois rois de France et de Bourgogne. C'est à ce titre que nous devons faire mention de leurs règnes, au moins dans ce qu'ils eurent de particulier à la province.

Lorsque Pépin le Bref (753-768) se fut emparé de la couronne, la plupart des Bourguignons, soit pour protester contre un avènement qu'ils regardaient comme illégitime, soit pour se soustraire aux persécutions, dont ils étaient l'objet depuis Charles-Martel, se réfugièrent en Aquitaine, où régnaient, en qualité de ducs indépendants, des princes de la branche cadette des Mérovingiens, descendant de Caribert, que nous avons vu si magrement apanagé par Dagobert I. Il en résulta une guerre, qui étendit ses ravages jusqu'en Bourgogne. La ville d'Autun, déjà si cruellement éprouvée par les Sarrasins, fut de nouveau dévastée; les faubourgs de Chalon furent brûlés; mais le comte Adalard, qui défendait la ville, ne permit pas aux Aquitains d'entrer dans ses murs. A l'approche de Pépin, les révoltés se retirèrent.

La Bourgogne, qui n'avait pas eu de rois particuliers depuis Thierry I (615), en aurait eu un après la mort de Pépin, si le partage qu'il avait fait de ses États (768), entre ses deux fils, Charles et Carloman, avait été maintenu. L'Austrasie devait appartenir à *Charles*, son aîné, et la Bourgogne à *Carloman*; mais la fin prématurée de ce prince, rendit son frère seul maître de la monarchie. *Charles* surpassa tous ses prédécesseurs en gloire et en puissance, et mérita par les splendeurs de son règne le titre de *Grand*, que les siècles ont consacré dans le nom à jamais immortel de Charlemagne (768-814). Ce prince étendit la gloire des Francs jusqu'aux extrémités de la terre. A la fois législateur et conquérant, il rétablit à son profit, l'empire d'Occident, nommé *Saint Empire Romain*, parce qu'il avait pour mission de protéger l'Église contre les ennemis du dehors et du dedans. La Bourgogne, sans avoir rien à souffrir des guerres, participa aux nombreuses améliorations, que le nouvel empereur essaya d'introduire par ses *Capitulaires* et ses *missi-dominici* dans l'administration de ses vastes états.

Pour affermir ses réformes, Charles fit assembler à Chalon, en 813, un concile de toute la Gaule lyonnaise. On y recommanda expressément le maintien et l'exercice des écoles, qui étaient déjà établies dans les cathédrales et les abbayes. On devait y enseigner la grammaire, l'arithmétique et le chant. Le pieux monarque n'oublia point la Bourgogne dans ses libéralités aux églises. Il fit rendre à la cathédrale d'Autun ses biens enlevés par Charles-Martel, releva les cathédrales de Chalon et de Mâcon, dévastées par les Sarrasins, dota richement celle de Besançon, restaura les abbayes de Saint-Jean d'Autun et de Flavigny, et donna une nouvelle splendeur au monastère de Saint-Andoche, fondé à Saulieu quelques années auparavant pour des religieuses de l'ordre de Saint-Benoit.

Les comtes d'Autun tinrent à honneur de coopérer à ces pieuses créations. Tandis que Charles-Martel, Pépin et Charlemagne fondaient par leur génie le vaste empire français, Childebrand et ses fils mettaient leur gloire à conserver dans l'antique capitale des Éduens l'amour des lettres et le goût de l'étude. C'est par l'ordre de Childebrand et ensuite de *Nibélongue*, son fils, que se succédèrent dans la charge d'historiographe de France, Frédégaire et ses continuateurs. Justement fiers des souvenirs de leur race et du pays qu'ils gouvernaient, et jaloux de les transmettre à la postérité, ils faisaient écrire les gestes des Francs, *gesta Francorum*, dans l'abbaye de Fleury-sur-Loire, dont ils étaient les hauts protecteurs.

Childebrand II, fils et successeur de Nibélongue, donna à l'abbesse des religieuses d'Iseure tout ce que son père lui avait laissé dans cette terre. Il possédait une des plus riches bibliothèques qui existassent alors. A sa mort, le comté d'Autun revint à *Thierry I*, frère de Nibélongue, fort aimé de Charlemagne qui lui confia des commandements importants dans la guerre contre les Saxons.

Son fils, *Guillaume au Court nez*, passa les Pyrénées et s'acquit un renom immortel avec Roland, à Roncevaux; puis, dégoûté de la guerre, il alla s'ensevelir dans le monastère de Saint-Julien de Brioude, qu'il avait fondé et où il termina ses jours.

Bernard I, l'un de ses fils, lui succéda au comté d'Autun. Il était gendre de Charlemagne et filleul de LOUIS LE DÉBONNAIRE (814-840).

Le nouvel empereur, que ses vertus douces et aimables ont fait surnommer *le Débonnaire*, en montant sur le trône de Charlemagne, n'y porta point ses qualités héroïques. Il eut un règne faible et agité. Il abolit, en 817, la loi gombette, dernier vestige de la nationalité burgondienne. Dans l'un des partages qu'il fit de ses États à ses enfants, la Bourgogne se trouva comprise dans le lot de l'aîné, *Lothaire*, que Louis, à la manière des anciens Césars, avait associé à l'empire. Nous n'avons pas à raconter les malheurs de ce père outragé par ses propres enfants et déposé par ses sujets. L'opinion publique réagit bientôt contre ceux qui avaient ainsi profané la majesté de l'empire. La noblesse bourguignonne s'honora en soutenant les droits de Louis le Débonnaire. A la tête des fidèles partisans de l'infortuné prince, on remarquait le comte d'Autun, qui avait reçu de lui la première dignité de l'empire, celle de *camérier* ou *chambellan*. Plein d'énergie, de ténacité et d'adresse, Bernard se ligua avec Guérin de Vergy (1), comte de Chalon et força Lothaire à rendre la liberté à son père.

Celui-ci, touché du zèle des Bourguignons pour sa défense, leur fut toujours favorable dans la suite, et combla de bienfaits leurs églises et leurs monastères.

LOTHAIRE, obstiné dans sa révolte, résolut de se venger de Varin de Vergy, qui avait puissamment contribué à la délivrance de Louis le Débonnaire. Il vint assiéger Chalon, et réduisit cette ville en cendres; Mâcon subit le même sort. Autun aurait aussi éprouvé les effets de sa colère, sans l'intervention d'une armée

---

(1) Ce *Guérin* était comte d'Auvergne, de Chalon et de Mâcon. Il fut père d'Ermengarde, femme de Bernard, comte d'Auvergne, et mère de Guillaume le pieux, fondateur de Cluny. Il eut pour successeur au comté de Chalon son fils *Théodoric* ou Thierry, l'un des principaux conseillers de Charles le Chauve au traité d'Aix-la-Chapelle et grand chambellan de Louis le Bègue, qui lui confia en mourant la garde de ses fils Louis III et Carloman. Au comte Théodoric succéda son fils *Manassés* de Vergy, dit *le vieux*, qui fut à la fois comte de Chalon, de Beaune, d'Auxois et de Dijon. Dans le partage de ses terres, il laissa les comtés de Chalon et de Beaune à Gislebert de Vergy, duc bénéficiaire de Bourgogne.

de secours. A la mort de son père, Lothaire, qui avait le titre d'empereur d'Occident, prétendit avoir seul tous ses États. Mais sa défaite à la sanglante journée de Fontenay, en Auxerrois, le rendit plus traitable. Les bases d'un arrangement furent arrêtées dans des conférences tenues dans l'île des Palmes, près de Mâcon, et rendues définitives au traité de Verdun (843). Par suite de cet accord, la Bourgogne fut divisée en deux parties. Tout le pays situé à l'est de la Saône et du Rhône fut attribué à l'empereur Lothaire. La portion de l'ancien royaume des Burgondes, située à l'Ouest, appartint à *Charles le Chauve*. C'est ce qui forma depuis le *duché* de Bourgogne; tandis que l'autre partie, longtemps détachée du territoire français, fut appelée plus tard *Comté* de Bourgogne, ou FRANCHE-COMTÉ. C'est pour cela que les pays de la rive gauche de la Saône prirent le nom de *terres de l'empire* et ceux de la rive droite, *terres du royaume*.

CHARLES LE CHAUVE (840—877), que le traité de Verdun mettait à la tête de la Bourgogne, était, disent les chroniques, un prince de *peu d'effet*. Il se vit bientôt attaqué par un de ses frères, Louis le Germanique, et aurait succombé sous ses coups, sans le zèle de la noblesse bourguignonne, qui obligea l'agresseur à se retirer dans ses États.

Bernard le Camérier, comte d'Autun, n'avait pas déployé la même ardeur dans cette circonstance que dans la lutte de Louis le Débonnaire contre ses fils dénaturés. Tombé en disgrâce, il laissa son fief à son fils *Guillaume II* et se retira à Barcelone dans les marches d'Espagne, dont il avait le commandement; mais il ne put échapper au ressentiment de Charles le Chauve, qui le perça lui-même de son épée au milieu d'un plaid tenu dans l'église de Saint-Saturnin à Toulouse.

Le jeune Guillaume, bien qu'âgé seulement de dix-huit ans, jura aussitôt de venger son père; surpris lui-même dans Barcelone par les troupes du roi, il y fut décapité comme rebelle, en 848. A sa mort, le comté d'Autun passa à *Eccard*, fils de Childebrand II, qui l'accrut des comtés de Chalon et de Mâcon. Le prieuré bénédictin de Perrecy-en-Charolais, fondé par ses soins en 876, était un gage de sa munificence envers l'Église et les pauvres.

Humfroid ou *Humfrid* lui succéda en cette même année 876. Ce seigneur, mécontent de Charles le Chauve, comme la plupart des leudes francs et bourguignons qui affectaient l'indépendance, essaya d'entrer en lutte avec lui : n'ayant pu réussir dans ses tentatives de rébellion, il prit la fuite et disparut pour toujours. A sa mémoire se rattache celle d'Usuard, son parent, l'auteur du martyrologe de ce nom, l'un des monuments historiques qui offre le plus haut intérêt par son caractère spécial et le mérite de l'écrivain.

Mais déjà les grandes institutions de Charlemagne étaient fortement ébranlées. Les seigneurs qui, sous la domination vigilante et forte de Pépin et de son fils, n'étaient que des officiers de la couronne, commencèrent à s'affranchir de toute référence à l'égard du souverain, et les bénéfices se perpétuèrent dans les familles des possesseurs comme une partie de leur patrimoine. Charles, au lieu de faire disparaître cet abus, sanctionna, en vertu d'un édit de 847, l'inamovibilité des fonctions publiques, et, la dernière année de son règne, il autorisa par le capitulaire de Kiersy-sur-Oise, l'hérédité des fiefs. C'est le commencement du régime féodal, qui a eu ses avantages et ses grandeurs.

La féodalité, en effet, fut pour la France, qui se constituait péniblement, une sauvegarde contre l'étranger. Quelle armée ennemie eût osé s'aventurer dans un pays hérissé de forteresses et défendu par de braves chevaliers, d'autant plus acharnés au combat qu'ils luttaient dans un intérêt à la fois personnel et patriotique? A l'intérieur, la domination des seigneurs eut le tort trop souvent de contrebalancer et même de braver l'autorité du roi; en revanche, elle prépara ces générations fortes, au tempérament de fer, à la foi énergique et à l'exquise noblesse de sentiments.

Il ne sera pas hors de propos de dire comment elle s'est établie; à l'époque des invasions, les rois et les chefs récompensaient leurs compagnons d'armes en leur donnant un cheval de bataille ou une framée sanglante. Quand ils eurent en leur possession les terres des peuples vaincus, ils les distribuèrent à titre de gratification libérale et révocable à volonté, aux leudes ou fidèles, qui les avaient suivis et s'étaient attachés à leur fortune. Mais les détenteurs de fiefs firent tous leurs efforts pour s'en assurer la jouissance leur vie durant, et pour la transmettre à leurs descendants. Grâce à la faiblesse et à l'imprévoyance des successeurs de Charlemagne, ils étaient déjà parvenus à ce but de leur commune ambition, quand parut l'édit de Charles le Chauve. A partir de cette époque, les seigneurs n'obtinrent pas seulement la propriété héréditaire des fiefs et des bénéfices, ils s'attribuèrent encore dans leurs domaines toutes les prérogatives de la souveraineté : faire la guerre, rendre la justice, battre monnaie, lever des impôts, exercer en un mot, tous les droits de l'autorité suprême. Ces droits, quoique fort étendus, n'étaient point arbitraires cependant. Le vassal n'était tenu de se soumettre qu'à ceux que la coutume avait établis et qu'il avait librement acceptés : c'est ce qu'on oublie trop, lorsqu'on parle du régime féodal. Les subsides extraordinaires eux-mêmes, ne se prélevaient que dans des cas déterminés; par exemple, si le suzerain devenait prisonnier de guerre, s'il mariait sa fille, armait son fils chevalier ou partait pour la Terre Sainte. Encore devons-nous ajouter qu'en général les redevances seigneuriales étaient peu onéreuses et que plusieurs se payaient par un simple témoignage de bonne humeur et de gaieté : un bouquet, une chanson, une danse, un accoutrement d'arlequin.

Le seigneur, en retour, devait défendre ses vassaux contre toute agression hostile. Sa demeure, en effet, était moins un palais qu'une citadelle entourée de fossés et flanquée de tours massives. Au milieu de la place s'élevait le donjon qui dominait le château et tous les lieux environnants. Aussitôt que le guetteur, posté sur la plate-forme, donnait le signal d'alarme, on sonnait du cor ou la cloche du beffroi; les vilains, disséminés dans les villages du fief, accouraient se réfugier dans la forteresse, où ils trouvaient armes et provisions. On retirait le pont-levis et une lourde herse en fer défendait l'entrée de la forteresse. Si l'ennemi s'avançait jusqu'au fossé, on lançait sur lui une grêle de flèches et de traits, soit par les meurtrières pratiquées dans l'épaisseur des murailles, soit du sommet des tours où les combattants s'abritaient derrière les créneaux. L'attaque avait-elle lieu sous le rempart, le châtelain et ses gens débouchaient par une poterne et culbutaient les assaillants dans les fossés, ou faisaient pleuvoir sur eux, par les mâchicoulis, de l'eau bouillante et toute espèce de projectiles. Lorsque la première enceinte venait à être emportée, les assiégés se retranchaient dans le donjon, enceinte plus redoutable que la première, et, s'ils ne pouvaient s'y maintenir, ils avaient pour dernière ressource les immenses souterrains, qui aboutissaient au loin dans la forêt ou dans la plaine.

Malheureusement le seigneur, ainsi retranché derrière les murs de son manoir et entouré dans les assemblées de ses vassaux en armes, prétendait trop souvent ne relever que de Dieu et de son épée. De là des conflits incessants entre le roi et les grands feudataires de la couronne.

Louis II dit *le Bègue* (877-879) ne comprit pas mieux que son père la nécessité de réunir en faisceau les forces éparses de la monarchie défaillante. Sous son règne, le morcellement du territoire en petites principautés indépendantes, duchés, comtés et baronnies, ne rencontra plus d'obstacles. Trois nouveaux états furent fondés avec les débris de l'ancien royaume de Bourgogne :

1° *Le royaume de Provence* ou *de Bourgogne cisjurane*, créé en faveur de Bozon, beau-frère de Charles le Chauve, élu roi au concile de Monteil (879). Bozon eut pour successeur Louis l'Aveugle

(887-928) et Hugues de Provence (928-933). Le premier fit une guerre heureuse contre Bérenger, roi d'Italie, et fut couronné à Rome même par le pape. Mais, pris ensuite à Vérone, il eut les yeux crevés et vint mourir en Provence. Le second, Hugues, fut aussi couronné roi d'Italie. Il avait épousé la fameuse Marosie, qui, maîtresse de la plus grande partie de Rome et de son territoire, fit mourir le pape Jean X, pour placer l'un de ses fils sur le trône pontifical. Hugues ayant souffleté Albéric, fils aîné de sa femme, celui-ci rassembla la jeunesse romaine, massacra les gardes de son beau-père et le mit en fuite lui-même. Il n'était pas moins violent à l'égard de ses sujets, et avec lui finit le royaume de la Bourgogne cisjurane.

2° Le royaume de *Bourgogne transjurane* (Suisse, Valais, Chablais, Bugey), qu'obtint Rodolphe Ier (888-912) arrière petit-fils de Louis le Débonnaire. Son fils, Rodolphe II (912-932), se fit céder par Hugues de Provence la plus grande partie de la Bourgogne cisjurane, et prit alors le titre de roi *d'Arles et des Deux-Bourgognes.*

3° *Le royaume d'Arles,* composé ainsi que nous venons de le dire. Conrad *le pacifique* (937-993), successeur de Rodolphe II, vit son royaume ravagé par les Hongrois et les Sarrasins, dont il parvint à se débarrasser. Son fils, Rodolphe III (993-1033), se fit surnommer le *Pieux* à cause de ses libéralités envers l'Église. Il légua, à sa mort, ses états à l'empereur saint Henri II (1024), fils de sa sœur Gisèle. Le royaume d'Arles devint ainsi un fief du Saint-Empire Romain. Le comte Eudes de Champagne (1032) essaya en vain de le disputer, au successeur de saint Henri, Conrad II le Salique, qui le donna à son fils aîné Henri, plus tard empereur sous le nom de Henri III *le Noir* (1939-1056). La Provence rentra en 1266 sous le sceptre d'un prince français par le mariage de Béatrix, héritière de ce comté, avec Charles d'Anjou, frère de saint Louis et roi de Naples.

Quant à la Bourgogne proprement dite, la partie la plus importante, le *duché*, fut donnée à des *ducs bénéficiaires* ; l'autre, le *comté*, appartint à des seigneurs, d'abord vassaux de la couronne de France, puis de l'empire. A la fin du XIII° siècle, ils revinrent à la France ; mais ils ne furent guère vassaux que de nom, et ils ne le furent plus du tout, quand ils appartinrent à la maison d'Autriche, par la branche espagnole. Il était réservé aux armes victorieuses de Louis le Grand de réunir à la France cette portion de l'ancien royaume de Gondebaud et de saint Gontran.

CHAPITRE IV

ÈRE CAPÉTIENNE

Sommaire : Avènement des ducs de France. — Les comtes d'Autun deviennent ducs de Bourgogne. — Fondation de Cluny. — Gislebert de Vergy, comte de Chalon et duc de Bourgogne. — Les armoiries données à la Bourgogne. — Fin du duché bénéficiaire. — Famine de l'an 1032.

La descendance des Pépins est sur le point de disparaître : les derniers Carlovingiens, en effet, s'éteignent dans la mollesse et l'inaction, qui avaient déjà amené la déchéance de la dynastie mérovingienne. Dès le temps de Louis le Débonnaire, ils se laissent éclipser par la gloire dont se couvrent, en défendant le pays, les ancêtres de Hugues Capet. La lâcheté de CHARLES le GROS avait fait monter sur le trône EUDES, fils de Robert le Fort, et comme lui, rempart vivant de Paris contre les Normands. Eudes partagea ensuite le pouvoir avec CHARLES le SIMPLE, qui lui survécut. A la mort de Charles, la couronne revint à ROBERT, frère d'Eudes, comte de Paris et duc de France. RAOUL, son beau-frère, nommé d'abord duc de Bourgogne, recueillit ensuite le sceptre, qui fut encore un instant entre les faibles mains des derniers Carlovingiens (LOUIS IV, d'*Outre-Mer*, LOTHAIRE et LOUIS V dit le *fainéant*), avant de passer définitivement à Hugues Capet.

Les grands vassaux virent avec plaisir l'avènement de l'un d'eux (1) : le clergé et le peuple, reconnaissants des services rendus depuis plus d'un siècle par les ducs de France et détachés des Carlovingiens, qui restaient toujours plus Allemands que Français, acclamèrent le nouveau roi sacré à Reims, en 987. La race de Pépin fit ainsi place à la dynastie *française* par excellence, parlant la langue du pays, connaissant ses besoins et lui donnant tout, jusqu'à son nom moderne de *France*.

Tandis que s'accomplissait cette révolution, la Bourgogne, d'abord confiée pour la majeure partie de son territoire au gouvernement des comtes d'Autun, allait passer bientôt sous le régime *des ducs bénéficiaires*, nommés par le roi et révocables à volonté. Mais avant de parler de ceux-ci, nous devons donner la suite des premiers, qui furent leurs précurseurs immédiats.

En 865, *Robert le Fort*, duc de France, qui s'était illustré dans la guerre contre les Normands, avait obtenu en récompense de ses exploits le comté d'Autun possédé vers 860 par *Adalard*, successeur de Hunfrid. Malheureusement pour la Bourgogne, il n'en jouit pas longtemps ; car, à force de lutter contre les

---

(1) Au xᵐᵉ siècle, il y avait en France 7 fiefs principaux, qui conféraient à leurs possesseurs le titre de *grands feudataires* de la couronne ou *pairs du royaume :* le duché de France, le duché de Normandie, le duché de Bourgogne, le duché d'Aquitaine, le comté de Toulouse, le comté de Flandre, le comté de Vermandois (Champagne).

Le duc de France étant devenu roi en 987, il n'y eut plus que six pairs laïques : plus tard on créa un égal nombre de pairs ecclésiastiques : l'archevêque de Reims, les évêques de Laon, de Noyon, de Beauvais, de Langres et de Châlons.

cruels pirates du Nord obstinés dans leurs invasions, Robert avait fini par trouver la mort sur les rives de la Sarthe, en Anjou (866). Les peuples le pleurèrent comme un nouveau Machabée qui devait les délivrer du joug des oppresseurs. Leur reconnaissance n'en demeura pas moins acquise à sa race. Ce fut, en effet, le souvenir de l'héroïque dévouement du brave duc de France qui, vingt ans plus tard, fit confier à son fils Eudes ou Othon, duc de Bourgogne, le sceptre échappé des faibles mains des descendants de Charlemagne et qui l'assura définitivement, moins d'un siècle après, à l'arrière petit-fils du roi Eudes.

A la mort de Robert, le comté d'Autun échut à *Bernard II*, fils de Bernard le Camérier que Charles le Chauve avait poignardé sur les dalles de Saint-Saturnin de Toulouse, et frère, par conséquent, de Guillaume, tué à Barcelone en poursuivant la vengeance de ce crime abominable. Le nouveau comte reprit la même politique d'hostilités à l'égard de Charles le Chauve, puis de Louis le Bègue. Celui-ci fatigué d'un mauvais vouloir si persistant, donna Autun à *Théodoric I*, son camérier, sur le conseil de Bozon duc de Provence. Bozon, appelé par Louis le Bègue au secours de Théodoric qui ne pouvait chasser Bernard de son comté, trouva la part trop belle pour ne pas se l'attribuer à lui-même. Théodoric fut donc dépouillé et reçut en compensation les bénéfices ecclésiastiques de la Bourgogne, tombés en commande depuis Charles-Martel.

Le nouveau comte d'Autun, fier de ses succès et poussé aussi par la vanité de sa femme, petite-fille de Lothaire, laquelle aspirait à être reine pour ne pas déchoir de sa haute naissance, voulut mettre le comble à ses vues ambitieuses en se faisant couronner roi de la Basse-Bourgogne (15 Octobre 879), avec Vienne pour capitale (1). Une telle audace ne pouvait rester impunie. Les jeunes rois Louis et Carloman appellent à leur secours Charles le Gros empereur d'Allemagne, leur cousin. Tous les trois descendent en Bourgogne, rencontrent l'armée de Bozon sur les bords de la Saône et la taillent en pièces entre Crèches et Romanêche. Les vainqueurs donnèrent le comté de Mâcon à un de leurs alliés, Bernard *Plante-Velue,* qui fut la tige des comtes particuliers de cette ville, et celui d'Autun à *Richard*, frère de Bozon et comme lui, fils de Beuve, comte des Ardennes.

Ce Richard était un des hommes les plus remarquables de son époque. Il fut surnommé le *Justicier* à cause de son zèle pour l'administration de la justice et l'exacte observance des lois. Non moins brave que juste, il secourut Charles le Simple attaqué par les Normands, défit à St-Florentin d'abord, puis à Argenteuil, ces pirates infatigables, qui avaient pénétré en Bourgogne et dévasté l'abbaye de Bèze (888).

C'était l'année où EUDES, fils de Robert le Fort, ceignait la couronne de France pour prix de sa brillante défense de Paris contre les Normands. A son exemple, Richard crut que ces victoires lui donnaient le droit d'échanger son titre de comte d'Autun pour celui de duc *de Bourgogne.* Cet ancien royaume, bien déchu

---

(1) Le nouveau royaume dont les limites ne furent pas fixées d'une manière précise, embrassait les contrées situées entre le Rhône et les Alpes, depuis Lyon jusqu'à la mer, avec les comtés d'Autun, de Chalon et de Mâcon.

de sa première splendeur, allait donc être de fait, sinon de droit, comme réduit au rang de simple duché; puisque c'était à Richard qu'il devait son salut pendant la guerre et son bonheur pendant la paix, nul autre que lui ne pouvait en être investi par le roi de France.

Telle est rapidement l'origine du *duché bénéficiaire*, qui durera de 888 à 1032. On compte ordinairement huit ducs de ce nom y compris RICHARD LE JUSTICIER. Il nous reste à donner la fin de son administration.

I. — RICHARD, devenu duc de Bourgogne créa comte d'Autun son fils *Raoul* ou Rodolphe, comme pour le désigner à l'avance au choix du souverain, auquel appartenait seul cette nomination importante; il continua néanmoins de faire d'Autun sa résidence habituelle; il n'en sortait que pour aller de temps en temps à Pouilly-en-Auxois, où il possédait une maison de plaisance. Il s'occupa ensuite de soumettre tous les petits seigneurs bourguignons qui refusaient de reconnaître son autorité, et fit rendre gorge aux usurpateurs des biens ecclésiastiques. Ce fut pendant son gouvernement, vers l'an 909, que Guillaume le pieux, duc d'Aquitaine, comte d'Auvergne et neveu de Richard, établit de concert avec Bernon, abbé de la Balme, le célèbre monastère de Cluny. Guillaume possédait dans le comté de Mâcon des terres et des forêts, où de temps en temps, il venait se livrer au plaisir de la chasse. Un jour qu'il s'y trouvait avec plusieurs seigneurs de ses amis, il pria Bernon de se rendre près de lui, lui fit part du projet qu'il avait formé depuis longtemps d'établir en ce lieu une maison de prière et le chargea d'explorer la contrée. L'abbé eut bientôt découvert qu'on ne rencontrerait nulle part un endroit plus propre à recevoir un monastère que Cluny même, et Guillaume lui en fit généreusement la donation avec toute la solennité d'un acte, qui avait à ses yeux le prix d'un sacrifice consenti dans des vues surnaturelles.

La nouvelle abbaye s'éleva donc à trois lieues nord-ouest de Mâcon dans un groupe de collines, que forme une des dernières ramifications de la chaîne septentrionale des Cévennes. « C'était, dit un religieux de Cluny, une vallée privée de vue, éloignée de toute communication humaine, qui respirait un tel parfum de solitude, de repos et de paix, qu'elle ressemblait à une solitude céleste. » Une double chaîne de montagnes aux pentes modérées, au sein desquelles l'âme respirait à l'aise, quoique dans un horizon borné, abritait des prairies verdoyantes qu'arrose la Grosne, rivière tributaire de la Saône. Les rayons du soleil, concentrés sous la fraîcheur des bois dans cet étroit vallon fermé de tous côtés, promettaient au travail des moines une récompense féconde; mais l'abbaye elle-même, exposée au souffle du nord sur une pente plus élevée, jouissait d'une température très-convenable à la vie monastique. Bernon ne mit d'abord que douze religieux selon la prescription de la règle de saint-Benoit, et il prit le gouvernement de cette maison, de concert avec saint Hugues, abbé de Saint-Martin d'Autun. Son successeur, saint Odon éleva Cluny a un haut degré de puissance et de gloire. Sous saint Odilon, qui avait été élu après saint Mayeul, l'ordre se propagea non seulement dans toutes les provinces de la France, mais aussi en Allemagne, en Italie, en Pologne, en Espagne et jusqu'en

Palestine. La régularité édifiante des Clunistes leur attira une multitude de sujets distingués par leur naissance et par leur savoir. Chaque couvent possédait une école dans laquelle l'abbé ou le prieur enseignait lui-même les sciences divines et humaines. Aussi l'influence de Cluny fut-elle immense! Elle aida les souverains Pontifes à mener à bonne fin la grande œuvre de la réformation ecclésiastique, contre laquelle s'étaient liguées toutes les puissances du siècle. C'est ce qu'on a appelé la *lutte du Sacerdoce et de l'Empire*.

La fondation de Cluny suffirait pour illustrer le règne de CHARLES LE SIMPLE pendant lequel elle eut lieu ainsi que le gouvernement du premier duc bénéficiaire de Bourgogne.

Richard le Justicier eut encore la consolation de voir s'élever dans son duché les prieurés de Saint Vivant et d'Anzy-le-Duc.

Cinq ans après la création de Cluny, Gérard, évêque de Mâcon, se retira dans une forêt, près de Bourg, et y fonda le monastère de Brou, fameux depuis par son église et les mausolées qu'on y admire.

Le duc Richard, en mourant (921), laissait de sa femme Adélaïde, sœur de Rodolphe I, roi de la Bourgogne transjurane, trois fils : *Raoul*, son successeur, puis roi de France, *Hugues le Noir*, et *Bozon*.

II. — Déjà comte d'Autun du vivant de son père, et après lui duc de Bourgogne au nom du roi, RAOUL LE NOBLE fut un des grands vassaux qui usèrent de leur puissance pour enlever la couronne à Charles le Simple et la donner à ROBERT, frère du roi Eudes. Le nouveau monarque périt au bout d'un an dans un combat que lui livra le prince détrôné. Raoul, gendre de Robert, fut appelé à lui succéder (923) et devint ainsi souverain et non pas seulement gouverneur de la Bourgogne. Hugues, son frère puiné, fut son premier officier et le général de ses armées, et Bozon, son autre frère, s'établit en Champagne. Ces trois princes, héritiers naturels du duché de Bourgogne, après la mort de Richard leur père, se trouvant beaucoup plus élevés par leurs emplois qu'ils ne l'auraient été en devenant ducs de Bourgogne, abandonnèrent volontiers à leur beau-frère *Gislebert*, comte de Chalon, l'héritage paternel, ce que Raoul en sa qualité de roi voulut bien confirmer.

Voilà pourquoi Gislebert est considéré proprement comme second duc héréditaire. Cependant Raoul aima tant la Bourgogne, le séjour d'Autun et d'Auxerre lui fut si agréable, que son nom doit trouver place sur la liste des princes bourguignons. C'est à ce titre qu'il reprit Dijon à son frère Bozon, qui s'en était emparé. Pour maintenir l'ordre dans la province, il y tint un parlement et dicta des lois très sages. Élu et sacré roi de France, il se montra vraiment digne du trône par le courage qu'il déploya contre les Normands campés près des bords de la Loire, et contre les Hongrois qui, après douze invasions successives sur différents points de la France, en avaient tenté une dernière en Bourgogne. Ce fut aussi son dernier exploit. Né à Autun, il mourut à Auxerre, après douze ans de règne. C'était un prince recommandable par ses vertus royales et ses vertus privées. Comme son frère, il possédait à un éminent degré la valeur, la piété, la justice et la charité compatissante.

III. La mort du roi Raoul, arrivée le 14 janvier 936,

occasionna bien des troubles en Bourgogne. Tant qu'il fut sur le trône, son beau-frère GISLEBERT DE VERGY, auquel il avait cédé tous ses droits sur son duché, en jouit paisiblement. Mais à partir de cette année 936, on vit trois ducs de Bourgogne à la fois : *Gislebert* qui l'était depuis 923, *Hugues le Blanc* ou *le Grand*, qui était comte d'Autun et enfin *Hugues le Noir*, fils de Richard le Justicier, qui, après avoir cédé la succession de son frère le roi Raoul, se trouva dans une espèce de nécessité de reprendre ce qu'il avait abandonné. Malgré ses deux compétiteurs, Gislebert conserva son autorité pendant dix ans encore. Il voulut même la faire sentir aux moines de Tournus, en leur imposant un abbé de son choix; mais les religieux lui opposèrent une courageuse résistance pour le maintien de leurs privilèges et la liberté des élections monastiques. Au bout de trois ans, l'intrus fut chassé, les moines exilés, rappelés, et l'abbé légitime, mis à la tête de ses religieux et maintenu par un concile.

L'administration de Gislebert fut troublée par l'invasion des Hongrois, dont nous avons déjà parlé et que le roi Raoul parvint à repousser. Les Barbares saccagèrent néammoins l'abbaye de Bèze, qui resta déserte pendant cinquante ans, pillèrent les monastères de St.-Marcel et de St.-Pierre de Chalon, brûlèrent Tournus, Savigny, et causèrent partout une grande famine par leurs brigandages. Saint Mayeul, archidiacre de Mâcon et depuis abbé de Cluny, fit éclater sa générosité en distribuant d'abondantes aumônes, tout le temps que durèrent les dévastations.

Attristé par tous ces désastres et fatigué des entreprises continuelles de son beau-frère, Hugues le Noir,

Gislebert remit son titre et ses droits à Hugues le Blanc, qui venait d'épouser sa fille ainée et qui, sans l'opposition de son oncle, lui aurait succédé immédiatement.

Avant même d'être duc de Bourgogne, Gislebert se qualifiait déjà dans ses actes publics du titre de comte de Chalon *par la grâce de Dieu*, formule réservée aux souverains indépendants. Il avait pour armes *bandé d'or et d'azur de six pièces, à la bordure de gueules*, ce qui constitua le blason de Bourgogne ancienne, que tous les ducs ses successeurs ont porté sur leurs étendards et sur leurs écus jusqu'à l'adoption de celui de Bourgogne moderne, qui est *d'azur semé de fleurs de lis d'or, camponné d'argent et de gueules*.

Gislebert maria sa seconde fille Vère ou Alix en lui donnant pour dot son comté de Chalon, à Robert, second fils de Herbert II, comte de Vermandois, qui devint ainsi comte de Chalon et fut l'un des plus grands capitaines de l'époque.

Adélaïde de Vermandois, fille de Robert et d'Alix, épousera plus tard le comte Lambert de Valentinois, lequel fut le premier comte héréditaire de Chalon.

IV.—HUGUES LE NOIR, fils de Richard, est regardé comme usurpateur plutôt que comme héritier du duché de Bourgogne, que Gislebert avait transmis légalement à son gendre *Hugues le Blanc*. Il ne semble pas, en effet, qu'il soit arrivé à ressaisir l'héritage de son père, dont il s'était dépouillé volontairement. Il fut néanmoins regardé, pendant quelque temps, comme gouverneur de la Bourgogne au nom du roi LOUIS D'OUTRE-MER, qui vint tenir son plaid à

Autun, au mois de Septembre 949, sous des halles situées dans le quartier de Marchaux. Avant ce prince, ces assemblées se tenaient dans un champ voisin de la tour, dite faussement *temple de Janus*. Hugues, pendant le peu de temps qu'il administra le duché, fit du bien aux églises et confirma les privilèges, que ses prédécesseurs rois ou ducs leur avaient accordés. Il était abbé de Saint-Symphorien d'Autun, qui eut une part spéciale à ses largesses. Avec lui s'éteignit la branche bourguignonne de la famille de Richard le Justicier, et sa succession passa aux descendants de Robert le Fort.

V. — Le premier duc de Bourgogne issu de la maison de France est Hugues le blanc, père de Hugues Capet. Il est encore surnommé *l'Abbé*, parce qu'il possédait de riches abbayes; il porte aussi le titre de *Grand*, à cause de ses talents et de sa puissance. Il était déjà comte de Paris et duc de France, quand il obtint du jeune Lothaire, fils de Louis d'Outre-Mer, le duché de Bourgogne. Son gouvernement habile fit présager les grandes destinées de sa postérité. Sans avoir le titre de roi, il disposa en maître, durant tout son gouvernement, de l'autorité souveraine. Deux fois il refusa l'honneur de porter le sceptre : il se contenta de préparer pour son fils les voies au trône. Mais à sa mort, il reçut les honneurs de la sépulture royale à Saint-Denis (956).

Il laissait trois fils : Hugues Capet, *Othon* et *Henri*. Tandis que Hugues, l'aîné, surnommé Capet, à cause de sa prudence et de sa fermeté, ceignait son front de la couronne de France, ses deux frères allaient posséder, l'un après l'autre, le duché de Bourgogne.

VI.—OTHON ou EUDES, appelé le premier à recueillir l'héritage de son père en Bourgogne, eut des démêlés avec Robert de Vermandois, son beau-frère, qui prétendait lui aussi à cette succession. Robert s'était même emparé de Dijon, mais le roi rendit ses efforts impuissants en confirmant Othon dans la possession du duché. Othon eut à la fin de sa vie une administration heureuse et tranquille, mais qui ne comprend aucun événement important.

VII. — Son frère HENRI lui succéda, en 965, du consentement du roi LOTHAIRE. Le zèle, que ce prince déploya pour corriger les abus, maintenir le bon ordre et soulager les malheureux, lui a mérité le nom de *Grand*. Par ses ordres, saint Mayeul, abbé de Cluny et saint Guillaume, son disciple, abbé de Saint-Bénigne, à Dijon, réformèrent presque toutes les abbayes de la Bourgogne. Il fit commencer, en 976, la belle collégiale de Beaune, achevée par la comtesse Mathilde, à la fin du XIme siècle. Lothaire étant mort en 986, LOUIS V dit *le Fainéant* fut placé sur le trône de France par ce même Hugues Capet, qui y avait soutenu son père, et, après un an de règne, il mourut d'une chute de cheval, sans laisser de postérité (987).

Hugues Capet (1), en montant sur le trône, ne se borna pas à confirmer son frère dans la possession du duché de Bourgogne, il le lui abandonna en toute

(1) A la mort de Louis V la couronne aurait appartenu à Charles, son oncle, duc de Lorraine, fils de Louis d'Outre-Mer, si ce prince n'avait pas perdu tous ses droits en se faisant vassal de l'empereur d'Allemagne.
Le trône étant vacant, l'assemblée de Senlis put légitimement y appeler une nouvelle dynastie.

propriété, et, pour le distinguer des autres ducs du royaume qui n'étaient que bénéficiaires, il lui donna le titre de *Grand Duc*.

Vers la même époque, les Auvergnats faisant de fréquentes incursions en Bourgogne où ils dévastaient les campagnes, Henri chargea Lambert, comte de Valentinois, qui allait en récompense de ses exploits être fait comte héréditaire de Chalon, de marcher contre eux. La bataille s'engagea près de Chalmoux; Lambert y écrasa les bandes de pillards de façon à leur enlever à tout jamais l'envie de revenir. Le vainqueur et ses alliés firent ensuite de riches donations au prieuré de Perrecy pour témoigner à Dieu et à ses saints leur reconnaissance. Cela ne suffit pas au grand cœur de Lambert. Devenu comte de Chalon par son mariage avec Adélaïde, l'unique héritière de ce beau fief, il chercha dans le Charolais, qui en faisait partie, un lieu favorable pour y établir un monastère. Le nom significatif d'*Orval* ou *Val d'Or* frappa bientôt son attention et vint lui révéler l'endroit, où plus tard allait s'élever la petite ville de Paray-le-Monial, destinée à être le centre des pélerinages de la France et du monde entier.

De concert avec sa pieuse épouse, Lambert y fonda une abbaye bénédictine, réunie à celle de Cluny en 999 et réduite en prieuré en 1100.

Henri le Grand mourut, en 1002, dans son château de Pouilly-sur-Saône. Il ne laissait pas d'enfants, mais un fils adoptif *Othe-Guillaume*, qui, soutenu par la population et les sympathies de la noblesse et du clergé, retint sa succession.

VIII. — OTHE-GUILLAUME surnommé *l'Etranger* à

cause de son adoption eut à soutenir la compétition du roi Robert, fils et successeur de Hugues Capet, neveu paternel de Henri le Grand. La guerre éclata aussitôt ; elle fut longue et meurtrière. A la fin, l'intervention de Hugues de Chalon, fils du comte Lambert et évêque d'Auxerre, amena un arrangement, en vertu duquel le duché de Bourgogne était restitué au roi Robert, tandis que Othe-Guillaume conservait, sa vie durant, le comté de Dijon et de Mâcon.

Ce traité mettait fin au *duché bénéficiaire*, en le réunissant à la couronne. Par une coïncidence remarquable, le royaume d'Arles, après 150 ans de durée, venait se fondre, à la même époque, dans l'empire germanique. Avec une partie de ces anciennes possessions, on forma le *comté* de Bourgogne, qui fut donné aux descendants d'Othe, en échange du comté de Dijon. Lambert, évêque de Langres, remit aussi au roi Robert tous les droits qu'il avait sur Dijon. De la sorte, la cité de Marc-Aurèle devint la capitale du duché, au préjudice d'Autun, qui ne fut plus que la seconde ville de la province. Son évêque seulement conserva la prérogative de présider les États de Bourgogne, lesquels se tenaient jadis dans cette antique cité.

Quand la nouvelle organisation de la Bourgogne fut terminée, le roi Robert donna le duché à son fils aîné Henri, mais il se réserva l'administration des villes de Dijon et d'Auxerre, qu'il admit parmi les huit principales du royaume, dont il nourrissait trois cents pauvres tous les jours.

Henri ne resta pas longtemps tranquille possesseur de son apanage. Robert son frère, poussé, dit-on, par les mauvais conseils de la hautaine et intrigante Constance, sa mère, se jeta en Bourgogne avec une armée (1027), s'empara d'Avallon et de Beaune. Il parcourut tout le pays, sans parvenir cependant à s'en rendre maître.

Mais Henri, appelé sur le trône de France, en 1031, oublia les torts de son frère et lui donna, non en apanage, mais pour en jouir en pleine propriété et transmettre à ses « hoirs, successeurs et ayants-cause » ce même duché, dont il avait voulu s'emparer si injustement.

Ce prince est la souche de la première maison royale de Bourgogne, qui donna à la province douze ducs, de 1032 à 1361. L'année même de son avènement, une famine épouvantable sévissait sur toute la France. Elle fit commettre les plus horribles attentats en Bourgogne. Après avoir épuisé toutes les ressources, comsommé l'herbe des prairies, rongé les feuilles et l'écorce des arbres, les habitants de cette malheureuse province allèrent chercher leur nourriture dans les cimetières, et les morts assouvirent la faim des vivants. Bientôt les vivants eux-mêmes ne furent pas respectés : les hommes allaient à la chasse les uns des autres ; ils s'attendaient sur les chemins, non pour se dépouiller, mais pour se dévorer. Près de Mâcon, on saisit un aubergiste qui avait fait périr et manger chez lui quarante-huit passants, dont on retrouva les têtes. Il fut brûlé vif. Cet exemple de sévérité n'empêcha pas un boucher de mettre en vente de la chair humaine, sur le marché de Tournus : il fut de même condamné au feu. Mais que pouvaient les supplices pour effrayer des malheureux qu'étreignaient les tortures de la faim ? L'Église vint à leur secours avec un zèle et une tendresse inépuisables. Les abbayes se dépouillèrent; l'abbé de Saint-Bénigne vendit les vases sacrés du monastère et épuisa toutes ses provisions pour soulager les faméliques. Saint Odilon de Cluny aliéna jusqu'à la couronne donnée à son abbaye, dix-huit ans auparavant, par l'empereur saint Henri. Ardain, abbé de Tournus, nourrit par ses largesses une infinité de malheureux. Ainsi l'Église donnait aux pauvres ce qu'elle avait reçu des riches : il en sera toujours de même dans la suite de son existence immortelle à travers les siècles ! Par une louable prévoyance les prélats pourvurent de préférence aux besoins des laboureurs, afin que la terre ne demeurât point sans culture et que l'espoir de la récolte ne périt avec ceux qui devaient la préparer (1).

En effet, à une disette excessive succèda bientôt une abondance prodigieuse : la moisson de 1033 surpassa, dit-on, celle de cinq années ordinaires. Les peuples reçurent ce bienfait du ciel avec d'autant plus de reconnaissance qu'il était plus inattendu. Les évêques mirent à profit ces heureuses dispositions pour arrêter avec les guerres incessantes l'habitude invétérée du brigandage, les pillages continuels, la profanation des lieux saints, toutes les violences, et tous les sacriléges, qui en étaient la suite. Les conciles tenus en Bourgogne statuèrent comme ceux des autres provinces, que pendant les jours consacrés à la mémoire

(1) La famine avait causé une si grande mortalité que les vivants ne suffisaient point à enterrer les morts. On fut obligé de construire d'immenses dépots, appelés *charniers*, où l'on jetait pêle-mêle les cadavres des victimes.

des mystères de la Passion, depuis le mercredi soir jusqu'au lundi matin, personne ne pourrait attaquer son ennemi, moine ou clerc, artisan ou laboureur. C'était le complément de l'institution inauguré au concile du Puy sous le titre de *Trève ou Paix de Dieu.* Dès lors, la guerre fut soumise à des règles dictées par l'humanité, l'honneur et la religion : on établit une espèce de milice nommée *pézade* pour punir les contrevenants, qui encouraient en plus toutes les censures ecclésiastiques. La trève de Dieu était une victoire que la morale évangélique remportait sur la législation et les mœurs encore barbares du siècle.

LIVRE III

LES DUCS

CHAPITRE I

LES CAPÉTIENS DIRECTS

Sommaire : Constitution féodale. — Chalon au XI⁽ᵐᵉ⁾ siècle. — Usages de la cour ducale. — Principaux officiers. — *Robert I*. S⁽ᵗ⁾. Hugues de Semur. — *Hugues I*, sa retraite à Cluny. — *Eudes I*, fondation de Cîteaux. — *Hugues II*, St Bernard. — *Eudes II*, *Hugues III*, *Eudes III*, les communes, *Hugues IV*. — St Louis visite la Bourgogne. — *Robert II*. — Monnaies bourguignonnes. — *Hugues V*. — La mode au XIV⁽ᵐᵉ⁾ siècle. — *Eudes IV*, réunion du duché et du comté. — La peste noire. — *Philippe de Rouvres*, fin de la première maison ducale.

A l'avènement de la première maison ducale de Bourgogne, la *féodalité* (de deux mots tudesques *fée* récompense et *od* bien-fonds) se trouvait définitivement constituée dans toutes les provinces de la monarchie française. Après le roi, suzerain de tous les fiefs du royaume venaient les *ducs*, grands feudataires de la couronne, puis les *marquis* (comtes des frontières) et les *comtes*, qui ne devaient pas reconnaitre d'autre suzeraineté que celle des ducs. Des comtes relevaient les vassaux inférieurs : *Vicomtes, Barons,* ou simplement *Chevaliers.* La Bourgogne était un fief de premier ordre, un *duché-pairie* qui sera bientôt le premier du royaume. Il comprenait les huit comtés de Dijon, Chalon, Mâcon, Auxonne, Semur, Nevers, Auxerre et Charolles dont les seigneurs portaient le nom de *pairs de Bourgogne.* Réunis aux évêques et abbés de la province, ainsi qu'aux députés des communes, les possesseurs de fiefs formaient les *États de Bourgogne,* sorte de gouvernement représentatif, tempérant l'autorité du duc, et le secondant dans toutes ses entreprises. Mais qu'il y a loin de ces assemblées pacifiques, qui étaient plutôt des conseils de famille que des réunions politiques et où tout se discutait avec gravité, sagesse et entente, aux séances orageuses des chambres révolutionnaires, toujours à la merci de majorités trop souvent tyranniques !

Disons un mot de l'aspect général que présente la Bourgogne, au moment où elle va passer sous le gouvernement des ducs. Les campagnes sont hérissées de manoirs et de châteaux, où résident les seigneurs, maîtres et défenseurs du pays. Ces masses solides, entourées de fossés profonds, flanquées de tours hautes et crénelées, avec un donjon et des terrasses en saillie, dominent les maisons occupées par les vassaux, vilains ou villageois (1). Ceux-ci groupent leurs demeures près du manoir, pour y trouver, en temps

---

(1) En dehors de la hiérarchie féodale, se trouvait la classe des *roturiers* comprenant les *bourgeois*, qui habitaient les villes et y exerçaient le négoce et l'industrie, les *vilains* ou *manants,* qui cultivaient les terres du seigneur et n'étaient astreints qu'à des redevances fixes ; enfin les

utile, aide, secours et protection. La famille entière s'assemblait dans une salle commune autour d'un large foyer, où brûlaient d'énormes troncs d'arbres. La nourriture était simple et frugale, le vin distribué en petite quantité. C'est à peine si l'eau-de-vie était connue; mais aussi, combien les santés robustes de nos ancêtres, qui ne connaissaient presque aucune des maladies modernes, les dédommageaient de ces privations! S'ils manquaient de la plupart des commodités de la vie, qu'une civilisation raffinée invente tous les jours pour en faire autant de nécessités superflues, tranquilles et modestes dans leurs désirs, ils n'en éprouvaient nul besoin. Rien n'égale le parfum de douce sérénité, dont jouissent ces générations fortes, tout imprégnées des salutaires enseignements du christianisme et capables des plus grandes actions, des plus nobles dévouements. Citons, pour exemple, le magnifique tableau, que saint Julien de Baleure nous a laissé de Chalon, vers cette époque : « Chacun, dit-
« il, assistait dès le matin aux prières publiques, et ne
« manquait jamais le dimanche à la messe paroissiale.
« Les vieillards, aussi respectés qu'à Lacédémone,
« étaient les pères de la jeunesse, qui les visitait et les
« consultait en tout. Une femme, qui eût fait tache
« à son honneur, ne trouvait plus de place parmi les
« femmes honnêtes et était exclue de toute bonne
« compagnie. L'usure y était inconnue. Tous les

---

serfs ou esclaves, attachés à la glèbe, *taillables et corvéables à merci*, mais qui ne pouvaient ni être vendus, ni être arrachés à leur famille. Qui ne voit la différence entre ce genre de domesticité, quelque rigoureuse qu'elle soit, et l'esclavage antique ?

« Chalonnais se traitaient de *Cousins*, et la ville ne
« paraissait composée que d'une seule famille; les
« procès étaient fort rares, à peine y avait-il six
« avocats. La police était si bien observée en cette
« ville qu'on eût dit que chacun y était logé par
« fourriers, selon la différence des professions. Les
« rues étaient distinguées par métiers. On y voyait
« la rue des Cloutiers, des Chaudronniers, des
« Tonneliers, celle des Rôtisseurs, des Prêtres et des
« Nobles. Le reste était pour les Bourgeois, les Mar-
« chands et autres qui travaillent sans ennuyer du
« bruit de leur voisinage. » « Les rues étaient dis-
« tribuées de même à Dijon et à Beaune » et nous
pouvons ajouter que l'ordre n'y était pas moins bien
observé.

Aussi, quand les ducs succédèrent aux rois dans le gouvernement de la Bourgogne, ils ne voulurent point entretenir de garnison ni de troupes dans les places : ils croyaient que des sujets bien traités, dit Mézeray, se gardaient assez d'eux-mêmes.

Leur résidence ordinaire fut à Dijon au palais ducal ou *château* dont la construction remonte au dixième siècle : après la réunion de la Bourgogne à la couronne, ce même palais devint la demeure du gouverneur de la province et prit le nom de maison ou *logis du roi*.

Pendant la belle saison, les ducs de Bourgogne habitaient différents châteaux, disséminés dans la banlieue de Dijon, tels que Salmaize, Aignay, Maisey, Duesme, Aisey, Villaine, Châtillon, Montbard, Montréal, Salives, Germole, Pouilly-en-Auxois, Pouilly-sur-Saône, Brazey, Pagny, Rouvres, Saulx, Volnay,

Vergy, Talant, Argilly. Ils avaient des maisons de chasse à Vosne, au Val-Suzon, à la Perrière. Quand ils se rendaient à Paris, ils logeaient en leur hôtel situé au mont Saint-Michel, qui fut appelé plus tard *rue de Bourgogne*.

Avant d'entrer en charge, ils se présentaient à l'église de Saint-Bénigne, où l'abbé, après qu'ils avaient juré de respecter les droits et privilèges de la province, leur passait au doigt l'anneau ducal.

Cet anneau était orné d'un diamant d'une grosseur extraordinaire, estimé plus de vingt mille ducats. Il fut perdu à la bataille de Granson par Charles le Téméraire et passa ensuite de main en main; aujourd'hui, il orne la tiare pontificale.

Les ducs de Bourgogne, moins ceux de la seconde race, qui sont presque tous inhumés à la Chartreuse de Dijon, choisirent Cîteaux pour le lieu de leur sépulture. C'était l'usage, à leurs obsèques, de conduire à l'offrande dans l'église même, puis de faire tourner derrière l'autel, tandis que le prêtre disait la messe, les chevaux de parade dont ils s'étaient servis durant leur vie.

Les ducs de la première race ont eu, comme ceux de la seconde, un certain nombre d'officiers et de dignitaires, dont la hiérarchie se constitua peu à peu, mais qu'il importe de faire connaître de suite.

Citons d'abord leurs *familiers* et les membres du conseil secret, qui étaient au nombre de neuf au plus. Les uns et les autres avaient part à toutes les délibérations relatives au gouvernement général du duché et à la gestion des affaires personnelles du prince.

Puis venaient les prélats, les seigneurs ou magistrats formant la Cour de Bourgogne; c'étaient les *chapelains*, confesseurs, docteurs et même secrétaires de M. le duc, le *connétable*, le *chancelier*, le *sénéchal*, le *maréchal* de Bourgogne, les *viguiers* ou vicaires, les *camériers* ou chambellans, le grand panetier, le bouteiller ou échanson, les écuyers de cuisine et d'écurie, les veneurs, les valets du duc, les maîtres et valets de la chambre, etc. Quelques-unes de ces fonctions étaient plutôt honorifiques que réelles. Les plus anciennes comme aussi les plus importantes sont celles de chancelier, de connétable, de maréchal et de sénéchal.

A l'origine, l'emploi du *chancelier* consistait à écrire et à signer les chartes données par les ducs. Les titulaires de cette charge eurent ensuite des attributions plus relevées : ils devinrent les grands dignitaires de la Bourgogne et les chefs des conseils suprêmes. La garde des sceaux leur était confiée.

Le *connétable* devait avoir soin de l'écurie et des chevaux du prince : il avait sous son autorité des maréchaux, préposés chacun à l'entretien d'un certain nombre de chevaux. Ces emplois domestiques s'anoblirent et acquirent une telle importance que le connétable eut comme le sénéchal, mais après lui, le commandement des armées en l'absence du duc, ce qui fut aussi accordé aux maréchaux.

Le *sénéchal* était le premier officier de la maison de Monseigneur ; car son emploi consistait non seulement à fournir des vivres, à faire préparer les viandes et servir les tables, mais encore à gouverner toute la domesticité du prince; voilà pourquoi il le remplaçait dans les circonstances les plus solennelles, sur les champs de bataille et au milieu des plaids, ou cours de justice. Insensiblement l'administration de la justice lui appartint en propre et les officiers de ce département constituèrent la sénéchaussée et la maréchaussée, corps de troupes chargées de réprimer les délits et les crimes. Le sénéchal de Bourgogne avait sous ses ordres un juge inférieur qu'il appelait son *prévôt*, et qui réglait les différends des particuliers dans ce qui n'était point de la compétence du maire et des échevins. A la tête des domaines et des finances de Monseigneur on voyait les châtelains, les trésoriers, les capitaines des gens d'armes; la police des villes était confiée à des gouverneurs, viguiers, prévôts, baillis ou vicomtes; la juridiction des eaux et forêts aux gruyers. Venaient enfin les fonctions subalternes de grands panetiers et d'échansons de Bourgogne, qui équivaudraient aujourd'hui à celles des inspecteurs et vérificateurs des approvisionnements. Le panetier chargé primitivement du pain et du linge nécessaires pour les repas étendit sa surveillance sur les boulangeries et les marchés de grain.

Nous allons maintenant évoquer rapidement ici les souvenirs de la première période ducale en traçant l'histoire de chaque règne.

ROBERT I

(1032—1075)

Lorsque Robert vint prendre possession de son duché, la Bourgogne avait perdu une grande partie de son éclat et de son antique prospérité. A la faveur des guerres du roi Robert contre Othe-Guillaume, les seigneurs s'étaient emparés des terres et des droits de la couronne, que son fils et successeur Henri I ne chercha point à recouvrer; mais dès que le nouveau duc eut pris en mains le gouvernement de ses États, il s'occupa activement de faire rendre gorge aux usurpateurs. C'est peut-être ce qui lui a valu la réputation de prince tracassier, ambitieux et violent. Rien cependant n'était plus opposé à son caractère que les entreprises hasardées : il n'eut pas d'armée, et on ne le vit jamais à la tête de ses soldats diriger une expédition guerrière contre ses voisins. On peut même dire en général que tous les ducs de la première race, dont il fut la souche, se montrèrent plus attentifs à accroître l'étendue de leur territoire par des acquisitions pacifiques et fréquentes, qu'ardents à en reculer les limites par la voie des armes; ils aimaient mieux vivre en paix chez eux que d'aller porter la guerre chez les autres.

Robert s'appliqua donc à maintenir la tranquillité dans ses États, donna tous ses soins aux institutions monastiques pour le plus grand bien des peuples, et parvint à ce grand âge qui lui a valu le surnom de *Vieux*.

Ce prince avait eu d'Alice de Semur-en-Brionnais Hugues et Henri, morts avant lui. Henri laissa quatre fils : *Hugues* et *Eudes* qui furent successivement ducs de Bourgogne, Robert, évêque de Langres, et Henri, qui devint si célèbre contre les infidèles, et qui est connu dans l'histoire sous le nom de HENRI DE BOURGOGNE. Nommé comte héréditaire et gouverneur du Portugal, il fut père d'Alphonse Henriquez, autrement dit le *Conquérant*, premier roi de Portugal, et chef d'une dynastie qui, pendant près de trois siècles, régna sur ce pays, après avoir assuré son indépendance contre les Maures (1095 — 1383). On sait aussi que la maison de Bragance, aujourd'hui régnante au Brésil et au Portugal, se rattache à la maison de d'Avis, issue de Henri de Bourgogne.

Le règne de Robert le Vieux surpassa en durée celui de son frère Henri Ier, roi de France (1031 — 1060), et fut illustré par les vertus et les miracles de saint Hugues de Semur, abbé de Cluny, son parent. Hugues appartenait à l'antique famille, qui administrait le Brionnais au nom et pour le compte des successeurs de Lambert I au comté de Chalon. Sous son gouvernement, les Clunistes devinrent de plus en plus nombreux et édifiants. Dans un seul chapitre, Hugues se vit entouré de trois mille moines qu'il regardait comme ses enfants, et un auteur contemporain assure que l'ordre de Cluny comptait alors dix mille religieux.

Quoique mêlé à tous les grands événements de son siècle, saint Hugues ne négligea rien pour maintenir la ferveur et la régularité parmi ses frères : il y réussit et grâce à la forte discipline qu'il avait établie, Cluny put fonder des maisons jusqu'à Constantinople et même en Terre-Sainte. Le saint abbé eut de plus la consolation de créer à Marcigny-sur-Loire, terre qui appartenait à sa famille, un prieuré avec l'intention d'y recevoir, dit-on, cent religieuses. Leur nombre s'éleva souvent à quatre-vingt-dix-neuf, mais ne dépassa jamais ce chiffre, la Sainte Vierge supérieure invisible complétant la centaine sous le nom de *Notre-Dame-Abbesse*. Saint Hugues, touché des inquiétudes

des femmes, filles ou veuves, qui vivaient dans le monde hors du mariage, avait voulu leur procurer un asile semblable à celui que Cluny offrait aux hommes. Cette fondation, qui devait être le modèle de tant d'autres en Bourgogne, remonte à l'année 1055.

HUGUES I

(1075 — 1078)

Le successeur de Robert gouverna la Bourgogne avec tant de douceur et de sagesse qu'il fit oublier ce que l'administration de son aïeul avait eu de pénible et de rigoureux à l'égard de certains détenteurs de fiefs. Il commença par exiger le serment des seigneurs et des châtelains, qui aspiraient à briser tout lien de vassalité à l'égard de leur suzerain, puis avec l'aide de Guillaume comte de Nevers (1), son beau-frère, il rétablit en une seule campagne la paix dans le duché. Il s'appliqua ensuite à rassurer les barons en promettant, entre les mains de l'évêque de Langres de conserver intactes les franchises et coutumes du duché. Il poussa la déférence pour ses vassaux jusqu'à dispenser, dans une assemblée solennelle tenue à Bèze, six des hauts barons, pairs de Bourgogne, de l'obéissance qui lui était due, dans le cas où lui et ses successeurs se permettraient quelque acte contraire au droit des États et à la liberté des assemblées. « Tant étaient en ce temps, dit un vieil

---

(1) Ce Guillaume descendait de Landry, tige des comtes héréditaires de Nevers. Il réunit sous son autorité les deux comtés de Nevers et d'Auxerre et fut le fondateur du monastère de la Charité ou Saint-Benoît-sur-Loire sous la juridiction duquel fut placé Saint-Symphorien d'Autun.

historien, toutes les voies ouvertes pour obvier et étouffer la tyrannie. » Nous devons dire à la louange de Hugues qu'il ne fournit aucun prétexte à ses barons de recourir à cette loi bien capable, à d'autres époques, de jeter le pays dans des guerres civiles interminables. Jamais cependant la Bourgogne ne jouit d'une plus grande tranquillité. Le duc fit une expédition heureuse contre les Maures d'Espagne. Mais, après la mort de son épouse, Yolande de Nevers, dont il n'avait pas eu d'enfants, dégoûté des grandeurs de la terre, il se retira à l'exemple de Guy de Mâcon dans le monastère de Cluny, qu'il avait comblé de bienfaits. Il n'avait pas été moins libéral à l'égard des autres maisons religieuses. L'appui qu'il prêta à saint Robert de Molesme le fait regarder comme un des fondateurs de Cîteaux. Quand son entrée dans le cloître fut connue, ses sujets, qui l'aimaient à l'égal d'un père, firent éclater leurs plaintes et leurs gémissements et les portèrent au pape Grégoire VII. Le souverain pontife écrivit à saint Hugues, pour lui défendre de recevoir en religion, un prince qui pouvait faire plus de bien et d'honneur à la foi chrétienne en restant sur le trône qu'en embrassant la vie claustrale. Soit que la détermination du duc ait été irrévocable, soit que l'abbé de Cluny ait cru que son frère Eudes le remplacerait dignement, saint Hugues ouvrit les portes du monastère au noble postulant, et, après un court noviciat, l'admit à la profession religieuse. Hugues de Bourgogne passa quinze ans à Cluny, sans que sa ferveur se ralentît un seul instant, et reçut l'ordre de la prêtrise.

L'administration si paternelle de ce prince fut désolée, un instant, par la peste appelée le *feu sacré*.

C'était comme une ardeur dévorante qui consumait les membres atteints de la contagion. Les malades invoquèrent, avec le plus grand succès, l'intercession de saint Antoine, ce qui donna naissance à l'ordre des ANTONINS. Vers la même époque, saint Bruno allait s'enfoncer dans le désert de la Chartreuse et y fonder l'ordre de ce nom.

EUDES Iᵉʳ

(1078-1102)

Eudes, surnommé *Borel*, on ne sait pourquoi, hérita à la fois des états et des vertus de son saint frère, qui avait abdiqué en sa faveur en entrant à Cluny. Il s'efforça de marcher sur ses traces et favorisa, comme lui, l'établissement des monastères et des autres fondations pieuses. Ce fut sous son règne que saint Hugues entreprit à l'âge de soixante-cinq ans, en 1089, de bâtir au Seigneur un temple, digne du souverain pontificat dont Cluny relevait immédiatement, et de cette suprématie spirituelle, que l'ordre exerçait sur tant de monastères et d'églises. La plupart des rois de l'Europe, une foule de seigneurs et d'évêques contribuèrent par leurs offrandes à la construction de la basilique. De simples fidèles s'empressèrent de verser leurs aumônes, des ouvriers, des manœuvres, des laboureurs fournirent gratuitement leur travail et celui de leurs bêtes de trait ou de somme. Commencée sous saint Hugues, l'église de Cluny ne fut dédiée qu'en 1131, sous Pierre le Vénérable, par le pape Innocent II. Elle était la plus vaste du monde chrétien et, sauf Saint-Pierre de Rome, aucune ne l'a surpassée ni même égalée en dimension. Elle présentait la forme d'une croix archiépiscopale, en signe de sa juridiction comme chef d'ordre sur tous les monastères clunistes lesquels devaient avoir des églises d'un plan différent (croix latine ou grecque). L'immensité du vaisseau, la richesse de l'ornementation présentaient un ensemble puissant qui témoignent de la force et de la splendeur de l'ordre, sans exclure une certaine sévérité majestueuse (1).

Mais tandis que Cluny brillait d'un éclat si vif dans la catholicité tout entière, quelques pauvres moines jetaient au fond d'une immense forêt du diocèse de Chalon les fondements d'un autre monastère, destiné à une célébrité non moins grande. C'était *Cîteaux*, nom tiré d'un vieux mot employé pour désigner les glaïeuls et les joncs, que le sol marécageux produisait en abondance. Ce lieu n'était fréquenté que par les bêtes sauvages, qui trouvaient un abri dans l'épaisseur des buissons. Saint Robert, abbé de Molesme, vint s'y établir avec quelques religieux, désireux comme lui de pratiquer la règle de saint Benoît dans toute sa rigueur.

Le terrain, sur lequel devait être bâti le *nouveau*

---

(1) Faut il qu'un si beau monument, la gloire de toute la province, soit tombé sous le marteau du vandalisme révolutionnaire, après avoir été mis à l'encan par la *bande noire* en 1800? De la célèbre abbaye il ne reste aujourd'hui que des bâtiments conventuels du XIIe, du XVe et surtout du XVIIIe siècle, quelques ruines de la basilique et notamment le bras méridional du transept, couronné d'un beau clocher le seul survivant de sept, et trois chapelles du XVe siècle, dont la plus belle est celle de *Bourbon*.

monastère — c'est ainsi qu'on l'appelait — appartenait à Reynau, vicomte de Beaune, qui le donna volontiers en son nom et en celui de sa femme. Saint Robert en prit possession, le 21 mars 1098, et fut institué abbé par Gauthier, évêque de Chalon. Ce prélat lui mit le bâton pastoral en main et le favorisa dans la suite d'une constante protection.

Eudes, duc de Bourgogne, s'empressa à son tour de soutenir l'abbaye naissante et en fit achever les modestes bâtiments. L'église construite en bois fut dédiée à Marie, sous le patronage de laquelle se mirent les Cisterciens. Ce fut encore leur piété envers la Vierge Immaculée, qui les porta à adopter un habit de couleur blanche, contrairement à ce qui s'était pratiqué jusque-là dans tous les monastères bénédictins. A Cluny, en effet, les religieux avaient un vêtement noir; à Cîteaux, ils adoptèrent la tunique blanche surmontée d'un scapulaire noir, image de la croix, lequel s'élargissait aux épaules et retombait en deux longues bandes par devant et par derrière : sur cette tunique ils mettaient au chœur et dans la maison un manteau très ample assez semblable à une chape fermée et de couleur blanche également.

Les pratiques extrêmement rigides de Cîteaux devinrent un sujet d'édification profonde pour toute la Bourgogne. Voilà pourquoi Eudes et ses successeurs mirent leur gloire à favoriser la propagation du nouvel ordre. C'est au milieu, et, pour ainsi parler, sous la garde de ces fervents religieux, qu'ils voulurent trouver le repos de la tombe. Noble pensée, qui leur a valu le secours d'une puissante intercession, auprès du trône du Juge souverain des vivants et des morts!

Eudes fut du nombre des héros chrétiens qui, à la voix de Pierre l'Ermite, prirent les armes pour délivrer les Saints-Lieux de la tyrannie des infidèles. Il fut l'un des chefs de la première Croisade. La duchesse Mathilde, sa digne épouse, gouverna la province en son absence, fit achever la collégiale de Beaune et alla mourir à Fontevrault, où elle prit le voile. Elle était fille de Guillaume *Tête hardie*, comte de Bourgogne et sœur du pape Calixte II. Le second de ses fils suivit son exemple et embrassa la règle austère de Cîteaux sous saint Albéric, second abbé.

HUGUES II.

(1102 — 1142)

A Eudes Ier succéda son fils aîné *Hugues II*, que son amour pour la paix et la justice a fait surnommer le *Pacifique*. Il assista avec Louis le Gros à l'assemblée de tous les vassaux de la couronne, pour s'opposer à l'invasion, dont l'empereur Henri V menaçait la Champagne. C'est la seule expédition guerrière de son long règne de quarante ans. L'hiver rigoureux de 1125 troubla un instant seulement la prospérité, dont jouissait le pays; et l'incendie qui, en 1137, consuma Dijon, fit éclater la générosité de Hugues II. La ville fut bientôt rebâtie sur un plan tout à la fois et plus beau et plus vaste. La nouvelle enceinte comprit Saint-Bénigne avec ses nombreuses dépendances, qui en faisaient un véritable faubourg.

Dijon doit encore à Hugues II l'établissement de la foire annuelle de la Saint-Jean, une des plus anciennes de la province. Les marchands, les cordonniers et autres vendeurs s'installèrent dans les boutiques, que le duc avait fait construire, et le concours devint d'année en année plus considérable.

Attentif à pourvoir aux besoins temporels de ses sujets, Hugues n'oubliait point les maisons religieuses fondées par ses prédécesseurs. C'était le temps où saint Albéric, disciple et successeur de saint Robert, donnait à la congrégation de Citeaux une règle définitive, calquée sur la vie des anciens Pères du désert. L'austerité de cette règle, la profondeur et l'étendue des forêts environnantes ayant éloigné tous les novices, Albéric et ses frères craignaient de n'avoir pas de disciples pour perpétuer leur œuvre, lorsque Dieu leur envoya un jeune seigneur, nommé Bernard, et avec lui trente de ses amis tous décidés à embrasser la nouvelle règle monastique. Bernard était né à Fontaines-lès-Dijon d'une famille noble. Comme il réunissait en sa personne les grâces du corps et les plus heureux dons de l'esprit, ses parents fondaient sur lui les plus belles espérances ; mais Bernard avait entendu une voix intérieure qui l'appelait au service du souverain Maître du ciel et de la terre. Non content de triompher des obstacles, que ses frères et ses amis voulaient opposer à sa vocation, il parvint à les entrainer lui-même à sa suite : son ascendant était si grand, que les mères, dit-on, cachaient leurs fils, et les épouses leurs maris, dans la crainte qu'il ne les emmenât avec lui dans les monastères.

Aussi voyait-on accourir des villes et des campagnes à Citeaux des hommes de toutes les conditions, avides d'immolation et de sacrifice. Cinquante ans s'étaient à peine écoulés depuis la fondation de l'ordre, qu'il comptait déjà cinq cents abbayes. Il y en avait dix-huit cents après l'année 1200. Les quatre premières filles de Citeaux (1) sont: la Ferté, au diocèse de Chalon, Pontivy, au diocèse d'Auxerre, Clairvaux, dont saint Bernard fut abbé, et Morimont, au diocèse de Langres. On rapporte encore au règne de Hugues II la création d'une foule d'autres abbayes ou prieurés (2), parmi lesquels nous nous bornerons à citer Lancharre et Tart-sur-Ouche, monastères de bénédictines, transférés plus tard, le premier à Chalon, le second à Dijon. Tart fut pour Citeaux ce que Marcigny avait été pour Cluny, un asile offert par l'ordre cistercien à toutes les âmes pieuses, dont le siècle n'était pas digne, et qui venaient trouver la paix et le bonheur au milieu des austérités du cloître.

EUDES II

(1142 — 1162)

Ce prince, l'aîné de sept enfants que Hugues avait eus de Marguerite de Turenne, épousa l'année même de son avènement Marie, fille de Thibaut, comte de Champagne. Une expédition heureuse contre les Sarrazins d'Espagne inaugura glorieusement le nouveau règne. Eudes, s'étant mis à la tête de quinze cents hommes pour voler au secours d'Alphonse Henriquez,

(1) Comme à Cluny, la hache et le marteau révolutionnaires ont détruit l'église et la majeure partie des bâtiments conventuels. De l'ancien Citeaux, il ne reste aujourd'hui qu'un grand corps de logis nommé le *château* et construit au XVIII° siècle.

(2) Rigny, Ogny, Rougemont, Puy d'Orbe, la Bussière-sur-Ouche, Maizières, Sept-Fonts, Fontenay.

son cousin, s'illustra au siège de Lisbonne, qui fut long et opiniâtre, et, après avoir mis en déroute les infidèles sous les murs de Calatrava, il obtint que les ordres militaires espagnols seraient soumis à la règle de Cîteaux.

Saint Bernard avait déjà été appelé à dresser les constitutions des chevaliers du Temple ou Templiers, fondés en 1118. Les conseils de l'abbé de Clairvaux, en effet, étaient reçus comme des ordres venant du ciel, et son zèle l'obligea souvent à intervenir dans les affaires de l'Eglise. « Les papes à sa voix reprennent force et puissance, les empereurs, les rois, les princes de l'Eglise et du siècle ne sont plus que des instruments de sa parole, les peuples émus le regardent et attendent; il donne le signal et tous marchent à l'unisson, l'Europe entière se jette sur l'Asie et va réveiller l'Orient de son léthargique sommeil. »

Ce fut lui qui conseilla au roi de France Louis le Jeune de se mettre à la tête de la seconde croisade. Le duc de Bourgogne assista, en 1146, à l'assemblée de Vézelay où elle fut décidée, et se rendit ensuite à Autun, peu de temps après le départ des croisés, pour assister, au milieu d'un grand concours de peuples, à la translation solennelle des reliques de saint Lazare et à la dédicace de la nouvelle cathédrale élevée en son honneur. Quoique animé d'une foi vive et ardente, Eudes aima mieux rester dans ses États que d'entreprendre des expéditions lointaines, qui étaient peu dans ses goûts. Il avait hérité de son père un grand amour pour la paix; comme lui, il fut doux, bienfaisant, charitable envers les pauvres et les églises. Il se vit seconder dans toutes ses bonnes œuvres par sa digne épouse, Marie de Champagne, qui, à sa mort, eut la conduite des affaires durant la minorité de son fils, et la reprit ensuite lorsque que celui-ci s'embarqua pour la Terre Sainte (1).

Eudes mourut en 1162. L'abbaye de Mores, filiation de Clairvaux, qui compta jusqu'à trois cents religieux, date de son règne.

Cîteaux reçut de sa libéralité une terre agréablement située près de Dijon, nommée alors la *maison de la Duchesse* et depuis *le petit Cîteaux*.

HUGUES III

(1162—1192)

Hugues était le fils unique d'Eudes II, mais il eut un caractère tout opposé. Autant son père avait aimé la paix, autant il aima la guerre. Il voulut faire une croisade particulière, qu'il entreprit sans succès, en 1171. Attaqué par une furieuse tempête, il fit vœu s'il échappait au danger, de bâtir à Dijon un nouveau sanctuaire, en l'honneur de la sainte Vierge. Ce fut la *Sainte-Chapelle*, où il fonda un chapitre distingué par le choix de ses membres, chanoines de mérite et de haute naissance. Le doyen était le pasteur ou le curé du duc et de la duchesse. Hugues stipula que

(1) Guillaume IV, comte de Nevers, qui était mort deux ans auparavant en Palestine, avait donné par son testament, en prévision de la chute du royaume chrétien de Jérusalem, à l'évêque de Bethléem, l'hôpital de Penthenor, dans un faubourg de Clamecy. Ce faubourg prit le nom de Bethléem, et, malgré l'opposition des évêques d'Autun et d'Auxerre, un nouvel évêché fut établi à Clamecy où il se perpétua quoique pauvre et sans juridiction, jusqu'en 1790.

ses successeurs, au jour de leur couronnement, iraient au sortir de Saint-Bénigne adorer Dieu en la Sainte-Chapelle, s'associer aux prières et aux bonnes œuvres des chanoines et recevoir un saint baiser de chacun d'eux, en signe d'union et de fraternité.

Hugues prit les armes en 1172, pour donner secours à Louis VII dit le *Jeune* contre le comte de Chalon, que le roi voulait punir de ses violences à l'égard des moines de Cluny, et s'empara des villes de sa dépendance jusqu'à ce qu'il eût fait la satisfaction exigée. Deux ans après, il se mit de nouveau en campagne pour obliger le comte de Nevers à lui faire hommage des fiefs qu'il possédait en Bourgogne. Il fut moins heureux, en 1185, contre Hugues de Vergy. Ce puissant seigneur soutint un long siége dans son manoir; mais, forcé de se rendre, il eut recours à PHILIPPE-AUGUSTE qui contraignit le duc à faire la paix avec ses barons, lesquels s'étaient armés, suivant les anciens privilèges de la province, pour obliger Hugues à garder les lois du pays.

Quand la paix fut rétablie, Hugues se prépara à une nouvelle expédition en Terre-Sainte. Il donna à son oncle, l'évêque de Langres, à titre d'aumône, le comté de Langres, érigé depuis en *duché-pairie*, établit la commune de Dijon (1187), et fit aux bourgeois de sa capitale les plus larges concessions. Le maire ou maieur de Dijon était choisi, dès l'année 1100, parmi les notables de la ville. Il se fit désormais représenter sur le sceau de la commune, comme les princes et les seigneurs, tantôt sur un cheval courant à toute bride, le casque en tête, l'épée levée, tantôt sur un cheval à l'état de repos, avec la robe, la ceinture et le chaperon, ayant le faucon au poing. Nous verrons plus tard les maieurs faire frapper des jetons, portant la date de leur élection et le blason de leur famille. Avant d'entrer en charge, ils venaient prêter serment sur l'autel de Notre-Dame et jurer de maintenir les priviléges de leur commune.

La Chapelle-au-Riche, vulgairement nommée la *Chapelotte*, remonte à la même époque. C'était à l'origine une maison que Dominique le Riche et son frère avaient fait construire pour y recevoir les pauvres et leur donner des soins. On éleva ensuite une église attenant à l'hospice et des chanoines y furent placés avec des frères convers. C'est le premier essai d'un établissement de charité en dehors des monastères, qui, jusqu'à ce jour avaient été les seuls asiles du pauvre et de l'orphelin, mais qui n'en continuèrent pas moins leur bienfaisante mission à l'égard des malheureux.

La troisième croisade allait partir, Hugues suivit le roi de France qui commandait l'armée anglo-française, de concert avec Richard-Cœur de Lion, se trouva à la prise d'Acre et fut nommé généralissime des croisés, après le départ de Philippe-Auguste. Par suite des rivalités malheureuses, qui divisaient l'armée chrétienne, les exploits des preux chevaliers devinrent inutiles; on manqua l'occasion de prendre Jérusalem et elle ne se présenta plus. Hugues mourut à Tyr, en 1192. Il avait eu de sa première femme Alice de Lorraine, *Eudes II*, qui fut son successeur, et Alexandre, tige des maisons de Montaigu, Couches et Sombernon; André, fils de Béatrix, sa seconde épouse, comtesse de Vienne, fut la souche des Dauphins Viennois, dont Grenoble fut plus tard la capitale et qui donnèrent leur nom à ce pays et leur titre au fils aîné des rois de France.

Sous Hugues III, la Bourgogne fut infestée d'une secte de Manichéens, nommés *Cottereaux*, *Patarins* ou *Tisserands*, parce que la plupart gagnaient leur vie à ce métier. Ces fanatiques furent condamnés au concile général de Latran, en 1179. Quand leurs chefs eurent été livrés au supplice, ils disparurent promptement. Une autre association, beaucoup plus nombreuse et plus redoutable, exerça d'horribles ravages dans le pays. C'étaient les *Capuciés*, ainsi appelés parce qu'ils s'affublaient d'un capuchon blanc (1). Leur but, plutôt politique que religieux, était de s'emparer des biens seigneuriaux et de dépouiller les bourgeois et autres propriétaires de leurs terres ou possessions. Ils furent défaits et anéantis.

On vit s'introduire durant le XIIe siècle, dans plusieurs églises de Bourgogne, la curieuse pratique de faire mourir et ressusciter *l'Alleluia*. Ce chant, avant l'invention des cloches, servait de signal pour appeler les religieux à la prière. Le samedi de la Septuagésime, les enfants parcouraient la ville après l'office, en pleurant et en portant une espèce de bière, qui contenait *l'alleluia* décédé. Le samedi saint, ils retournaient le chercher à son tombeau, d'où il était

---

(1) On sait que saint François donna à ses religieux, les frères Mineurs, les vêtements que portaient alors les paysans italiens. Les habillements en usage en Bourgogne se rapprochaient beaucoup de cette simplicité et de cette modestie, mais ils ne tarderont pas à prendre des allures toutes différentes.

ressuscité, et le ramenaient à l'église avec mille réjouissances et chants joyeux.

La fête de *l'âne* ou des *fous*, si célèbre à Autun, et la fête de la *Bergerette* remontent aussi à la même époque. Une autre coutume, qui devint générale en France et en Angleterre, était de faire grâce aux criminels qui savaient lire : c'est ce qu'on appelait *bénéfice de Clergie*.

EUDES III

(1192—1218)

En succédant à son père, le nouveau duc hérita de ses inclinations guerrières. Il obligea, en 1193, Othe, comte de Bourgogne, à lui faire hommage pour le comté de Mâcon, passé dans cette Maison depuis 995, et Étienne, sire d'Auxonne, pour la possession de son château.

La chevalerie était alors à l'apogée de sa gloire. Elle donna lieu en Bourgogne, comme partout ailleurs, à l'introduction des nouvelles dignités de *banneret*, de *haubert*, de *bachelier* (bas-chevalier), d'*écuyer*, de *varlet* et de *page* (1). Ajoutées aux anciennes charges de *chancelier*, *sénéchal*, *connétable* et *maréchal*, elles constituèrent une véritable hiérarchie, qui peupla la cour des princes.

(1) Les chevaliers *bannerets* pouvaient porter en campagne une bannière carrée et se faire suivre de 50 hommes, avec un cri d'armes particulier. — Les chevaliers de *haubert* portaient la cotte de mailles nommée *haubert* et servaient en personne avec deux ou trois varlets. — Les *bacheliers* servaient seuls et avaient un pennon ou bannière terminée en pointe.

Eudes créa son beau-père, Hugues de Vergy, grand-sénéchal de Bourgogne, première dignité du duché et qui devint héréditaire dans cette illustre et antique famille.

Il se mit ensuite avec Baudoin de Flandre et Boniface de Montferrat à la tête de la quatrième croisade qui, détournée, comme on le sait, de son objet principal au profit de Venise, amena la prise de Constantinople et la création d'un empire français en Orient.

Le duc, revenu de sa campagne d'outre-mer, fonda à Dijon l'hôpital du Saint-Esprit, en faveur des pèlerins, des pauvres et des enfants abandonnés. Il fut administré par une communauté de religieux, auxquels leur règle prescrivait d'accomplir les sept œuvres de miséricorde : donner à manger à ceux qui ont faim, présenter à boire à ceux qui ont soif, offrir des vêtements à ceux qui sont nus, délivrer les captifs et ensevelir les morts.

La protection des veuves et des orphelins incombait aux chevaliers, défenseurs-nés du faible et de l'opprimé, et dont l'institution était comme une sorte de sacerdoce militaire.

Nous ne résistons pas au plaisir d'assister par la pensée, à la réception de l'un de ces preux dans l'ordre de la chevalerie. Dès l'âge de sept ans, il s'était attaché à quelque illustre seigneur pour le servir en qualité de *page*, *varlet* ou *damoiseau*. De bonne heure, il avait appris à manier la lance et l'épée, il avait maintes et maintes fois entendu dans la grande salle du château le ménestrel chanter les prouesses et les hauts faits d'armes des chevaliers; le chapelain lui avait enseigné les préceptes de la religion et les plus beaux exemples de la vie chrétienne. A quatorze ans, le jeune page était devenu *écuyer* et, à ce titre, il avait pris soin des armes et des chevaux, il avait accompagné le chatelain en voyage et à la guerre, et déjà il s'était efforcé de signaler sa bravoure par quelque exploit. A la chasse, il savait lancer et rappeler le faucon.

Enfin il atteint sa vingt-et-unième année, âge requis pour être armé chevalier. Après le bain, en signe de pureté, il reçoit tour à tour une tunique blanche, une tunique rouge et une tunique noire; la première est le symbole de l'innocence, la seconde représente le sang qu'il aura à répandre, et la troisième signifie la mort qui l'attend. Le futur chevalier se prépare par un jeûne de vingt-quatre heures à la réception des sacrements de Pénitence et de l'Eucharistie, puis il fait la *veille d'armes*, qui consiste à passer la nuit en prières dans l'église. Le jour de la cérémonie, il entend la sainte messe et un sermon; le prêtre lui remet ensuite une épée bénite, et le seigneur reçoit son serment, par lequel il jure de sacrifier ses biens et sa vie pour la religion et pour la défense de l'opprimé, de la veuve et de l'orphelin. Le seigneur le frappait alors du plat de l'épée en disant : « Je te fais chevalier au nom du Père, du Fils et du Saint-Esprit; » puis il lui donnait l'accolade fraternelle et lui ceignait l'épée. Les deux *parrains d'armes* le couvraient ensuite de toutes les pièces de l'armure et lui chaussaient les éperons dorés. Le nouveau chevalier s'élançait aussitôt à cheval, et déployait sa vigueur et son adresse devant la foule assemblée sur la place du château.

Eudes continua la politique large et confiante de son père à l'égard des communes, que les rois de France avaient inaugurée dans leurs domaines et qu'ils favorisaient de tout leur pouvoir; il donna des lettres d'affranchissement à Avallon, Beaune, Châtillon, Nuits, Tallant. *L'échevinage* ou administration de la cité, le *sceau-armorié*, le droit de *cloche*, pour convoquer l'assemblée des échevins, et de *beffroi*, pour faire la garde constituaient les privilèges généraux des communes. Une de leurs obligations était de lever des milices et de les envoyer, accompagnées de leur curé, sous la bannière de la paroisse, au secours du pays menacé d'une invasion ennemie.

L'usage où l'on était de combattre à côté et pour le compte de chaque seigneur donna naissance aux *armoiries* qui primitivement n'étaient que différents signes, croix, chevron, escarboucle, bande, barre, sautoir, peints en couleurs voyantes sur l'écu ou bouclier des chevaliers. La règle fondamentale du blason, de ne pas mettre couleur sur couleur ni métal sur métal, n'avait pas d'autre motif que de présenter aux yeux des combattants des marques de ralliement plus faciles à distinguer. Nous connaissons déjà l'écu de Bourgogne *bandé d'or et d'azur de six pièces à la bordure de gueules*, dont se servirent les ducs bénéficiaires et les ducs de la première race, depuis Gislebert de Vergy jusqu'aux Valois.

Eudes accepta, en 1209, le commandement militaire de la croisade, prêchée contre les Albigeois, et contribua beaucoup aux succès de Simon de Montfort. Il était temps; car cette secte abominable, qui avait souillé de ses désordres honteux la plupart des villes du midi, dirigeait déjà des émissaires jusqu'en Bourgogne.

L'année suivante (1210), il fit un échange avec Hervé de Donzy, comte de Nevers, pour l'acquisition du château de Grignon et de ses dépendances, premier pas fait dans la voie des agrandissements pacifiques, qui devaient rendre la maison de Bourgogne si riche et si puissante.

L'autorité royale cherchait aussi à s'accroître, en s'établissant à côté des seigneurs sous la forme visible d'un bailli. Philippe-Auguste fixa à Mâcon un des quatre grands bailliages du royaume, et un autre à Saint-Pierre-le-Moutiers. Il avait, du reste, des raisons particulières d'étendre son action de ce côté, car le fameux Hervé de Donzy faisait partie des mécontents, qui allaient se liguer contre lui avec le comte de Flandre et l'empereur Othon IV. Le duc de Bourgogne, Eudes, inébranlable dans sa fidélité, prêta main-forte au contraire à son suzerain en cette circonstance délicate. A la bataille de Bouvines, il commandait l'avant-garde de l'armée et justifia la confiance du roi par des prodiges de valeur. Ayant été renversé de cheval, ses braves bourguignons volent à son secours et lui donnent le temps d'en monter un autre. Il fond alors sur les impériaux et contribue avec sa noblesse à les mettre en déroute.

La réputation qu'Eudes s'était acquise par sa bravoure, sa piété et sa générosité, lui valut une distinction, qui n'était accordée qu'aux papes, aux rois de France et à quelques autres puissants princes. Le Chapitre de Saint-Martin de Tours le nomma chanoine, titre dont jouirent ses successeurs jusqu'à Philippe le Bon.

Comme il se disposait à passer de nouveau en

Palestine, au secours des chrétiens, il mourut à Lyon, en 1218.

Eudes fut regretté des princes ses voisins, des seigneurs du duché, de tous ses vassaux et de ses sujets. Autant ses prédécesseurs avaient montré de parcimonie à grossir leurs revenus, autant il eut d'ardeur pour distribuer les siens, soulager les malheureux, récompenser les services, fonder et soutenir de pieux établissements.

Les croisés, durant leur séjour en Orient, contractèrent la lèpre, maladie des pays chauds. On nommait *ladres* ou *maizaux* les victimes de ce terrible fléau, qui infecta l'Europe pendant plusieurs siècles. La charité chrétienne pourvut à leur soulagement, tout en prenant des mesures sévères, pour circonscrire l'horrible contagion. Non seulement chaque ville, mais encore tous les bourgs et les villages importants avaient pour les lépreux un hospice, situé hors des murs, près d'un ruisseau ou d'une fontaine, et appelé *Ladrerie* ou *Maladière*. Il y avait une cérémonie spéciale en Bourgogne pour *mettre hors le siècle*, selon l'expression du temps, le malheureux atteint de la lèpre. C'était à peu de chose près le rite même des funérailles religieuses. La lugubre cérémonie achevée, le lépreux se rendait à sa *borde*, d'où il ne devait plus sortir, sans être revêtu de la housse. On lui enjoignait également de se tenir au-dessous du vent, quand quelqu'un lui parlerait, de sonner sa tarturelle (crécelle) s'il allait demander l'aumône, de ne boire à aucune fontaine ou ruisseau que celui de la maladière, d'avoir une écuelle fichée sur un bâton, enfin de ne passer ponts ni planches sans gants.

HUGUES IV

(1218—1272)

Hugues n'avait que six ans, quand la mort de son père l'appela au trône ducal. Alice de Vergy, sa mère, gouverna la province pendant sa minorité, avec beaucoup de sagesse et d'habileté. C'était la brillante période du XIIIme siècle, le plus célèbre du moyen âge. De tous côtés, on voyait surgir ces belles églises gothiques, vive expression du sentiment religieux. Saint-Bénigne, Notre-Dame de Dijon, Saint-Étienne d'Auxerre, Saint-Lazare d'Autun (en partie du moins), Saint-Vincent de Chalon, et tant d'autres (1), furent l'œuvre de cette époque. Quelques moines donnaient les plans et dirigeaient les travaux ; des sociétés pieuses d'ouvriers, parmi lesquelles se trouvaient des ecclésiastiques ayant le titre de *maîtres-maçons*, se chargeaient de l'exécution. Le peuple s'employait de tout son pouvoir pour apporter les matériaux, et ces magnifiques entreprises commençaient, se pour-

(1) La basilique de Notre-Dame de *Bon-Apport* ou de *Bon-Espoir* a joui pendant tout le moyen âge, et jouit encore d'une grande célébrité, qu'elle doit à une statue miraculeuse de la Sainte Vierge. La dévotion à cette image vénérée attirait autrefois de nombreux pèlerins, ce qui fit donner le nom de *Bon-Apport* à l'église qui la renfermait. L'hôpital Notre-Dame fut construit pour leur procurer le logement et la nourriture.
C'était dans la tour qui s'élève sur le transept de l'église que la commune de Dijon avait établi son beffroi, sa guette, et sa cloche ou mute, appelée *Marguerite*. *La guette* veillait de là sur la ville et sur la campagne : elle était chargée de faire sonner le tocsin en cas d'alarme, et d'arborer un drapeau pour indiquer de quel côté venait l'ennemi.

suivaient et s'achevaient au chant des psaumes et des cantiques.

Hugues IV, parvenu à sa majorité, s'empressa de confirmer de nouveau la commune de Dijon, assista ensuite comme pair de France au sacre de saint Louis (Louis IX). Parmi les officiers, qui l'accompagnèrent à cette auguste cérémonie, nous voyons Pierre et Hugues de Palluau, l'un maréchal, l'autre connétable de Bourgogne, tous les deux bienfaiteurs insignes de Saint-Vincent de Chalon. Nous ne savons si la présence de ces deux seigneurs à la cour de Hugues IV, servit à établir des relations plus intimes entre le duc et le comte de Bourgogne ; toujours est-il que ce dernier, qui possédait le comté de Chalon et ses dépendances, ne tarda pas à entrer en arrangement avec Hugues, pour le lui céder en échange d'autres fiefs, lesquels firent ensuite retour à la couronne ducale, comme le château et la ville de Brancion (près de Tournus). Hugues, obtint de la même façon la baronnie de Charolles, de Mont-Saint-Vincent et les terres qui en relevaient. Cette dernière acquisition faisant partie du domaine royal, le duc de Bourgogne prêta hommage lige à saint Louis, en 1329.

A Semur en Auxois, la cloche de la commune nommée *Barbe* se trouvait aussi dans l'une des tours de l'église. On la faisait sonner pour annoncer l'heure du travail, l'assemblée des magistrats, l'ouverture du marché et les audiences du maire, que les vignerons appelaient la *messe du diable*.

Le prieuré de Saint-Eusèbe, à Auxerre, servait à mettre en sûreté les archives de la ville et les instruments de guerre. L'horloge des habitants était placée dans le clocher de cette église ; la cloche du guet était au même lieu et les guetteurs de jour et de nuit y avaient leurs loges, outre ceux qui étaient sur chaque porte de la ville, dans une guérite garnie de sa cloche.

Il est impossible de rapporter ici tous les traités par lesquels Hugues devint possesseur des plus beaux fiefs de son duché, soit comme seigneur dominant, soit comme propriétaire. Sa puissance et son prestige s'accrurent en proportion. Jean, comte de Bourgogne, fit hommage entre ses mains pour Louhans, la Marche de Bresse, Mâcon, Saint-Agnan et Rigny. Il n'y eut pas jusqu'au comte de Champagne, Thibault, devenu roi de Navarre par son mariage avec la reine Marguerite, qui ne se crût obligé de venir reconnaitre sa souveraineté. Besançon même, ville impériale, se mit sous sa protection et, en signe de reconnaissance, lui donna un vautour chaque année.

C'est vers le même temps que le comté de Bourgogne prit le nom de *Franche-Comté*, parce que les descendants de Othe-Guillaume, en brisant tous les liens de vassalité, qui les rattachaient à l'empire, se firent appeler eux-mêmes *Francs-Comtes*. Leur dynastie s'étant éteinte en 1248, ce magnifique héritage fut recueilli par la maison de Chalon, branche cadette de la maison de Bourgogne; c'est ce qui explique combien il fut facile au duc Hugues IV d'entrer en accommodement avec Jean le Sage (1), dernier comte de Chalon, pour l'acquisition de ses domaines patrimoniaux.

(1) Jean de Chalon surnommé *l'antique* ou *le sage* était un des hommes les plus remarquables de son siècle, si fécond en illustrations de tous genres.
Au moyen d'échanges et de compensations territoriales avec le duc de Bourgogne, il arrondit les frontières de ses Etats et contribua plus qu'aucun de ses prédécesseurs à constituer la Franche-Comté sur les bases qui lui ont donné une vitalité si durable. Il accorda aux villes des chartes d'affranchissement, qui y attirèrent les populations et y encouragèrent le commerce et l'industrie.

Quand saint Louis, en exécution du vœu qui lui avait valu sa guérison miraculeuse, organisa la septième croisade, Hugues s'offrit à lui avec ses principaux seigneurs pour l'accompagner dans sa pieuse expédition. Il eut part aux périls et à la gloire du saint roi et fut associé à ses malheurs, après la funeste journée de la Massoure.

Pendant l'absence de son souverain, la Bourgogne souffrit beaucoup des incursions des *Pastoureaux*, nom donné à une troupe de pâtres, qu'un apostat de Cîteaux avait rassemblés. Les communes unies aux barons parvinrent à dissiper ces bandits et à rendre la paix au pays.

Le duc, délivré de sa captivité, revint dans ses États, qu'il gouverna en prince sage et éclairé. Il avait obtenu en Palestine, pour lui et pour ses successeurs, le titre de roi de Thessalonique. Sur ses instances, saint Louis, rentré en France, honora souvent la Bourgogne de sa présence. Il visita l'abbaye d'Ogny, acheta, en 1238, le comté de Mâcon, qu'il mit sous le ressort du Parlement de Paris, assista au chapitre de Cîteaux, vint avec toute sa cour à Cluny, où il se rencontra avec le Souverain Pontife. De là, il se rendit à Aigues-Mortes, pour prendre la mer et diriger son expédition contre Tunis. C'était la seconde fois que le pieux monarque prenait la croix. Les

---

Jean de Chalon descendait ainsi que ses prédécesseurs, de ce Varin de Vergy, que nous avons vu si fidèlement attaché à Louis le Débonnaire. Savaric de Vergy ayant vendu en 1096 la moitié de la seigneurie de Chalon à Gauthier, évêque de cette ville, ce dernier prit le titre de comte de Chalon, que ses successeurs ont conservé jusqu'à la Révolution.

Jean le Sage, fut la tige des princes d'Orange.

Bourguignons, charmés d'avoir vu ce saint roi chez eux, en conservèrent le plus précieux souvenir et la plus profonde vénération.

Hugues IV mourut à l'âge de soixante ans, au retour d'un pèlerinage à Saint-Jacques de Compostelle. Il laissait quatre fils et deux filles. Leurs unions matrimoniales avec la famille royale cimentèrent de plus en plus l'alliance intime de la maison de Bourgogne avec la maison de France, rameaux différents entés sur le même tronc.

Eudes, l'aîné, épousa Mathilde de Bourbon, comtesse de Nevers, dont il eut trois filles : Yolande, mariée à Jean Tristan, fils de saint Louis, lui porta le comté de Nevers; Marguerite devint reine de Sicile, en épousant Charles d'Anjou, frère du roi, et appelé par le Souverain Pontife sur le trône de Naples ; Alice, femme de Jean de Chalon, eut le comté d'Auxerre.

Jean, le second de ses fils, devrait avoir une descendance plus illustre encore. Il avait reçu en apanage le Charolais ; ayant épousé Agnès, héritière de Bourbon, il prit le titre de seigneur de Bourbon. C'est à lui que la ville de Moulins est redevable de son hôpital, où tous les jours on nourrissait cent pauvres. Jean ne laissa de sa femme qu'une fille, Béatrix (1), qui épousa Robert de Clermont, sixième fils de saint Louis et souche de la famille royale de Bourbon.

(1) Le testament de Hugues IV donna à Béatrix, veuve de Jean de Bourbon, les terres, châteaux et chatellenies de Charolles, de Sauverment, de Mont-Saint-Vincent, de Dondin, d'Arthus, et de Sanvignes avec leurs fiefs, domaines et dépendances. Il y ajouta ensuite la terre et le château d'Uxelles, puis la baronnie du comté de Chalon, excepté les foires de Chalon, de Buxy, l'Abergement et Brancion,

Saint Louis ayant acheté, comme on l'a dit, le comté de Mâcon, y rétablit le bailli royal pour contrebalancer et ruiner peu à peu la justice des seigneurs (1). A son exemple, Hugues IV institua des baillis dans deux de ses comtés, Dijon et Chalon. Le premier bailli ducal de Dijon fut nommé en 1267 ; celui de Chalon avait été établi dès 1244. Les autres villes de la Bourgogne devinrent peu à peu le siège d'autant de bailliages, où l'on administrait la justice au nom des ducs de Bourgogne d'abord, et à la fin au nom des rois de France.

cédés à Robert II, son troisième fils et successeur. Par suite d'un accord passé entre ce dernier et Béatrix, les seigneurs de Bourbon eurent encore les fiefs de Bouhans, de Lavernasse, de Classy, les gardes de Paray, de Perrecy, le péage de Tholon, les terres de Javarder, du Plessis, de Savianges, de Genouilly, de Joncy, de Marigny, de Chaumont, de Dyo, de Liguy, de Digoine, etc. Robert II garda la ville et les foires de Chalon, Buxy, les fiefs de Sassangy, de Sagy, d'Uxelles, et les autres terres qui sont au-delà de la rivière de Guye comme Bissy, Germagny. Il eut encore Mont-Saint-Jean, Bourbon-Lancy, Montcenis, Auxy et Semur-en-Brionnais, parce que ces trois terres ont toujours été du duché de Bourgogne.

(1) Lorsqu'en 1424 le comté de Mâcon fut cédé au duc de Bourgogne, Philippe le Bon, comme prix de sa réconciliation avec le roi Charles VII, le bailliage fut transféré de Mâcon à Saint-Gengoux pour juger les cas royaux. Cette petite ville en avait été déjà le siège sous Louis VII dit le Jeune, qui l'avait reçue des moines de Cluny, et y fit ressortir la ville de Lyon, le duché de Bourgogne, le comté de Forez et la terre de Beaujeu.

ROBERT II

(1272—1308)

Ce prince n'était que le troisième des fils de Hugues IV, auquel il succéda, ses deux aînés étant morts, et les filles ayant été exclues de la succession au trône ducal ; mais il ne dut la tranquille possession du duché qu'au roi Philippe III le Hardi, qui l'en déclara seul et unique héritier contre les prétentions de ses sœurs.

Sa reconnaissance pour son royal suzerain le poussa à prendre part à la guerre que Philippe entreprit, afin de venger le massacre des *Vêpres Siciliennes*, et de porter secours à Charles d'Anjou, roi de Naples. Robert conserva les bonnes grâces de Philippe IV, dit *le Bel*, et fut nommé, en 1294, *Grand-Chambrier de France, Gouverneur du Lyonnais*, et, en 1297, *Gardien du Comté de Bourgogne*. Il soutint malheureusement le roi dans ses tristes démêlés avec Boniface VIII, et s'attira, comme Philippe le Bel, le nom de *faux monnayeur* par l'altération qu'il fit des pièces alors en usage. Elles se frappaient à Dijon, à Auxonne et à Saint-Laurent-lès-Chalon. On en distinguait de six coins différents, ayant cours en Bourgogne : 1° la monnaie *ducale* ou *dijonnaise*, qui avait le même titre que celle de Paris ; 2° la monnaie *royale* ou *forte*, frappée à Paris, pour les espèces d'or ou d'argent ; 3° la monnaie de *Tours* ou *tournois*, pour les petites pièces ; 4° la monnaie de *Vienne* ; 5° la monnaie de Saint-Etienne de Besançon, nommée la *livre étévane, étévante;* 6° la monnaie de Saint-Etienne de Dijon, *stephaniensis.*

Quand Robert eut été reconnu comme seul et légitime possesseur du duché, il s'appliqua, à l'exemple de ses ancêtres, à en accroître la puissance, qui avait été singulièrement affaiblie par les donations considérables faites par le feu duc à ses enfants. Néanmoins, les acquisitions féodales, dont il fut l'auteur, ne furent ni aussi nombreuses, ni aussi importantes que celles de son père. Pendant longtemps, du reste, Robert eut à se défendre contre les prétentions et les demandes de secours en argent et en nature, que ne cessaient de lui adresser les enfants de ses sœurs : il fut même forcé de céder plusieurs terres, dont il avait hérité, telles que Lucenay, Cuiseaux et Couches. Philippe le Bel lui avait remis tous ses droits sur cette dernière ville, mais les habitants soutinrent qu'une telle cession était illégale, et restèrent sujets du roi.

Robert vécut pendant tout son règne en bonne harmonie avec Othe, comte de Bourgogne, son beau-père, qui lui fit plusieurs gratifications territoriales. Il profita de la paix pour établir une commune à Semur-en-Auxois sur le modèle de la commune de Dijon; celle de Montbard est due à Hugues IV. Robert construisit des halles à Autun, afin d'y favoriser le commerce et rendre à cette ville quelque chose de son antique splendeur. Beaune surtout éprouva les effets de sa générosité : il y tint souvent son parlement ou *grands-jours*, enrichit la léproserie et fonda l'hôpital, que Nicolas Rolin, chancelier de Bourgogne, reconstruisit au XVI° siècle avec tant de magnificence.

Citons encore, comme appartenant au règne de Robert II, la création d'un collége de chanoines dans l'église d'Aigueperse (1288) et dans celle de Semur-en-Brionnais (1315). L'éloignement et l'étendue de ces bourgs avaient inspiré aux évêques d'Autun la pensée d'y augmenter le nombre des ministres du Seigneur, pour le plus grand profit des fidèles.

Robert mourut au commencement du XIV° siècle. Ses contemporains l'ont représenté comme un peu trop ardent à ses intérêts, et moins attentif à ceux des autres, prompt à faire des promesses, lent à les tenir ; toujours prêt à recevoir, jamais à donner ; plus occupé des affaires du siècle que des vérités du salut, il laissa moins de preuves de sa piété et de sa religion que de sa puissance. Aussi la main de Dieu sembla-t-elle s'appesantir sur sa descendance, comme sur celle de Philippe le Bel, son allié. Cette race féconde, qui avait déjà donné à la Bourgogne des souverains si illustres, perdit tout à coup sa vigueur, et nous la verrons s'éteindre complètement avant la fin du siècle. Robert cependant laissait neuf enfants : Jean, l'aîné, mourut avant son père (1293) ; puis vinrent *Hugues* et *Eudes*, qui occupèrent le trône ducal, l'un après l'autre. Deux des filles devinrent reines de France : l'une épousa Louis le Hutin, et l'autre, Jeanne, fut mariée à Philippe de Valois, qui n'entreprenait rien sans la consulter.

Guy, abbé de Saint-Germain d'Auxerre, l'un des meilleurs historiens du XIII° siècle, illustra le règne du duc Robert. Il était né à Munois, près de Flavigny.

HUGUES V

(1308—1315)

Hugues était encore en bas âge, quand il fut appelé à succéder à son père. Agnès de France, sa mère, fille de saint Louis, prit en main les rênes du gouvernement, maintint l'ordre dans le pays, réprima les tentatives de révolte, et se retira, dès que le jeune duc eut atteint sa majorité.

Le roi de France, Philippe le Bel, de concert avec le pape Clément V, instruisait alors le fameux procès des Templiers, qui aboutit, quoi qu'on en ait dit, à la plus légitime des condamnations. Mais il est difficile d'extirper le virus d'une plaie, sans qu'il en reste quelques traces douloureuses. C'est ce qui explique comment les doctrines de ces religieux dégénérés et leurs pratiques infâmes (1) trouvèrent encore, après la destruction de l'ordre, des sectateurs qui, réunis en sociétés secrètes, se sont transmis de siècle en

---

(1) Elles ne sont pas autres que les honteux mystères des *Albigeois, des Manichéens et des Gnostiques*, qui avaient perpétué eux-mêmes au sein du christianisme les débauches sans nom des initiations païennes d'*Éleusis*.

On croit cependant que la franc-maçonnerie ne se rattache pas, comme elle le prétend, aux mystères de l'antiquité; car il est certain qu'aucune secte formant un corps ne s'est perpétuée depuis les temps anciens, jusqu'à l'époque moderne. Le fatras d'érudition, dont les historiens de la maçonnerie font étalage, n'est qu'une amorce pour attirer les crédules et les sots. La *gnose*, le *manichéisme*, les *Albigeois*, les *Templiers dégénérés* surtout, voilà les vraies sources, d'où la franc-maçonnerie est sortie armée d'une organisation redoutable, mais animée dès le principe de sentiments qui ne sont plus un mystère pour personne.

siècle, jusqu'à nos jours, la haine du Christ, de son Église et de la royauté chrétienne. Telle est l'origine, peu noble assurément, de la franc-maçonnerie, et tel est aussi le programme qu'elle poursuit avec la rage que chacun sait.

Hugues V fut armé chevalier avec son père Eudes, en même temps que les trois fils du roi, par Philippe le Bel lui-même, le jour de la Pentecôte, dans l'église de Notre-Dame de Paris. Il fut ensuite fiancé à Jeanne, fille de Philippe le Long; mais il mourut avant la célébration de son mariage (1315). Quoique jeune, il emporta dans la tombe les regrets de tous ses sujets qui l'aimaient à cause de sa douceur et de sa bienfaisance. Dijon lui doit un hôpital, auquel il assigna trois cents livres de rentes.

Au commencement de ce siècle, on vit s'établir une mode bizarre de chaussures : c'étaient les *souliers à la poulaine*, ainsi appelés du nom de l'inventeur. Ils finissaient en pointe plus ou moins longue, selon la condition des personnes. Parfois cette pointe était ornée de griffes ou de quelques autres figures grotesques (1). Les vêtements de cette époque consistaient en une robe trainante, dont le corps était étroit, les manches fort larges et très longues. Cet habit était relevé par une ceinture, qui servait de bourse; les banqueroutiers n'avaient pas le droit de la porter. Par dessus, les riches ajoutaient un manteau qui s'agrafait sur l'épaule droite. On ne connaissait point encore les chapeaux : le bonnet ou le mortier (d'où est venu

---

(1) C'est de là qu'est venu le proverbe *se mettre sur un bon pied*.

le titre de *président à mortier*) était la coiffure des hommes, qui portaient en outre un chaperon, espèce de capuchon terminé par une pointe, en forme de queue pendante par derrière. Les soldats et les valets n'avaient que l'habit court. Les femmes chargeaient leur tête d'espèces de pyramides dont chaque étage était garni de banderolles et de dentelles. Les veuves cependant conservaient les anciennes modes et paraissaient en public habillées presque comme des religieuses.

EUDES IV

(1315—1349)

Eudes prit possession du duché après la mort de Hugues IV, son frère. Un autre de ses frères, Louis, titré *prince d'Achaïe et roi de Thessalonique*, prétendit à une part de la succession du dernier duc. Mais Agnès, leur mère, termina le différend par sa prudence, en faisant allouer au prince Louis une rente annuelle, dont il ne jouit d'ailleurs pas longtemps. A sa mort, arrivée en 1321, Eudes vendit à Philippe, prince de Tarente, le titre de *roi de Thessalonique*, pour 80,000 livres.

L'aîné des fils de Philippe le Bel, Louis X *le Hutin*, n'ayant pas laissé de descendance masculine, le duc de Bourgogne prétendit que la couronne appartenait à Jeanne, sa nièce, fille du roi défunt. On lui opposa la loi salique en vigueur dans le duché même, et, pour le calmer, Philippe le Long lui donna en mariage sa fille aînée, Jeanne de France, héritière par sa mère des comtés de Bourgogne et d'Artois. Eudes eut ainsi la gloire de réunir sous son sceptre les deux

Bourgognes, le *duché* et le *comté*, séparés depuis le traité de Verdun. Sa puissance et ses richesses s'accrurent en conséquence; mais il n'usa de son autorité que pour le bien général du pays. Cette union, quoique de courte durée, fut marquée par des troubles et des rixes sanglantes.

La noblesse bourguignonne voyait avec peine la concentration d'une si grande puissance entre les mains de son suzerain immédiat. Eudes, de son côté, cherchait un appui dans la bourgeoisie des villes et des bourgs, ainsi que sur le peuple des campagnes; il s'appliquait à constituer partout des communes et avait divisé le comté en deux ressorts principaux *amont* et *aval*. Il vint en personne installer le parlement de Dôle, capitale de la province, et fut acclamé par la population. Les seigneurs, de plus en plus froissés dans leur orgueil, se mutinèrent; Jean II de Chalon-Arlay se mit à la tête des révoltés et tint la campagne pendant dix ans : c'est ce qu'on a appelé la *petite guerre de Chalon*. Eudes y usa ses forces et son énergie sans parvenir à comprimer entièrement la sédition, car il fut presque en même temps appelé à prêter le secours de ses armes au roi de France lui-même. A la tête de quarante-deux barons bourguignons, il seconda activement Philippe de Valois contre les Anglais et les Flamands. Cette campagne de Flandre n'est que le prélude de la guerre de *Cent ans*, qui devait causer tant de désastres à la France et lui procurer tant de gloire. Eudes IV en vit à peine les commencements : il vécut assez cependant pour connaître la funeste journée de Crécy et la prise de Calais par les Anglais.

La *peste noire* ou *peste de Florence*, qui désola l'Europe, en 1348 et 1349, suspendit un instant les hostilités. Plusieurs villages de Bourgogne furent complètement dépeuplés par le fléau. La plupart des habitants de Beaune et tous les prêtres de la ville périrent victimes de leur dévouement. A Rully, il ne resta que dix familles. Sur cent personnes à Paray, le fléau en épargna à peine douze. Eudes mourut lui-même en cette terrible année 1349.

Ce prince, devenu comte de Bourgogne et d'Artois et sire palatin de Salins, pour témoigner à Dieu sa reconnaissance, avait fondé en 1332 une chartreuse dans sa maison de Fontenay, près de Beaune, où il venait tenir les *grands-jours*. Il s'était fait construire un logement contigu à l'église des religieux, afin de pouvoir assister à leurs offices. Le pape Clément VI lui avait accordé le privilége particulier aux rois, le jour de leur sacre, de communier sous les deux espèces.

De son mariage avec Jeanne de France, Eudes IV n'eut que deux enfants. Philippe, l'aîné, mourut d'une chute de cheval (1346) laissant un fils unique, *Philippe de Rouvre*. Le second, Jean, fut emporté à la fleur de l'âge.

L'université de Paris jouissait alors d'une renommée sans égale. Les Français et les étrangers accouraient à l'envi entendre les maîtres fameux qui instruisaient dans ces chaires une jeunesse nombreuse et ardente. Afin de faciliter aux étudiants de province l'accès de cet enseignement, les princes, les prélats surtout avaient établi dans la capitale plusieurs colléges parmi lesquels nous devons citer le *collège de Cambray* (aujourd'hui *collège de France*), institué en 1346 par trois évêques bourguignons, et dont les boursiers devaient être pris en majeure partie dans le diocèse d'Autun. La reine Jeanne, femme de Philippe de Valois et comtesse de Bourgogne, avait déjà fondé, en 1329, le *collège de Bourgogne*, qui resta pendant trois siècles l'un des centres renommés de l'Université de Paris. Le célèbre *collège de Cluny*, créé par Yves de Vergy, abbé de cet ordre florissant, remonte à l'année 1308. On le voit, les Bourguignons étaient largement dotés pour l'enseignement supérieur dans les écoles de l'Université de Paris, dès le commencement du XIV° siècle.

PHILIPPE DE ROUVRE

(1349—1361)

Ce jeune prince succéda à son grand-père, Eudes IV, sur le duché de Bourgogne, et à sa grand-mère sur les comtés de Bourgogne et d'Artois. La régence fut déférée à Jeanne de Boulogne, sa mère, qui transmit bientôt son autorité avec sa main à Jean, fils aîné de France et duc de Normandie. Ce prince, devenu roi sous le nom de JEAN II *le Bon*, n'abandonna pas le titre de *régent* de Bourgogne, qu'il tenait de sa femme et continua à gouverner le duché et les comtés au nom de son pupille. Scrupuleux observateur des ordonnances d'Eudes IV, il vint à Dijon jurer entre les mains de l'abbé de Saint-Bénigne de conserver, garder et maintenir les franchises, immunités et privilèges de la commune et du duché. Il s'appliqua aussi à suivre la politique d'agrandissement des anciens ducs; c'est ce qui le porta à faire l'acquisition, par droit de retenue au jeune Philippe de Rouvre, de la terre et du château de Louhans et à échanger deux fiefs francs-comtois pour le château de Cortevaix-sur-Guye, au diocèse de Mâcon.

Le roi Jean, pendant son séjour à Dijon, fit frapper des monnaies à son coin, comme roi de France, mais nullement comme régent de Bourgogne.

Les circonstances étaient critiques. La guerre contre les Anglais venait de se rallumer plus terrible, plus acharnée que jamais. Pressé par l'ennemi, le roi Jean, au nom du jeune duc, ordonna à la noblesse bourguignonne de se trouver en armes à Beauvais, en 1355, et voulut, pour se procurer des subsides, établir la gabelle dans la province. Mais les États s'y opposèrent invinciblement, et le projet fut ajourné.

Après la malheureuse bataille de Poitiers, en 1356, la Bourgogne fut envahie par les Anglais, à la tête desquels était le prince de Galles, plus connu sous le nom de *Prince Noir*. On mit des capitaines et des gens de guerre dans tous les châteaux. Girard de Thurey, maréchal de Bourgogne, fut chargé de lever une armée pour s'opposer à la marche des ennemis. Les Anglais pénétrèrent de vive force dans le duché, après avoir écrasé à Brion (1359), près de Châtillon, une poignée de braves gentilshommes, qui avaient voulu leur barrer le passage. Ils pillèrent Tonnerre, s'emparèrent de Flavigny, saccagèrent Saulieu et menacèrent Dijon. Les trois ordres des deux Bourgognes s'assemblèrent à Beaune, pour délibérer sur les moyens d'éloigner l'ennemi. Toute résistance par les armes ayant été jugée inutile, on eut recours aux négociations. Un traité fut conclu, le 10 mars 1359, entre les États du duché et du comté de Bourgogne réunis et les capitaines anglais, qui consentirent à se retirer, moyennant une forte rançon de deux cent mille deniers d'or *au mouton*, payables en trois termes. Afin de garantir le remboursement de cette somme, le roi Édouard voulut prendre et emmener en Angleterre, comme otages, un certain nombre de prélats, de seigneurs et de bourgeois (1).

L'année suivante, Philippe, devenu majeur, prit en main l'administration de ses États. Il allait épouser Marguerite, fille unique du comte de Flandre, lorsqu'il mourut dans son château de Rouvre, à l'âge de 16 ans (1361). « Il vécut peu, dit un chroniqueur, et fut longtemps regretté. »

L'acte le plus important de son gouvernement est l'échange passé entre lui et l'évêque d'Autun, en vertu duquel le prélat céda au duc tous ses droits sur Flavigny et sur Fontenay; le duc à son tour donna à l'évêque d'Autun la terre de Lucenay et la seigneurie de Grosne.

Dès qu'il eut appris la mort du jeune Philippe, Jean II, revenu de captivité, se saisit du duché de Bourgogne, non comme roi, mais comme le plus proche parent de Philippe. Les seigneurs de Montaigu et de Sombernon, quoique descendant par leur père de Hugues III, ne songèrent pas à faire valoir leurs prétentions. Jean vint à Dijon prendre possession de

---

(1) Les prélats qui acceptèrent cette dure obligation furent les évêques d'Autun, de Chalon, les abbés de Saint-Bénigne, de Saint-Etienne de Dijon, de Saint-Martin d'Autun, de Saint-Pierre de Chalon, de Flavigny, de Saint-Seine, de Tournus, de Cîteaux, de Fontenay, de Mézières, de la Ferté, de la Bussière.

Les villes furent : Autun, Chalon, Dijon, Beaune, Semur, Montbard, Avallon.

son vaste héritage, qui arrivait si bien à propos pour compenser la perte du Poitou et de la Guyenne, violemment arrachés à la France par le traité de Brétigny (1360).

Mais la Bourgogne ne tarda pas à se ressentir des malheurs que suscitait partout la guerre. On exigea de ses habitants, jusque-là exempts de toute espèce d'impôts, les mêmes obligations que supportaient les autres parties de la France. Cependant Jean le Bon maintint et confirma les priviléges de la province. Les États obtinrent qu'elle serait régie et gouvernée par un chancelier et des baillis, que les *Grands-Jours* seraient tenus à Beaune et jugeraient en dernier ressort. Peu après, étant à Rouvre, le roi créa les *Jours-Généraux*, ou Parlement de Saint-Laurent-lès-Chalon, pour les terres que le duché avait au delà de la Saône. Les habitants de cette contrée jouissaient alors d'une représentation particulière. C'est ce qu'on nommait les *États d'Outre-Saône et Ressort de Saint-Laurent*.

Le roi Jean, en réunissant à la couronne le duché de Bourgogne, qui était la première pairie du royaume, respecta les droits de Marguerite de France, héritière du comté par sa mère. Il en résulta une nouvelle séparation des deux Bourgognes, qui fut de courte durée, et pendant laquelle la Franche-Comté eut à sa tête deux princesses du nom de Marguerite : la première épousa Louis de Male, fils de Marguerite de France et du comte de Flandre ; la seconde, fille de la précédente, en devenant la femme de Philippe le Hardi, premier duc Valois de Bourgogne, lui apporta en dot la Comté et ses possessions flamandes.

Au moment où la première maison ducale s'éteignait

en la personne de Philippe de Rouvre, la France gémissait sous le poids d'une invasion ennemie. Il ne sera pas hors de propos de rappeler ici un souvenir de cette malheureuse époque. Jusque-là, l'usage de réciter matines à minuit s'était maintenu dans les chapitres des églises cathédrales aussi bien que dans les ordres monastiques. Mais les Anglais, durant la guerre de Cent ans, se portèrent à de tels excès dès le début, qu'ils rendirent impossible la continuation de cette antique coutume, laquelle se perpétua cependant à Autun jusqu'à la fin du XV° siècle.

La période, que nous venons de parcourir, a été appelée *l'âge d'or de la théologie*. L'université de Paris, la plus ancienne et la plus célèbre de toutes, voyait alors ses chaires occupées par l'illustre docteur. Nous nous bornerons à citer saint Bonaventure et saint Thomas d'Aquin, qui unirent la pratique de toutes les vertus à l'éclat du génie et à la profondeur de la science. Etroitement liés d'estime et d'amitié l'un pour l'autre, ils jeûnaient et priaient, afin de mieux comprendre ce qu'ils devaient enseigner à leurs auditeurs ou transmettre à la postérité.

CHAPITRE II

LES VALOIS

Sommaire : État de la province : mœurs et coutumes.— *Philippe le Hardi*, sa puissance, suite de la guerre de Cent ans. La mode au XV° siècle. — *Jean sans Peur*, sa valeur et ses exploits. Rivalité des Armagnacs et des Bourguignons. — *Philippe le Bon*, sa magnificence. Il se réconcilie avec le roi. La toison d'or.— *Charles le Téméraire*. Ses projets et ses démêlés avec Louis XI et les Suisses. Sa fin tragique.
Réunion de la Bourgogne à la France, les premiers gouverneurs. Louis XI, Charles VIII, Louis XII, François I.— *Guerres de Religion*. Gaspard de Tavannes. Henri II, François II, Charles IX. La Ligue en Bourgogne. Henri III.

Le nouvel état de choses en Bourgogne ne s'établit point, on le comprend, sans exciter de toutes parts de violentes récriminations. Il fallait remonter aux Romains pour trouver un précédent aux impôts, qui pesaient sur le pays. Jamais, en effet, depuis que les Burgondes s'étaient établis dans le territoire éduen, les habitants des villes et des villages n'avaient été astreints à de semblables redevances. Ni sous les rois, ni sous les ducs de la première race, ils n'avaient connu les tracasseries des agents du fisc. A son entrée en charge, le souverain demandait aux États un don *de joyeux avènement*, et tout était dit.

Incorporée au royaume de France, la Bourgogne subit nécessairement le sort commun, que les désastres d'une guerre malheureuse avaient fait aux autres provinces. Le mécontentement était général dans les trois ordres politiques : clergé, noblesse, tiers-état. Seigneurs, barons, bourgeois, paysans, tous regrettaient l'ancienne indépendance du duché.

Fut-ce pour satisfaire à ces inspirations secrètes, ou simplement pour avantager un fils bien-aimé, que le roi Jean revint sur la résolution qu'il avait prise d'unir irrévocablement les États de Philippe de Rouvre à la couronne, c'est ce que l'histoire ne dit pas. Toujours est-il que, dès l'année 1361, il fit donation du duché de Bourgogne à son quatrième fils, *Philippe le Hardi*, sous la condition de réversibilité à la couronne de France, à défaut d'héritier mâle. Mais l'acte d'investiture ne devait être remis au jeune prince qu'après la mort de son père, qui arriva en 1354. La même année, Philippe vint prendre possession à Dijon de son domaine ducal et donna, en cette circonstance, des fêtes dans le goût de l'époque : joutes et tournois. On représentait sur le théâtre des *féeries* et des *mystères*. On y voyait le Messie manger des pommes, rire avec sa mère, dire des patenôtres avec ses apôtres, ressusciter et juger les morts, puis monter au ciel accompagné d'une multitude d'anges et de saints, tandis que les damnés étaient précipités en enfer. Les auteurs dramatiques puisaient tous leurs sujets dans l'Écriture sainte. L'histoire de Joseph, le massacre des Innocents, le martyre de Jean-Baptiste, le baptême de Clovis, la vie de sainte Geneviève, la passion de Notre-Seigneur surtout, fournissaient une ample matière aux scènes les plus touchantes (1). Heureux temps où les représentations théâtrales, au lieu d'être une école d'immoralité, comme elles le sont devenues trop souvent, contribuaient à répandre dans le peuple, sous des images sensibles, les salutaires enseignements de la foi ! Les mœurs et les coutumes de l'âge précédent se maintenaient dans leur naïve simplicité. Le jour de la Pentecôte, à Autun, on lâchait, pendant l'office, une colombe, symbole de l'Esprit-Saint répandu dans le monde. Ailleurs, on jetait des *oublies* ou étoupes allumées. On élisait, pour officier solennellement le jour de la Circoncision, un roi des chapelains, et le jour de l'Épiphanie, un roi des chanoines. Trois prêtres, habillés en mages et conduits par une étoile, qui paraissait au haut de l'église, allaient en cette fête offrir leurs dons à la crèche de l'enfant Jésus.

Ces usages et bien d'autres, que notre siècle sceptique prend en pitié, étaient chers à nos aïeux et mettaient la joie dans des cités entières. Ils faisaient trêve aux préoccupations les plus graves, qui prenaient leur source dans les sombres événements, dont l'arrivée des Valois au trône ducal fut comme le signal. La seconde maison royale de Bourgogne, dite des Valois, compte quatre générations que nous allons faire revivre sous les yeux du lecteur.

A la différence des ducs de la première race qui, comme nous l'avons vu, avaient choisi leur sépulture dans la chapelle de Saint-Georges à Citeaux, les

---

(1) On récréait les spectateurs durant les entr'actes par ce qu'on nommait les *diableries*. Selon le nombre des personnages, on faisait le diable à deux ou à quatre.

Valois se firent inhumer dans la Chartreuse de Champmol, près de Dijon, laquelle devint ainsi le Saint-Denis de la Bourgogne.

Les ducs Valois unirent, pour composer leur blason, l'écu de Bourgogne *(bandé d'or et d'azur de six pièces avec bordure de gueules)* à l'écu de France *(champ d'azur et fleurs de lis d'or)*. Ainsi écartelé, le nouveau blason de Bourgogne constitua le grand sceau ducal qui, pendant quelque temps, eut encore le lion belge brochant sur le tout.

Les étendards des armées bourguignonnes portaient comme marque distinctive une croix penchée, dite de Saint-André, avec la fleur de lis au milieu. Ils étaient blancs et la croix endenchée rouge. On sait que les anciens drapeaux de la France portaient un fond bleu relevé par une croix rouge. Les Anglais, à la fin de la guerre de Cent ans, ayant pris cette couleur, le roi de France adopta la croix blanche, et choisit pour lui un enseigne tout blanc. Saint Louis avait déjà introduit l'écharpe blanche. L'oriflamme royale de Saint-Denis était rouge.

Au fort de la grande querelle des Bourguignons et des Armagnacs, on ajouta à la croix de Saint-André, comme signe de ralliement du parti, le chaperon bleu; qui était d'origine flamande. La passion politique était si vive que les Bourguignons en vinrent jusqu'à changer la manière de faire le signe de la croix : on s'appliqua en effet à tracer sur soi la forme d'un X, et la croix de Bourgogne remplaça les croix latines ou grecques, brodées sur les ornements d'Église.

PHILIPPE LE HARDI

(1363 — 1404)

Ce prince, né à Pontoise, en 1342, était petit-fils de Philippe VI de Valois qui, après l'extinction des Capétiens directs dans la personne des trois fils de Philippe le Bel, était monté sur le trône de saint Louis. L'avènement de cette seconde branche capétienne avait provoqué la guerre de Cent ans, que la France, aidée du secours d'en haut, soutint vaillamment contre les vaines prétentions des rois d'Angleterre. Nous verrons la Bourgogne contribuer pour une noble part à l'heureuse issue de cette lutte gigantesque, qui remplit un siècle entier.

Le nouveau duc de Bourgogne fut surnommé le Hardi, pour avoir courageusement combattu à côté de son père, à la bataille de Poitiers. Sa valeur ne se démentit pas un seul instant : il en donna de nouvelles preuves à la reprise des hostilités avec les Anglais. Ceux-ci, après avoir ravagé l'Auvergne et le Bourbonnais, avaient passé la Loire à Marcigny et s'étaient répandus dans toute la Bourgogne. Mais ils ne purent s'y maintenir, grâce aux sages mesures prises par Philippe. Refoulé en Gascogne, où le brave Du Guesclin remporta sur lui des avantages signalés, le prince de Galles rentra dans Bordeaux, sans gloire, sans butin, et presque sans soldats.

Au fléau des Anglais succéda presque aussitôt celui des *Grandes-Compagnies*, qui, sous les noms effrayants d'*Écorcheurs*, de *Retondeurs*, de *Routiers*, de *Tard-Venus*, commirent en Bourgogne et par toute la France des dégâts irréparables. Sous le règne précédent, Henri de Bar, gouverneur de la province, s'était avancé contre eux, mais sans succès. Son armée fut défaite à Brignay, et l'insolence des pillards ne connut plus de bornes. Une de ces bandes s'acharna sur le Mâconnais et ne s'en détacha, dit un chroniqueur, que lorsqu'elle fut *entièrement gorgée comme une sangsue*. Une autre, cantonnée à Penne-sur-Saône faillit enlever Philippe le Hardi, pendant qu'il était à son château de Rouvre. Enfin, Du Guesclin vint trouver les *Écorcheurs* campés à Chagny, dont ils avaient fait leur quartier général, et eut le talent de les entraîner à sa suite en Castille contre Pierre le Cruel.

Les *Grandes-Compagnies* avaient à peine quitté le pays que les paysans s'attroupèrent à leur tour pour former la *Jacquerie*, et commirent aussi des excès de tous genres. Philippe le Hardi, à la tête des milices communales, en purgea le duché, les refoula sur le territoire allemand, où ils furent exterminés par l'empereur Charles IV.

Délivré enfin de tous ces embarras, le duc se rendit avec une cour nombreuse dans la ville de Gand, et y épousa Marguerite de Flandre, autrefois fiancée à Philippe de Rouvre. Cette princesse apporta à Philippe le Hardi les comtés de Bourgogne, d'Artois, de Flandre, de Réthel et de Nevers, dont elle était l'héritière. La maison ducale se trouva par ce mariage élevée à un tel point de grandeur qu'elle le disputa en puissance avec toutes les monarchies. Philippe, en recevant le duché, avait été créé *Pair de France*, et désormais, les ducs d'Aquitaine et de Normandie n'osèrent plus prendre le pas sur lui.

Les flamands étaient à cette époque le premier peuple de la chrétienté par leurs richesses et les priviléges dont ils jouissaient. Leurs quatre grandes communes Gand, Ypres, Bruges et la campagne de Bruges, qu'on appelait le *Franc*, étaient divisées en corps de métiers, dont chacun avait ses magistrats, sa justice et sa bannière ; mais nulle part l'administration n'était plus difficile que dans ces grandes villes, où les ouvriers se livraient à des querelles perpétuelles. Aussi verrons-nous les ducs de Bourgogne, pour les maintenir dans le devoir, obligés de faire leur résidence ordinaire au milieu d'eux, et même de se montrer toujours plus flamands que princes de la fleur de lis. La politique de Philippe, suivie par ses successeurs, fut de tout sacrifier au repos et au contentement de ses sujets de Flandre, sachant bien d'autre part qu'il pourrait toujours compter sur la fidélité de ses chers Bourguignons.

Mais, pour la troisième fois, la guerre de Cent ans venait de se rallumer en France. Philippe arrêta et contint par sa seule présence les Anglais cantonnés à Tournehem, et prévint Charles le Mauvais, roi de Navarre, qui menaçait la Flandre d'une invasion. Les Gantois, s'étant révoltés, faisaient cause commune avec les Anglais. Philippe pénètre dans le pays insurgé et gagne sur les rebelles les batailles de Commines et de Rosbecque (1382). Il envoya de Courtray à Dijon la célèbre horloge, dite le *Jacquemart*, comme un trophée que sa reconnaissance érigeait en l'honneur de la Mère de Dieu. Quand elle arriva, les habitants furent enthousiasmés et se cotisèrent avec empressement pour faire placer cette merveille sur l'une des tours de Notre-Dame (1383).

Les flamands réduits à l'impuissance, il fallut songer à leurs terribles alliés. Philippe voulut alors tenter une descente en Angleterre. On rassembla tous les vaisseaux qu'il fut possible de louer ou d'acheter; chaque seigneur en équipa un à ses frais : mais de tous ces navires richement ornés aucun n'approchait de celui du duc de Bourgogne; il était entièrement peint en dehors or et azur, couleurs de la province, et pavoisé de cinq grandes bannières, de quatre pavillons et de trois mille étendards. Malheureusement ces préparatifs furent inutiles, on ne put franchir le détroit. Philippe obtint néanmoins du roi Charles VI, son neveu, à titre de récompense, les trois villes de Lille, d'Orchies, et de Douai, et rentra couvert de gloire à Dijon, où il institua la *Chambre des comptes*, sur le modèle de celle de Paris. Philippe fit venir de la capitale un *conseiller-maître* et un *clerc*, afin d'établir en Bourgogne les mêmes us, styles et coutumes qu'en France. Il créa, en même temps, la chambre des *Comptes de Lille*, qu'il composa d'hommes venus de Paris et de Dijon, rompus dans la pratique, « pour montrer aux nouveaux officiers l'ordre, le style et la manière de travailler. » Le chancelier de Bourgogne fut le chef de la chambre des Comptes de Dijon, chargée d'examiner tout ce qui avait trait aux finances de la province.

En 1389, le roi Charles VI allant à Avignon, resta plusieurs jours à Dijon, après avoir visité le château de Montbard, en compagnie de son oncle.

Le duc Philippe ne voulut pas laisser passer cette occasion sans donner des preuves de sa munificence. Il parut avec ses chevaliers, tous vêtus de velours blanc et rouge; les écuyers et autres officiers de la cour portaient des habits de satin de même couleur. Philippe fit au roi et à sa suite des présents magnifiques en armes, chevaux, bijoux, bagues, fermails, etc.

Charles VI se rendit ensuite au château de Germolles, près de Chalon, où il fut reçu non moins fastueusement. Mais bientôt la démence de ce prince, survenue comme chacun sait, plongea la France dans un abîme de malheurs. Les États généraux choisirent le duc de Bourgogne pour régent du royaume. Le duc d'Orléans, son compétiteur, en ressentit un vif dépit, et c'est là l'origine première de cette longue rivalité des Bourguignons et des Armagnacs, partizans du duc d'Orléans, rivalité qui mit la France à deux doigts de sa perte.

Cependant Philippe ne voulut point que sa nouvelle dignité causât le moindre dommage à ses États héréditaires ; il ne permit pas aux officiers de la couronne de percevoir en Bourgogne le droit des *Traites foraines*, prélevé sur les marchandises, et supprima même tous les autres impôts établis par son père, le roi Jean. En 1390, il fit l'acquisition du comté de Charolais (1) des héritiers du feu comte d'Armagnac, beau-père du duc d'Orléans, et désormais, le fils aîné des

(1) Habité originairement par les Ambarres, parents et alliés des Éduens, le Charolais, sous la féodalité, fit d'abord partie du Brionnais, puis il échut aux comtes de Chalon, dont il forma la principale baronnie. Des comtes de Chalon, il passa aux ducs de Bourgogne, qui en firent un apanage bientôt érigé en comté et possédé, en 1327, par les sires d'Armagnac. Philippe le Hardi le racheta pour la somme de 60,000 fr. d'or ; mais son arrière-petite-fille, Marie de Bourgogne, en épousant un archiduc, porta le Charolais dans la maison d'Autriche, qui l'a gardé jusqu'en 1684, comme nous le verrons.

ducs de Bourgogne s'appela Comte de Charolais, tant ils attachaient d'importance à cette possession.

Philippe le Hardi mourut en 1404, au comble de la gloire et dans de grands sentiments de religion. Il s'était employé avec zèle, quoique sans succès, à faire cesser le schisme d'Occident, qui désolait alors l'Église. Ses funérailles furent magnifiques, et son mausolée passe pour l'un des plus beaux monuments de l'art gothique. L'histoire a placé ce prince au rang des souverains magnanimes. Il était bon, affable, d'un esprit juste, passionné pour la musique et ami des lettres. Il fonda la Chartreuse de Dijon et fit rendre la fameuse ordonnance de Charles VI, qui accordait le sacrement de pénitence aux criminels condamnés à mort, ce qui leur était refusé jusque-là. Sous son règne, Philibert de Molan, gentilhomme du comté de Bourgogne, institua l'ordre ou *confrérie de Saint-Georges*, plus connue sous le nom de *Rouges-Manteaux*. La noblesse chalonnaise établit pareillement une confrérie dans l'église collégiale de Saint-Georges, à Chalon, et la noblesse du Mâconnais dans l'église de Saint-Georges, à Mancey. Le costume des membres de l'ordre était si riche qu'il a donné lieu au proverbe: *Beau comme un saint Georges* (1).

Il se fit vers cette époque (XVe siècle), un changement complet dans la forme des vêtements.

Les femmes coupèrent les queues traînantes de leurs robes et en rétrécirent les manches qui, auparavant, tombaient jusqu'à terre. Elles remplacèrent en

---

(1) Certains auteurs font remonter l'origine de ce dicton aux décorations et enluminures de la statue même de saint Georges.

même temps les coiffures en pyramides, qui avaient fait hausser les portes, par de larges bonnets rembarrés de bourrelets et ornés d'oreilles postiches. Les règles de l'architecture plièrent encore une fois devant le caprice de la mode et on élargit l'entrée des maisons. De leur côté, les hommes imaginèrent des habits mi-partie, c'est-à-dire, moitié d'une couleur, moitié d'une autre; ensuite ils substituèrent aux amples vêtements de l'âge précédent, de petits pourpoints, attachés par des aiguillettes à des hauts de chausses extrêmement étroits, et, pour paraître larges de poitrine, ils s'appliquèrent à gauche et à droite un surcroît d'épaules. Les chapeaux ou calottes de fer, dont on s'était servi au lieu de casques à l'époque des Croisades, amenèrent l'usage des chapeaux de feutre ou de castor. C'est vers le milieu du XV° siècle, que les gentilshommes commencèrent à en faire leur coiffure ordinaire; ils y ajoutaient alors des plumes, des franges, des panaches pour en relever les formes élégantes. Les bourgeois et les simples paysans conservèrent encore longtemps le chaperon, peint de diverses couleurs, selon la distinction des personnes. Jusqu'alors, en effet, on avait assigné des étoffes et des parures spéciales aux différentes classes de la société (1).

Le peuple se contentait des draps solides et grossiers des fabriques nationales, mais les seigneurs

(1) Un arrêt du parlement de Paris défendit en 1420, la ceinture dorée aux femmes de mauvaise vie; mais elles n'observèrent pas longtemps cette prohibition, et bientôt leur costume ne les distingua plus des femmes honnêtes, ce qui obligea celles-ci de renoncer à cette parure. De là, le proverbe si connu : *bonne renommée vaut mieux que ceinture dorée.*

achetaient à l'étranger les tissus précieux, qui entraient dans la confection de leurs vêtements. Il fallut que les rois de France fissent venir de Grèce et d'Italie un grand nombre d'ouvriers pour fabriquer les étoffes d'or, d'argent et de soie, et telle fut l'origine des fameuses manufactures de Lyon ; celles de Flandre jouissaient déjà d'une grande célébrité. Le négoce et l'industrie restèrent encore pendant longtemps entre les mains des étrangers ; mais à la fin, l'institution des postes facilita et étendit les relations commerciales, qui ne furent plus le monopole exclusif des Juifs.

Philippe le Hardi laissait trois fils : Jean, son successeur, Antoine, duc de Brabant, et Philippe, comte de Nevers.

JEAN SANS PEUR

(1404—1419)

Ce prince, né à Dijon et baptisé à la Sainte-Chapelle en 1371, hérita des vastes États de son père, qu'il augmenta encore des comtés de Hainaut, de Hollande et de Zélande, par son mariage avec Marguerite de Bavière. Sa bravoure était proverbiale et lui fit donner le surnom de *sans Peur* : il avait gagné ses éperons, n'étant encore que comte de Nevers, dans une guerre contre les Turcs. Tandis que son père était régent du royaume, le terrible Bajazet, appelé *la Foudre*, avait fait une invasion en Europe et menaçait la Hongrie d'une ruine complète. A cette nouvelle, la noblesse de France retrouva l'élan des croisades. Philippe le Hardi mit à la tête de l'expédition son jeune fils, qui se battit comme un lion à la journée de Nicopolis. L'armée chrétienne fut anéantie; seul le comte de Nevers et quelques preux chevaliers furent épargnés, mais ils restèrent entre les mains du vainqueur. Les États de Bourgogne levèrent alors une taxe pour délivrer le fils de leur duc de la captivité des infidèles. Jean se souvint, à son avènement, de cette marque d'affection, et paya sa dette envers ses sujets, en les déchargeant d'une nouvelle imposition, que le conseil de régence avait établie sur toute la France, durant la maladie du roi (1). Heureux s'il se fut borné au gouvernement de sa province !

Mais sa bouillante ardeur le porta bientôt sur un théâtre plus vaste. La France se battait toujours contre les Anglais. Jean sans Peur leur fit lever le siége de l'Écluse, en 1405, les mit en pleine déroute à Gravelines, et les aurait chassés de Calais, s'il n'en eût été empêché par une intrigue de cour. Jean avait un ennemi irréconciliable dans la personne du duc d'Orléans, second fils de Charles V et lieutenant général du royaume, depuis la mort de Philippe le Hardi. Leur dissentiment, qui éclatait en toute circonstance, finit par la plus funeste catastrophe. En 1407, le duc

(1) Jean sans Peur fit frapper à Auxonne, vers l'année 1405, de petites pièces d'argent valant un denier et demi. On les appela *nicquètes*, parce qu'elles étaient censées faire la nique au duc d'Orléans, avec qui Jean s'était brouillé. On sait que le duc d'Orléans, en signe de menace, avait pris pour symbole un bâton noueux, et que Jean sans Peur avait spirituellement riposté, en adoptant comme emblème un rabot ou planon. Les *nicquètes* portaient d'un côté deux bâtons noueux, au milieu desquels on voyait le rabot, et de l'autre, les armes de Bourgogne.

d'Orléans fut assassiné par des sicaires aux gages du duc de Bourgogne. On sait quelles furent les conséquences de ce meurtre d'un prince du sang royal. La justice étant impuissante en face d'un coupable qui se vantait de son crime, la guerre éclata entre les Bourguignons et les Armagnacs (1). Les deux partis armèrent l'un contre l'autre et se battirent au nom du malheureux roi, dont ils eurent tour à tour la personne en leur pouvoir.

Jean sans Peur resta maître de Paris pendant sept ans, grâce à l'appui du peuple et des bouchers, appelés *Écorcheurs* ou *Cabochiens* du nom de leur chef. Jean sans Peur était à l'apogée de sa puissance, quand il fut rappelé en Flandre par la révolte des Liégeois. La voie des négociations n'ayant pu désarmer les rebelles, le duc marcha sur eux avec ses braves bourguignons. Jean se distingua entre tous par sa bouillante ardeur : monté sur un coursier rapide, il allait de rang en rang pour encourager les combattants et payait courageusement de sa personne. La victoire se déclara bientôt en sa faveur, et Liége subit les conditions qu'il plût à Jean de lui imposer. Celui-ci revint à Paris au milieu des acclamations du peuple. On voulut tenter une réconciliation entre la maison de Bourgogne et les princes d'Orléans; la cathédrale de Chartres fut choisie pour cette scène mémorable. Lorsque Jean

(1) Maître Jean Petit, docteur de l'université de Paris et conseiller du duc de Bourgogne, fut chargé de justifier son attentat : il le fit dans un discours dans le goût de la dialectique subtile de l'époque et s'efforça de prouver, par douze arguments en l'honneur des douze apôtres, que Monseigneur Jean avait accompli une chose louable, en faisant périr un tyran.

s'avança sur l'estrade où était le roi, il s'agenouilla et demanda pardon pour le fait commis en la personne de son cousin. Charles répondit en disant qu'il n'en avait aucune déplaisance. Le pardon royal obtenu, le duc sollicita celui des enfants d'Orléans ; les jeunes princes cédèrent aux instances du roi et répétèrent les paroles qu'on leur dicta.

Le traité de Chartres donna tout pouvoir au duc de Bourgogne ; mais les princes d'Orléans ne tardèrent pas à former contre lui une ligue offensive, dans laquelle entrèrent les ducs de Bourbon et de Bretagne ainsi que le comte d'Armagnac. Ce dernier était un prince rempli de courage et d'habileté. Il venait de marier sa fille avec le nouveau duc d'Orléans, l'aîné des fils de la victime de Jean sans Peur et devint le chef du parti, auquel il donna son nom. La guerre civile éclata des deux côtés à la fois : les environs de Paris furent dévastés. Les Gascons pillaient les campagnes avec tant d'acharnement qu'ils rendirent le parti des Armagnacs odieux ; leur signe de ralliement était une croix blanche à angle droit. Les Bourguignons plus modérés, mais non moins terribles, se reconnaissaient à la croix rouge, dite de Saint-André, qu'ils portaient sur l'épaule. Les Anglais ne pouvaient manquer de se prévaloir de nos divisions intestines, et la bataille d'Azincourt (1415) apprit à la France que l'étranger allait lui imposer les plus dures conditions. Ce jour-là, les deux familles rivales avaient encore combattu sous le même drapeau, mais la haine étouffa bientôt ce qui restait de patriotisme dans ces cœurs ulcérés. Jean, par un traité secret, s'allia aux Anglais et obtint Rouen pour prix de sa trahison. Une émeute payée, la faveur d'Isabeau de Bavière et un massacre lui ouvrirent les portes de Paris, où il entra en triomphateur, salué par les acclamations d'un peuple égaré. Des fleurs jonchaient les rues. On criait : « Noël! Noël! au noble duc qui abolit les impôts et les gabelles! » C'était, en effet, le premier soin de Jean, chaque fois qu'il prenait en main le pouvoir.

Cependant la conquête de la Normandie par les Anglais effraya à la fois Armagnacs et Bourguignons ; les dangers, dont la France était menacée, leur fit sentir la nécessité d'une réconciliation. Des pourparlers furent de nouveau entamés ; mais comme auparavant il fallait que le dauphin, chef des Armagnacs, et le duc de Bourgogne s'entendissent, on fixa une entrevue, le 10 septembre 1419, sur le pont de Montereau. Au moment où le duc de Bourgogne, qui avait déjà reçu plusieurs avis secrets, allait partir, ses confidents voulurent encore le retenir. — « Pour Dieu, y pensez-vous, leur dit-il, je ne veux pas qu'on me reproche que la paix a été rompue par ma lâcheté. » Il eut à peine franchi l'enceinte destinée aux princes qu'on entendit crier : « Alarme! alarme! tue! tue! » et l'on aperçut les gens du dauphin, qui frappaient le duc de leurs haches et de leurs épées. Aussitôt Jean tomba mort. Les assassins voulaient jeter son corps dans la Seine : le curé de Montereau put obtenir qu'il lui fût remis, et il l'ensevelit dans la bière des pauvres avec son *jupon*, ses *housseaux* (bottes) et sa *barette ou calotte*. Tandis que cette sanglante tragédie s'accomplissait à quelques lieues de Paris, les Armagnacs envahissaient le duché de Bourgogne; Mâcon était menacé, le Charolais dévasté. Marcigny, Digoin,

Semur-en-Brionnais éprouvaient tour à tour la colère des bandes, qui occupaient le pays.

Malgré ses fautes, Jean fut regretté des Bourguignons, qu'il avait gouvernés avec douceur et sagesse.

Il était dur à lui-même, infatigable, endurant sans se plaindre la faim, la soif, la pluie, le soleil. Petit de taille, il avait le corps bien pris, le regard ferme et vif, et une constitution robuste. Quoique d'un caractère fougueux, il était facile pour ses serviteurs et aimait à les récompenser généreusement.

Saint Vincent Ferrier vint, pendant son règne, prêcher à Mâcon, à Tournus, puis à Dijon, où il établit une maison de Dominicains.

PHILIPPE LE BON

(1419—1467)

La mort tragique de Jean sans Peur mit son fils, Philippe le Bon, en possession de la Bourgogne et de la Flandre. C'était un prince de vingt-trois ans, ami du faste et des plaisirs. Aucune cour en Europe n'égala la sienne en éclat et en magnificence. Il était à Gand, quand il apprit le meurtre de son père. Animé d'un vif désir de le venger, il convoqua à Arras une assemblée de ses barons, à laquelle il invita le roi d'Angleterre. C'est là que fut préparé, pour être conclu à Troyes, en 1420, le honteux traité, qui, de complicité avec Isabeau, épouse et mère dénaturée, déshéritait le Dauphin (Charles VII) du vivant de son père au profit de l'étranger. Effectivement, à la mort de Charles VI (1422), Henri IV, de la maison de Lancastre, fut proclamé roi de France et d'Angleterre. Pour comble de malheur, Charles VII de Valois, appelé par dérision *roi de Bourges*, perdait gaiement, au milieu des fêtes et des parties de plaisir, les quelques provinces restées fidèles.

C'en était fait de la vieille monarchie française, si le ciel n'eût envoyé à son secours l'héroïne connue dans nos annales sous le nom de *Pucelle d'Orléans*. Jeanne d'Arc, par ses vertus, par les preuves qu'elle donna de sa mission divine, releva les courages abattus, et les plus vaillants se jetèrent à sa suite dans Orléans, qui fut délivré. Elle devait, disait-elle, faire sacrer le roi à Reims; mais Charles VII hésitait, car il fallait pour cela traverser trois rivières bien défendues et quatre-vingts lieues de pays ennemi. Jeanne le convainquit par de nouveaux triomphes, qui furent autant de prodiges; à Patay, les Français tuèrent trois mille Anglais, sans perdre un seul homme; Auxerre, Troyes, Châlons se rendirent au roi et Reims lui ouvrit ses portes.

Devant ces merveilles, le duc de Bourgogne oublie son ressentiment. Les embarras où il se trouvait lui-même étaient de nature à lui faire faire de sérieuses réflexions. Ses provinces, jusque-là beaucoup moins exposées que le reste du royaume aux ravages de la guerre, offraient une riche proie à l'avidité des gens d'armes, qui y pénétraient de tous côtés. En effet, les capitaines, abandonnés à eux-mêmes par l'insouciance de Charles VII, couvraient de leurs bandes audacieuses le duché de Bourgogne, le Charolais, le Nivernais et l'Artois. Philippe d'ailleurs, revenu à l'honneur et à la raison, commençait à comprendre que l'ardeur de la vengeance l'avait poussé trop loin : il se rappelait sa naissance et les fleurs de lis, qui parsemaient deux quartiers de ses armes ; il sentait surtout l'impatience de ses sujets bourguignons, lesquels ne supportaient qu'en frémissant le joug de l'étranger. Déjà, le duc de Bourbon avait pénétré dans le Mâconnais et dans le Chalonnais, où plusieurs seigneurs voulaient renoncer à l'hommage de Philippe, et où les villes conspiraient ouvertement pour le roi de France. Le duc de Bourgogne accourt aussitôt avec une armée. Après avoir fait tout rentrer sous son obéissance, il attaqua à son tour le duc de Bourbon, l'assiégea dans Villefranche et s'empara de Belleville. Mais un tel état de choses ne pouvait durer plus longtemps. Philippe le Bon résolut enfin de se réconcilier avec le roi de France, son légitime suzerain.

Le duc de Bourbon, avec lequel il avait signé une suspension d'armes, lui prêta sa médiation bienveillante, et aplanit lui-même les premières difficultés.

Les négociations, commencées en 1134 à Nevers, se poursuivirent à la célèbre conférence d'Auxerre, tenue sous la présidence de Ferry, évêque d'Autun, et aboutirent enfin, l'année suivante, au traité d'Arras, par lequel Charles VII désavouait la mort de Jean sans Peur ; Philippe, de son côté, reconnaissait Charles pour son souverain. Le duc obtint, à titre de dédommagement, les anciennes acquisitions de saint Louis en Bourgogne, la seigneurie de Saint-Gengoux, les comtés d'Auxerre, de Mâcon et de Bar-sur-Seine.

Les sceaux ayant été apposés au bas du traité, le duc de Bourgogne, le duc de Bourbon et le connétable de France, qui représentait le roi, en jurèrent l'observation sur le crucifix, entre les mains du légat du pape, dans l'église Saint-Waast, où une messe fut célébrée avec toute la pompe convenable à une si touchante cérémonie. La paix fut ensuite annoncée au dehors au milieu des acclamations de la foule, ivre de bonheur. Philippe signala cet heureux événement par une promotion de chevaliers de la *Toison d'or*, qu'il venait de fonder et aida Charles VII à rentrer dans Paris et à chasser les Anglais du royaume.

Désormais, la prospérité de ses peuples, la fondation d'œuvres charitables, devinrent son unique préoccupation (1). L'union des maisons de France et de Bourgogne fut encore resserrée par le mariage du comte de Charolais avec Catherine de France. Philippe mérita vraiment le titre de *Bon*, que lui donne l'histoire, en délivrant lui-même le duc d'Orléans, prisonnier des Anglais depuis la journée d'Azincourt. La première entrevue de ces deux princes, divisés jusque-là par tant de haines, offrit le spectacle le plus attendrissant : ils s'embrassèrent à plusieurs reprises, pénétrés de cette joie pure et généreuse, que les âmes nobles sont seules capables de sentir. Philippe, non content d'être le bienfaiteur du duc d'Orléans, voulut encore devenir son ami : il lui fit épouser sa nièce, Marie de Clèves, qui devait être la mère du bon Louis XII.

Ce mariage fut célébré au milieu du plus brillant appareil dans l'église de Saint-Omer, où le duc d'Or-

---

(1) En 1424, Philippe, se trouvant à Autun, ordonna au receveur de la ville de payer tous les ans neuf-vingts livres de cire pour brûler jour et nuit devant le chef de saint Lazare.

léans jura d'observer le traité d'Arras. Il accepta ensuite l'ordre de la Toison d'or, que Philippe lui avait offert; en retour, il donna au duc de Bourgogne le collier de l'ordre du Porc-épic, dont il était lui-même le fondateur.

Vers le même temps, Philippe le Bon se laissa persuader par le duc de Bourbon de rendre la liberté au loyal René d'Anjou, compétiteur malheureux du comte de Vaudemont, pour la succession au duché de Lorraine et prisonnier sur sa parole à Dijon, dans une des tours du palais, depuis trois ans.

En 1442, on vit une nouvelle apparition des *Écorcheurs*. Le duc de Bourgogne leur fit une chasse aussi active que vigoureuse et les extermina presque tous à Chanteau, près de Saulieu. Au rétablissement de la paix, on donna, dans la banlieue de Dijon, un tournoi splendide, pour le maintien et l'honneur des armes bourguignonnes. Pendant quarante jours que durèrent les fêtes, le baron de Bauffremont, qui en était le héros, tint *cour ouverte*, avec une magnificence inouïe. Les mêmes réjouissances se renouvelèrent quelque temps après *au pas d'armes*, tenu à Chalon, par le sieur de Lalain. Philippe y vint avec toute sa cour et fut visité par les ducs de Savoie, d'Orléans et de Bourbon (1). De Chalon, il se rendit

(1) Toutes ces joutes se faisaient avec une grande solennité. Le plus ordinairement le duc de Bourgogne, entouré de toute sa cour, en était le juge : quand il était retenu par ses affaires, il envoyait pour le représenter son héraut d'armes, nommé *Toison d'or*.

Le Tournoi de Chalon fut appelé Tournoi de la *Dame des Pleurs*, à cause d'un tableau placé dans le pavillon où se livra le combat, et qui représentait une femme éplorée.

en Comté, au devant de l'empereur Frédéric III ; mais, en sa qualité de prince du sang royal de France, il ne mit point pied à terre et se contenta de faire une inclination de l'arçon de sa selle. Il profita de ce voyage pour réunir à Salins les États du Comté de Bourgogne et publier les coutumes de ce pays. C'est à cette occasion que furent rédigés les us et coutumes du duché, et l'on assure que Philippe prit personnellement une grande part à ces importants travaux législatifs.

L'empereur de Constantinople, Jean Paléologue, lui envoya une ambassade pour lui exposer les alarmes et les souffrances des chrétiens d'Orient. On connaissait le zèle du duc pour tout ce qui intéressait la Religion, et la cour de Constantinople s'adressait à lui comme au plus généreux et au plus puissant prince de la chrétienté. Philippe reçut avec un profond respect, les reliques que lui apportaient les envoyés grecs, et prit ensuite l'engagement qu'il allait s'occuper sans délai de faire passer des secours à l'empereur. De nombreux chevaliers bourguignons, en effet, s'embarquèrent sur des galères vénitiennes, ils remplirent la Méditerranée du bruit de leurs exploits, et prirent une part glorieuse à l'héroïque défense de Rhodes, en 1444.

Lorsque Louis, dauphin de France, quitta la cour de son père, le duc lui refusa un asile en Bourgogne, où ses intrigues pouvaient être un danger pour la couronne, et lui offrit à Geneppe, en Flandre, une hospitalité digne de son rang. C'est à ce propos que Charles VII prédit à Philippe le Bon qu'il nourrissait chez lui *un renard, lequel mangerait un jour ses poules.* Le duc, à la mort du roi, n'en accompagna pas moins le dauphin à Reims pour la cérémonie du sacre et le suivit jusqu'à Paris avec son fils (1). Louis XI voulut être armé chevalier de la main de ce grand prince, vénérable par son âge et plus respectable encore par ses vertus que par son rang. Philippe possédait alors cinq duchés à hauts fleurons, quinze comtés d'anciennes érections et une infinité de belles seigneuries. Aussi les pères du concile de Bâle lui avaient-ils donné rang aux séances publiques, immédiatement après les rois, et les princes étrangers lui décernèrent-ils le titre de *Grand duc d'Occident*.

L'ardeur guerrière du prince bourguignon semblait croître avec les années. Si le roi de France avait été du même avis, une nouvelle et importante croisade se serait jetée sur l'Orient et aurait chassé Mahomet II de Constantinople. Philippe en avait fait le *vœu du faisan*, selon l'antique usage que les seigneurs avaient de prêter leurs serments sur quelque noble oiseau.

(1) L'entrée de Louis XI dans sa capitale fut saluée par des fêtes magnifiques; mais là, comme à Reims, le faste du duc de Bourgogne contrastait avec la simplicité du roi de France. Louis manquait d'aisance et de dignité dans ses manières; son habit de serge court et étroit, sa Notre-Dame de plomb attachée à sa barette, firent mauvais effet sur le peuple, accoutumé à la grâce et à la belle tenue de ses princes. Aussi tout son empressement fut-il pour le duc, qui l'éblouissait par l'éclat de ses richesses. Philippe devint en peu de temps l'idole des parisiens. Il donnait aux églises, aux hôpitaux, aux pauvres, à tout le monde. On venait admirer dans son hôtel les superbes tapisseries de Flandre, et chaque jour de grands banquets étaient offerts aux bourgeois de Paris. On donnait également des tournois où combattait le comte de Charolais, ainsi que la noblesse de France et de Bourgogne. Jamais Paris n'avait vu de plus riches armures, ni de plus brillants chevaliers.

Charles VII loua fort le dessein de son cousin, mais ne se montra pas disposé à y coopérer. Le duc de Bourgogne, contraint d'abandonner son entreprise lointaine, reporta toute son attention sur la prospérité intérieure de ses vastes États, que convoitait déjà le fils et successeur de Charles VII.

La reconnaissance, en effet, était un sentiment inconnu à Louis XI. Il oublia bientôt ce qu'il devait à Philippe et à son fils Charles, dont il avait été pendant cinq ans l'ami et le compagnon. Une fois monté sur le trône, il ne vit dans la maison de Bourgogne que la rivale de la maison de France, dans ses princes que les plus hauts représentants de cette féodalité, qu'il avait juré d'abaisser et même d'anéantir, s'il le pouvait. La Flandre lui fut un auxiliaire tout trouvé : aussi s'appliqua-t-il constamment à y fomenter des révoltes contre l'autorité de Philippe, son bienfaiteur. En 1466, Liége se souleva grâce à ses sourdes intrigues ; mais ce fut une occasion pour le comte de Charolais de se faire reconnaître lui et ses héritiers comme *mainbourgs* perpétuels de cette cité. Ce titre conférait au duc de Bourgogne la principale magistrature de Liége et dans toutes les communes du diocèse. Dinan ayant voulu aussi s'affranchir de l'autorité ducale, Charles crut qu'il fallait comprimer par la terreur tout autre tentative d'insubordination, et détruisit la ville de fond en comble.

L'année suivante, mourait à Bruges dans la soixante-douzième année de son âge, après un règne glorieux de cinquante ans, le duc Philippe le Bon, devant lequel s'étaient inclinées tant de têtes royales. Il laissait la plus belle cour de l'Europe. On trouva dans son épargne des trésors immenses en argent monnayé, en pierreries et en étoffes précieuses ; et pourtant il ne s'était pas enrichi aux dépens de ses peuples, car, dit un historien de ce temps, « il mit ses pays en si haute paix et tranquillité, qu'il n'y avait si petite maison bourgeoise ou de ville où on ne bût et mangeât en vaisselle d'argent. » « Il y eut, dit un second auteur, plus de larmes, à ses funérailles que de paroles, car il semblait que chacun eût enterré son père. » Ce prince avait été marié trois fois ; il n'eut d'enfants que de sa dernière femme, Isabelle, fille de Jean I, roi de Portugal. C'est à l'occasion de son mariage avec cette princesse qu'il prit la devise « *autre n'aurai* » et qu'il institua l'ordre de la *Toison d'or*, à Bruges, ordre transporté depuis en Espagne et en Autriche (1). L'insigne est une toison d'or, suspendue à un collier de même métal, ornementé de briquets en forme de B pour signifier *Bourgogne*.

On doit encore à Philippe le Bon la fondation de

---

(1) A l'origine, l'ordre de la *Toison d'or* ne devait comprendre que trente-et-un chevaliers, gentilshommes d'armes et de nom, sans reproche. Le chef suprême était le duc de Bourgogne, qui donnait lui-même le collier formé de briquets, auquel était appendue la toison d'or. Cet insigne devait lui être renvoyé après le décès du chevalier. Tous ceux qu'on recevait dans l'ordre de la Toison d'or ne pouvaient plus porter aucun autre ornement, excepté les souverains, qui gardaient l'ordre dont ils étaient chefs. Le grand manteau de l'ordre était de couleur écarlate ainsi que le chaperon. Depuis Charles-Quint, le nombre des chevaliers a dépassé le chiffre fixé par Philippe le Bon.

A l'exemple du duc de Bourgogne, mais longtemps après lui, en 1429, Louis XI créa l'ordre de Saint-Michel, plusieurs fois réuni à celui du Saint-Esprit, dont nous parlerons plus tard.

l'université de Dôle (1), pour les deux Bourgognes. Elle devint bientôt assez célèbre pour exciter la jalousie des Universités de Paris et d'Avignon.

CHARLES LE TÉMÉRAIRE

(1467—1477)

Ce prince, le seul survivant des enfants de Philippe le Bon, était né à Dijon, le 10 novembre 1433, et fut titré à sa naissance comte de Charolais. Aux qualités héréditaires de sa race, courage, franchise, générosité, Charles joignait des défauts qui lui étaient personnels, et qui rendaient bien dangereuse la lutte engagée avec Louis XI, le plus rusé politique de son temps. Du vivant de son père, il s'était mis à la tête de la *Ligue du bien public*, dirigée contre les entreprises perfides du roi, auquel il imposa le traité de Conflans.

Devenu duc de Bourgogne, il voulut demander à Louis raison de ses infractions perpétuelles aux clauses du traité et proposa l'entrevue de Péronne. Le monarque, plein de confiance dans son habileté, accepta l'invitation ; mais il faillit payer bien cher son penchant à l'intrigue ; car, le duc ayant appris que la révolte des Liégeois était sourdement fomentée par les agents du roi de France, n'hésita point à le faire enfermer au château voisin de la tour, où Charles le Simple avait autrefois terminé ses jours. A la fin, cependant, il prêta l'oreille aux conseils de Philippe de Commines, son

---

(1) Il avait singulièrement accru pour ses États du Nord les dotations et les priviléges de l'université de Louvain.

secrétaire, et consentit à rendre Louis à la liberté, sous la condition expresse qu'il marcherait avec lui en personne contre les Liégeois ses alliés, et qu'il emploierait ses troupes à soumettre les rebelles. Louis XI, pour qui les promesses n'étaient rien, non seulement se soumit à cette clause humiliante, mais il accepta un nouveau traité encore plus dur que celui de Conflans. Cet arrangement, signé à Arras en 1465, rattachait le comté de Mâcon au duché de Bourgogne, sous la réserve de foi et hommage et de retour à la couronne, si Charles ne laissait pas d'enfant mâle (1). Louis se fit ensuite délier de son serment par une assemblée de notables, convoquée à Tours, car il ne voyait que dans une rupture ouverte avec son redoutable vassal le moyen d'empêcher son frère, créé successivement duc de Normandie, puis de Guyenne, d'aller fonder une nouvelle dynastie en Bourgogne. L'unique fille de Charles, en effet, lui avait été promise en mariage : mais ce malheureux prince, victime de l'ambition de son frère, ne put voir son vœu réalisé ; il rendit le dernier soupir au moment où sa jeune fiancée arrivait de Bourgogne.

Il n'en fallait pas tant pour décider Charles à la guerre : le duc de Bourgogne pénétra avec une armée en Picardie, brûla la ville de Nesle et vint mettre le siège devant Beauvais (1472). Il allait s'emparer de la place, lorsqu'une femme courageuse, Jeanne Hachette, saisissant un étendard, planté sur la brèche, marche à l'ennemi à la tête d'une troupe de

---

(1) C'est alors que le bailliage, l'un des quatre du royaume qui ressortissaient au Parlement de Paris, fut transféré de Mâcon à Saint-Gengoux-le-Royal, pour juger les cas royaux.

ses compagnes, et force l'armée assiégeante à renoncer à son entreprise.

Charles nourrissait, depuis longtemps, un projet, qui flattait sa vanité et qui ne manquait pas de grandeur : son dessein était d'ériger le duché en royaume, sous le nom de *Gaule-Belgique*, état intermédiaire entre la France et l'Allemagne, qui aurait sans aucun doute prévenu bien des collisions, ou amorti bien des chocs. Déjà des négociations avaient été entamées à ce sujet avec l'empereur Frédéric III, auquel était réservé le privilége, dernier débris de la puissance impériale, de créer des royaumes. Au titre de roi, il était convenu que Charles joindrait la qualification de *Vicaire de l'Empire*, pour les provinces rhénanes qu'il possédait. Le nouveau royaume devait avoir Besançon pour capitale, et s'étendre depuis l'embouchure du Rhin jusqu'à la Méditerranée.

Dans le dessein d'unifier son territoire, le futur monarque de la *Gaule-Belgique* avait acquis le landgraviat d'Alsace, les comtés de Ferrette et Brisgau. Il intervint également dans la querelle d'Arnoud, duc de Gueldre, avec son fils dénaturé, qui l'avait jeté en prison. Charles délivra ce malheureux père et obtint de lui, comme pour marque de sa reconnaissance, la succession de tous ses États.

Le duc de Bourgogne arrivait rapidement à ses fins; il ne lui manquait plus que le nom de roi, car déjà il en avait toute la puissance. Afin d'obtenir cet honneur, il promit à Frédéric III sa protection contre les Suisses, qui étaient en guerre depuis de longues années avec la maison d'Autriche, et la main de sa fille unique à Maximilien, héritier présomptif de la couronne impériale. La ville de Trèves fut choisie pour l'entrevue des deux princes. L'empereur s'y rendit le premier, et, le lendemain, Charles le Téméraire fit son entrée solennelle, ayant à ses côtés la princesse Marie, ravissante de beauté et couverte de diamants. Les négociations commencèrent aussitôt : mais Frédéric déclara qu'il n'accorderait rien avant la conclusion du mariage projeté. Charles, qui ne pouvait se soumettre à la nécessité d'avoir un gendre, trouvait toujours quelques prétextes pour différer. Son orgueil et ses prétentions étaient d'ailleurs extrêmes. A la fin, la patience de l'Empereur se lassa ; il quitta la ville de Trèves, au moment même où devait se faire le couronnement, laissant le duc humilié et furieux.

Celui-ci déchargea sa colère contre les Suisses. Il voulut auparavant visiter les vastes domaines qu'il possédait en Alsace, et où son gouvernement était détesté. Le sire de Hagenbach, lieutenant du duc, s'était rendu odieux par sa tyrannie exécrable et ses débauches honteuses (1). Il n'avait pas même craint de provoquer le mécontentement des Suisses en s'emparant au nom de son maître d'une forteresse, qui appartenait aux habitants de Berne. Charles eut le tort de ne pas désavouer un gouverneur aussi criminel qu'imprudent. Des délégués Suisses vinrent le prier de ne pas permettre que de pareils outrages se renouvelassent envers une

(1) On dit que, sans respect pour le saint jour de Pâques, il avait ordonné que tous les habitants de Brisach, où il s'était cantonné, hommes, femmes et enfants, sortiraient de la ville pour aller creuser des fossés et construire des retranchements. Un grand nombre d'actes de ce genre ont fait au sire de Hagenbach une triste célébrité dans tous les pays qu'il a administrés.

république, qui avait toujours été l'amie de la Bourgogne. Selon l'étiquette de la cour, ils furent obligés de parler à genoux. Le duc les reçut froidement et leur ordonna de le suivre à Dijon pour avoir sa réponse.

Charles vint donc se montrer aux deux Bourgognes, qu'il n'avait pas encore visitées. Le lendemain de son arrivée à Dijon, il fit l'ouverture des États et donna aux députés un festin splendide, où il étala sa riche vaisselle d'or et d'argent. Il prit ensuite la parole et rappela la gloire de l'ancien royaume de Bourgogne, que « les rois de France, dit-il, ont saisi contre toute justice pour le réduire à un simple duché. » Comme on le voit, il n'avait abandonné aucun de ses vastes projets et ses actes étaient conformes à ses discours. Il s'occupait à entretenir l'humeur belliqueuse de ses hommes d'armes par de fréquentes fêtes guerrières, à compléter l'organisation de son armée et à s'attacher les meilleurs capitaines de l'époque. Il renvoya les avoyers (députés) de Berne sans faire droit à leurs condoléances, et, après avoir assisté au service funèbre du feu duc Philippe et de sa mère, la bonne duchesse Isabelle, il quitta Dijon pour se rendre dans ses États du Nord, et de là marcher contre les Suisses.

Ceux-ci, sourdement excités par Louis XI, avaient déjà pénétré dans la Franche-Comté et emporté Pontarlier. René, duc de Lorraine, que Charles avait voulu dépouiller de ses états, au moment où il s'était emparé de l'Alsace, accéda à la ligue des Suisses.

La guerre commença sur son territoire. Les chevaliers bourguignons enlevèrent à la course le duché de

Lorraine, et y exercèrent toutes sortes de cruautés. Charles fit son entrée triomphale dans Nancy, le 30 novembre 1475, et fut reconnu par les États de Lorraine, auxquels il annonça que leur ville, embellie par ses soins, deviendrait bientôt la capitale d'un nouveau royaume, d'où il dicterait des lois aux Allemands et aux Français. Sans plus tarder, et au cœur même de l'hiver, il réunit son armée pour marcher contre les Suisses, qui avaient commencé eux-mêmes l'attaque en envahissant la Franche-Comté. La conquête de la Suisse rentrait, du reste, dans ses immenses projets, et il lui semblait d'autant plus facile de les réaliser que le vieux roi René, dit le *bon René*, le même qui avait été enfermé à Dijon en 1433, lui donnait à espérer son héritage : la Provence et une grande partie du midi de la France.

Avec ses quarante mille soldats, bien choisis, bien équipés et pourvus de tout en abondance, traînant après eux la plus belle artillerie de l'Europe, le Téméraire croyait avoir facilement raison de ces pâtres, qui lui demandaient grâce, disant qu'il y avait plus d'or dans les éperons de ses cavaliers que dans toute l'Helvétie. Charles fut sourd à leurs prières : la bataille s'engagea dans le défilé de Granson. Le choc fut terrible, mais toute la vaillance des chevaliers bourguignons vint se briser contre la muraille de fer, que leur opposaient les longues piques et les hallebardes helvétiennes. En même temps se fit entendre le son strident des trompes d'Uri et d'Unterwald, énormes aurochs, dans lesquels soufflaient de vigoureux montagnards, et qu'on appelait vulgairement le *taureau d'Uri* et la *vache d'Unterwald*. La déroute des Bourguignons fut complète : le duc y perdit, avec ses trésors, le gros diamant de la couronne de Bourgogne, qui égalait en volume la moitié d'une noix. Son courroux n'en devint que plus violent, et une seconde défaite plus désastreuse encore, qu'il essuya à Morat (1476), put à peine lui ouvrir les yeux. Au lieu de chercher à réparer ses pertes et à refaire son armée, il marcha contre René de Lorraine, que les victoires des Suisses avaient ramené dans ses États ; mais il fut vaincu une troisième fois sous les murs de Nancy, par les intrépides montagnards, alliés du jeune duc de Lorraine. Son armée périt presque tout entière dans cette bataille et lui-même y trouva la mort (6 janvier 1477).

Telle fut la fin du dernier duc de Bourgogne, que l'on peut appeler le dernier défenseur de la féodalité. Celui qui l'avait vaincu par la main des Suisses, c'était, à n'en pas douter, Louis XI, son implacable et astucieux rival, qui, se tenant éloigné des champs de bataille, n'avait cessé de lui susciter des ennemis et de former des ligues contre lui. La puissance politique de la Bourgogne est brisée. On a remarqué que ce fut à la suite de l'invasion helvétienne, sous César, que les Éduens avaient pris une si large place dans l'histoire : les Bourguignons, leurs successeurs, en disparaissent pour avoir voulu soumettre la Suisse à leur domination.

Charles le Téméraire mourut à quarante-quatre ans, après neuf ans et demi de règne, et au moment où il allait reconstituer en l'augmentant l'ancien royaume de Gondebaud et de saint Gontran. Philippe, son père, avait formé le même dessein, et, malgré toute sa prudence, il n'é ait pas parvenu à le réaliser. Charles avec sa fougue « de jeune taureau » devait fatalement échouer dans une entreprise, qui demandait plus d'habileté diplomatique que de courage militaire.

Philippe avait une haute taille et un port majestueux ; Charles était de taille moyenne et de robuste constitution, son visage portait une expression mâle et guerrière. Infatigable au travail et à l'étude, il se levait de grand matin et avait trop d'estime de lui-même pour se livrer aux excès de table et aux plaisirs des sens. Il se montra constamment assidu aux exercices de piété, jeûnant et pratiquant l'aumône avec une grande libéralité.

Son corps, enseveli d'abord dans l'église de Saint-Georges à Nancy, fut, en 1550, transporté par Charles-Quint, son petit-fils, à Bruges, où il repose dans un magnifique tombeau.

En lui finit la seconde dynastie des ducs héréditaires de Bourgogne, issue du rameau Valois de la Maison de France. Charles était duc de Bourgogne, de Lothier, de Brabant, de Limbourg et de Gueldre, comte de Flandre, d'Artois, de Bourgogne, de Hainaut, de Hollande, de Zélande, de Namur, marquis d'Anvers ou du Saint-Empire, enfin seigneur de Frise, de Salins et de Malines.

RÉUNION DE LA BOURGOGNE

Les États de Bourgogne s'assemblèrent spontanément, à la nouvelle de la mort de Charles, pour délibérer sur la situation critique, où se trouvait la province. Louis XI leur fit proposer la réunion du duché et du comté à la couronne. Ils répondirent à ses envoyés qu'il ne pouvait se prévaloir de la clause de réversibilité, insérée dans la donation du roi Jean, puisqu'il existait encore un héritier mâle de Charles, Jean, comte de Nemours, lequel descendait en ligne directe de Philippe le Hardi. Le rusé monarque insista, et, à force de séductions et de promesses, il obtint la réunion de la Bourgogne à la France, mais à la condition expresse que les priviléges du pays et de chaque ordre seraient conservés, ce qui fut confirmé par un édit du 18 Mars 1477, et, le même jour, Louis XI créa le parlement de Bourgogne sur le modèle de celui de Paris pour remplacer les *Jours-Généraux*, qui se tenaient à Beaune et à Saint-Laurent-lès-Chalon.

Louis XI et ses successeurs mirent à la tête de la province un dépositaire de leur autorité, sous le nom de Gouverneur ou d'Intendant. Cependant la Bourgogne ne perdit point son titre de *premier Duché-Pairie de France*. Au sacre et au couronnement des rois, le prince le plus rapproché représentait le duc de Bourgogne, premier pair de France, et, en cette qualité, il portait le diadème royal et ceignait l'épée au roi; les députés de Bourgogne suivaient immédiatement ceux de Paris et ceux de l'Ile de France, siége de la couronne, aux assemblées des États-généraux et dans toutes les représentations officielles.

Il nous reste à dire rapidement comment s'accomplit la réunion de la Bourgogne à la France et quelles en furent les conséquences, pour notre belle province, objet d'une affection si particulière de la part de nos rois.

Les deux Bourgognes ne tardèrent pas à se repentir d'avoir cru à la parole de Louis XI. L'insolente rapacité du *sire de Craon*, gouverneur de la province au nom du roi, l'inexécution des promesses faites aux États, surtout en ce qui concernait le mariage de l'infortunée Marie de Bourgogne, fille de Charles, avec le Dauphin de France, provoquèrent un mécontentement général. Le prince d'Orange, auquel Louis XI devait tout le succès de la négociation qui avait amené la réunion du duché et de la Comté, indigné de l'ingratitude et de la fourberie de l'ambitieux monarque, se mit à la tête du mouvement avec le sire de Vaudray. La Comté fut bientôt débarrassée des troupes royales, et il ne resta plus à Louis que la petite ville de Gray. Le duché allait aussi lui échapper : Beaune, Semur, Verdun et d'autres villes, étaient en pleine révolte. A Dijon, le peuple se souleva en faveur de Marie et massacra Jean Jouard, premier président du parlement nommé par le roi. Chalon paya cher sa fidélité à la jeune princesse : cette ville fut prise par Craon, pillée et saccagée. On était à la veille d'une guerre d'extermination, lorsque Louis XI rappela son cruel représentant et lui donna pour successeur *Charles d'Amboise de Chaumont*, frère du cardinal d'Amboise, et déjà gouverneur de la Champagne. Chaumont, par sa sagesse, sa douceur et sa probité, parvint à apaiser les Bourguignons justement irrités, et réussit à soumettre les deux provinces.

Le roi se rendit alors à Dijon (1479), et jura dans l'église Saint-Bénigne de maintenir les franchises et les libertés de cette capitale. Il fit beaucoup d'efforts pour se concilier l'affection de ses nouveaux sujets, par des témoignages nombreux de bienveillance et par des familiarités, qui lui étaient ordinaires en de telles occasions.

Le successeur de Chaumont à la tête de la province fut *Jean de Beaudricourt*, seigneur de Choiseul, maréchal de France, qui se fit également chérir par sa modération.

Comme nous l'avons vu, il avait été question entre les États de Bourgogne et Louis XI de faire épouser la princesse Marie au Dauphin Charles, plus tard Charles VIII.

Mais les Flamands, exaspérés par les sourdes manœuvres du roi de France et menacés de perdre leur indépendance, pressèrent la jeune princesse de choisir un époux puissant, capable de les protéger en même temps qu'elle contre les vues ambitieuses de l'ennemi de sa maison. On reprit donc les négociations entamées du vivant de Charles le Téméraire avec l'Empereur, pour le mariage de son fils avec Marie de Bourgogne. De tous les prétendants à la main de la noble héritière de nos ducs, c'était Maximilien qui lui était le plus agréable; du reste, le Dauphin de France n'était encore qu'un enfant. L'archiduc fut donc préféré. Cette alliance, qui humiliait la fourberie de Louis XI est le point de départ de la grandeur réservée à la maison d'Autriche. Le mariage fut célébré sans pompe, à cause du deuil de la princesse, mais ce jour commença la fortune des Habsbourg.

Maximilien tint à Bruges, en 1478, le chapitre de la Toison d'or, et se fit reconnaître solennellement chef de l'ordre.

Après bien des pourparlers avec Louis XI, l'archiduc entra en campagne pour revendiquer tous les droits méconnus de son épouse.

Les débuts de cette guerre furent peu favorables à Maximilien : Louis XI réduisit la Franche-Comté, se fit reconnaître par la ville impériale de Besançon comme son gardien et son protecteur. Maximilien prit sa revanche à la bataille de Guinegatte, en Artois (1479), toutefois cet avantage ne pouvait compenser ses pertes. Il se trouva tellement affaibli qu'il se vit obligé de rester sur la défensive, au grand mécontentement des Flamands. Déjà, en effet, ce peuple inconstant, après avoir acclamé Maximilien, ne le supportait qu'avec peine et ne lui restait soumis que par affection pour Marie, à laquelle il avait toujours témoigné un vif attachement. Modèle de douceur et de bonté, la fille de Charles le Téméraire avait fait oublier par ses bienfaits les violences de son père, et s'était attiré le cœur de tous ses sujets. Son immense popularité allait porter au plus haut point la gloire de sa maison, lorsqu'un événement tragique vint jeter tout à coup le pays dans la consternation. La princesse suivait à cheval une chasse à l'oiseau, dans les environs de Bruges; elle voulut faire franchir à sa haquenée un tronc d'arbre qui barrait le passage; malheureusement les sangles se rompirent, la selle tourna et Marie tomba sur la pièce de bois. On la rapporta grièvement blessée; pour ne pas inquiéter son mari, elle refusa de se laisser panser et mourut au bout de trois semaines, à l'âge de vingt-cinq ans (1482). Sa mort causa des regrets universels en Flandre et en Bourgogne, où ses partisans étaient encore nombreux. Marie laissait deux enfants : un fils qui fut le père de Charles-Quint, et une fille, nommée Marguerite de Bourgogne.

Cette fin malheureuse d'une vie si courte et si pure, en brisant les derniers liens, qui rattachaient secrètement les diverses parties des États de Charles le Téméraire, servit plus les calculs de Louis XI qu'une victoire éclatante. Les États de Flandre refusèrent à Maximilien la tutelle de ses enfants et conclurent avec Louis le traité d'Arras, qui promettait Marguerite, fille de Marie, au Dauphin. La jeune princesse fut amenée à la cour de France, pour y être élevée sous la direction de la Dame de Beaujeu, digne fille de Louis XI et héritière de sa politique tortueuse et rusée. La régente, voulant empêcher qu'Anne de Bretagne ne portât ce duché dans la Maison d'Autriche, prit le parti de négocier le mariage de son frère, CHARLES VIII, avec la princesse bretonne, et renvoya, sans trop de cérémonie, la *gente* Marguerite à son père. L'Archiduc, doublement offensé, déclara la guerre au roi de France, entra dans le Comté de Bourgogne, et, favorisé par la connivence des habitants, se rendit maître de toute la province. La paix, qui suivit, fut signée à Senlis, en 1493, et rendit à l'Autriche le Comté de Bourgogne, le Charolais et l'Artois (1).

(1) C'était l'année même (1493) où, par les soins et les libéralités de l'abbé de Cluny, Vensler établissait une imprimerie dans cette ville et éditait le fameux missel de Cluny. Dijon avait été deux ans auparavant doté d'un semblable établissement par Pierre Metlinger, célèbre imprimeur venu d'Allemagne en Bourgogne.

Avant l'invention de Guthemberg, les Ducs avaient rassemblé à grands frais des manuscrits précieux dans une tour de leur palais, nommée la *Librairie*.

Charles VIII, durant les hostilités, fit un voyage en Bourgogne pour y affermir l'œuvre de son père. Le 29 juin 1491, il fit son entrée solennelle à Dijon. Le maieur et les échevins en robes rouges et en chaperons noirs allèrent à sa rencontre; à leur suite venaient les gens des comptes, en robes de damas violet, les clercs audienciers en robes longues de gris doublées d'ostade et de demi-satin; en dernier lieu les présidents et gens de la cour, habillés de leurs robes et chaperons de justice. Tous, après avoir salué le monarque, l'accompagnèrent en belle ordonnance et virent plusieurs *ébattements sur l'échaffaud.* Charles VIII donna des preuves non équivoques de sa bienveillance, et ennoblit les maieurs de Dijon et leur postérité. Les magistrats de Chalon, ayant eu avis que le roi devait arriver dans leur ville, portèrent l'arrêt suivant, qui nous donne une idée des fêtes imaginées en son honneur : « Tous les habitants
« seront habillés ce jour-là d'une même livrée de
« robes rouges et de chapeaux noirs; ceux qui n'auront
« pas les moyens d'être vêtus de la sorte ne seront pas
« de leur compagnie. Le sieur Simon, avocat du roi,
« portera la parole, fera les compliments au roi et lui
« rendra au nom de la ville ses très humbles devoirs.
« Les rues par où Sa Majesté passera seront tapissées,
« on y dressera des théâtres où se joueront différents
« mystères nouveaux et moralités. Le sieur de
« Brancion, seigneur de Vifargent, capitaine de la
« ville, sera chargé de ces préparatifs. »

Charles VIII se rendant en Italie, s'arrêta le 12 juin 1494 à Mâcon, où on lui fit pareillement une réception magnifique.

Louis XII, son successeur, mit à la tête de la Bourgogne *Engilbert de Clèves*, duc de Nevers, et après celui-ci *Georges de la Trémoille*, qui eut besoin de tout son courage et de toute son habileté pour sauver Dijon d'une attaque des Suisses.

Ceux-ci, en effet, mécontents d'avoir vu leurs offres rejetées avec hauteur par Louis, dans son expédition contre le Milanais, ne s'étaient pas contentés de lui enlever cette conquête : ils avaient de plus envahi la Bourgogne et s'étaient avancés jusque sous les murs de Dijon. La ville était aux abois. Les habitants mettant leur confiance dans la Reine du Ciel portèrent en procession le long des remparts la statue miraculeuse de Notre-Dame, et, quelques heures après, les Suisses avaient d'eux-mêmes levé le siège. Le gouverneur traita ensuite avec eux et les éloigna, en leur promettant beaucoup d'argent, dont la majeure partie vint de Chalon, et en signant un armistice fort onéreux, pour lequel il comptait bien être désavoué.

François Iᵉʳ, en effet, qui avait succédé à Louis XII, ne voulut pas le ratifier. Mais les Suisses, rentrés chez eux, ne purent revenir sur leurs pas. Le traité de Saint-Jean-de-Losne, négocié par les soins de Marguerite d'Autriche, la même que Charles VIII avait répudiée comme fiancée, et tante de Charles-Quint, en qui elle se plaisait à voir le portrait vivant de son aïeul, établit la neutralité entre le Duché et le Comté, et assura une longue paix aux deux Bourgognes.

Pendant la lutte de François Iᵉʳ et de Charles-Quint, des bandes d'aventuriers italiens firent irruption dans la Haute-Bourgogne, et pillèrent Verdun-sur-le Doubs. D'autres bandits, cantonnés à Lucenay-L'Évêque, faisaient des courses dans tout le pays : les Autunois, conduits par le Vierg Charvot, les mirent en fuite. L'issue de la guerre ayant été fatale à la France, le traité de Madrid abandonnait à Charles-Quint la possession de la Bourgogne. Aux Etats-Généraux convoqués à Cognac (1525) pour l'exécution de cette clause pénible, les représentants du duché, admis à parler les premiers, selon l'ordre établi, déclarèrent, au nom de la province, que les Bourguignons ne consentiraient jamais à être séparés de la France. La noblesse ajouta que, si le roi l'abandonnait, elle se défendrait elle-même, dût-elle pour cela répandre jusqu'à la dernière goutte de son sang. D'unanimes applaudissements accueillirent cette déclaration ; François Ier versa des larmes d'attendrissement et d'orgueil, et la France garda une de ses plus belles et de ses plus nobles provinces.

De tels sentiments, puisés dans les glorieux souvenirs du passé, arrêtèrent longtemps les progrès de l'hérésie protestante. La Bourgogne ne pouvait souffrir que sur son sol arrosé du sang de tant de martyrs, fécondé par les sueurs de tant de saints religieux, défendu avec tant d'héroïsme, s'implantât la prétendue réforme d'un moine apostat et d'un renégat, possesseur d'un bénéfice ecclésiastique (1).

(1) On sait que les fauteurs du protestantisme furent ou des religieux infidèles à leurs vœux ou des prêtres relâchés, qui s'ennuyaient du célibat, car tous se marièrent peu de temps après leur révolte au mépris des lois civiles et ecclésiastiques. C'est ce qui donna lieu à ce bon mot d'Érasme : « On dit que la Réforme est un événement tragique, moi je soutiens que rien n'est plus comique, car le dénouement de la pièce est toujours un mariage! »

La décadence des mœurs n'expliquait que trop les progrès de l'hérésie dans la plupart des États Européens, en Allemagne particulièrement. Si la France, l'Italie et l'Espagne furent préservées, elles le durent moins à la vigilance des grands et à la science des controversistes qu'aux convictions religieuses du peuple. Les changements, qui s'opérèrent encore une fois dans les usages, et surtout la révolution, qui se fit dans les lettres et les arts, attestent l'affaiblissement des croyances et l'invasion du doute au sein des hautes classes de la société.

François 1ᵉʳ apporta des modifications à l'étiquette de la cour. Les femmes, comme on le pense bien, ne

Carlostad, prêtre archidiacre de Wittemberg, fut le premier à donner ce scandale à ses coreligionnaires. Après lui, Zwingle, curé de Glavis, épousa une riche veuve ; Luther s'unit à une religieuse, Catherine Bora, enlevée de son couvent le vendredi saint ; le sombre et maladif Calvin, dit Thomas Moore, s'attendrit pour Idelette, veuve d'un de ses convertis ; Œcolampade, religieux de sainte-Brigitte, se maria avec une jeune fille. L'ex-dominicain Bucer fit comme les autres et même plus que les autres, ajoute Bossuet, car il eut successivement trois femmes, dont l'une avait été religieuse et l'autre avait déjà appartenu à trois ministres protestants. Luther, Mélanchthon, Bucer, dans une honteuse consultation, dont Bossuet a recueilli l'original, permirent au landgrave de Hesse d'avoir deux femmes à la fois. Nous ne disons rien des infamies de Henri VIII, ni de la vertu de sa digne fille, la *vierge* Élisabeth. Cranmer, le réformateur anglais, devenu prêtre après la mort de sa première femme, en épousa depuis une seconde qu'il avait auparavant séduite ; et ainsi des autres apôtres de la prétendue réforme ! Il faut avouer que de tels exemples n'étaient pas de nature à inspirer beaucoup de confiance dans leurs déclamations contre le luxe de Rome et la corruption des papistes ! Ce n'est pas ainsi que l'on réforme. Les Bourguignons, nos pères, le comprirent aussitôt, et opposèrent à toutes les séductions de l'hérésie l'indomptable énergie de la vraie foi !

furent pas les dernières à imaginer de nouvelles superfluités, dont elles se parèrent. Les hommes eurent le tort de vouloir les imiter : jusque-là ils avaient eu le cou nu et découvert; ils adoptèrent l'usage des fraises et des collets plissés de dentelle, et ajoutèrent sous le chapeau des coiffes, faites à peu près comme des béguins d'enfant, afin de n'avoir pas la tête absolument nue, quand ils se découvraient devant un grand personnage ou pour saluer. La calotte ecclésiastique n'a peut-être pas une origine différente. L'usage des montres et des breloques remonte aussi à cette époque, ainsi que la coutume de donner aux gentilshommes le nom de *Monsieur*, auparavant on les désignait seulement par leurs noms et prénoms, s'ils n'étaient pas chevaliers; car alors on devait les qualifier du titre de *Monseigneur*.

Sous Henri II, l'invention encore récente du pistolet contribua à multiplier les attentats contre les biens et contre les personnes, et il était d'autant plus difficile de réprimer ces excès que l'infanterie royale, n'ayant pas d'uniforme, on ne pouvait distinguer les soldats de ceux qui ne l'étaient point. En vain défendit-on le port d'armes sur les routes, même aux gens de guerre; il fallut proscrire les manteaux et les énormes hauts-de-chausse, qui commençaient à s'introduire dans le peuple, et qui se trouvaient tout à fait propres à cacher des pistolets et des poignards. C'est ce qui contribua à altérer l'antique simplicité de nos pères. Mais la décadence était bien plus sensible dans la nouvelle direction, que la renaissance avait donnée aux esprits. Un engouement irréfléchi poussait les maîtres et les élèves des Universités à préférer aux leçons de saint Thomas l'étude des auteurs païens. Les humanistes remplacèrent les scholastiques dans presque toutes les chaires de philosophie et de théologie. L'art lui-même cessa de mettre sous les yeux du peuple les idéales beautés du spiritualisme chrétien ; l'architecture ogivale se détourna de sa tendance normale vers le ciel, et bientôt le style gothique allait être abandonné comme barbare. On le voit, la société chrétienne s'affaissait sur elle-même; la révolte de Luther contre l'Église devait avoir un immense retentissement et amener des catastrophes.

GUERRES DE RELIGION

La première apparition du protestantisme en Bourgogne remonte aux années 1559 et 1560. A cette époque, en effet, les Calvinistes tentèrent de s'emparer de quelques points importants pour delà rayonner dans toute la province. Ce mouvement, quoique préparé de longue main, n'eut pas le succès qu'on avait espéré à Genève. Les gentilshommes bourguignons, qui se glorifiaient d'avoir été par leurs aïeux les premiers chrétiens des nouveaux maîtres de la Gaule romaine, déclarèrent énergiquement qu'ils seraient les derniers à souffrir dans leur pays les nouvelles doctrines. Leur résistance s'accentua encore lorsque le roi eut placé à la tête de la province, comme gouverneurs, les princes de la maison de Guise, dont l'attachement à la vraie foi était inébranlable. L'adversaire le plus déterminé des religionnaires fut Gaspard de Saulx-Tavannes, lieutenant général de Bourgogne, pour le *duc d'Aumale*. « Son âme était de celles qui entrent de fer dans les épreuves et qui en sortent d'acier. » Dur et austère dans son gouvernement aussi bien qu'à la guerre, Tavannes ne s'écarta jamais de la ligne du devoir. Tous ses efforts tendirent à préserver le duché du poison de l'hérésie, et c'est grâce à son énergie, qui allait parfois jusqu'à résister aux ordres de la cour, livrée aux factions ennemies, que la Bourgogne doit d'avoir été faiblement agitée par la guerre civile.

Cependant sa vigilance et celle des évêques ne purent empêcher entièrement l'erreur de se glisser çà et là parmi les bourgeois désœuvrés, et surtout parmi les étrangers ambitieux, nouvellement arrivés dans les villes. A Tournus et à Mâcon, des élèves de Farel, ministre adjoint de Calvin, dogmatisèrent secrètement et firent quelques adeptes. Quatre frères Dagonneau, riches, adroits, maîtres de toutes les charges de l'administration et de la justice, usèrent de leur influence pour propager l'hérésie dans le Mâconnais. Deux ministres calvinistes, à Chalon, célébrèrent la Cène, dans une maison de la rue aux Febvres appartenant à la ville, tandis que leurs émissaires inondaient les faubourgs de livres de doctrine et de pamphlets, dans lesquels « il était dit que les temps étaient venus, où il ne fallait plus payer ni dîmes, ni cens, ni recettes manuelles à rien qu'aux papistes », c'est-à-dire aux catholiques. A Beaune, les progrès de l'erreur étaient encore plus considérables, les huguenots y disposaient d'une grange pour leur prêche et d'un cimetière pour leurs inhumations. A Arnay-le-Duc, à Charolles, à Paray-le-Monial, ils se comptaient également par centaines. Mais ce fut surtout à Couches qu'ils acquirent bientôt une importance prépondérante.

Ces diverses communautés rurales se formaient ordinairement sous la protection du seigneur, le plus souvent fauteur fanatique et intéressé des nouvelles doctrines. Mais les émissaires de Genève avaient bien soin de disparaître à la première apparence du danger, abandonnant leur troupeau, et se souciant fort peu d'acquérir la gloire du martyre pour une religion, qu'ils savaient être l'œuvre des passions humaines. Voilà pourquoi les établissements calvinistes en Bourgogne n'eurent pas une longue durée. Dijon et Autun échappèrent presque à l'action des prédicants. Le protestantisme ne fut dans cette dernière ville surtout que le fruit des intrigues de quelques membres ambitieux de la bourgeoisie, et comme tel, il fut stérile et passager. Aucun homme du peuple n'est désigné comme sincèrement converti à la nouvelle doctrine. La plupart des habitants, enrôlés dans des confréries de métier sous l'invocation d'un saint populaire, tenaient avec orgueil à la conservation de ces pieuses associations, à leurs bannières, qui rehaussaient la splendeur des processions, à leurs repas en commun, aux aumônes qu'ils distribuaient aux pauvres, à leurs châsses parées de fleurs et de rubans, qui venaient successivement honorer de leur présence la maison de chaque confrère. Aussi les Autunois s'aperçurent à peine des premiers troubles.

Il en fut tout autrement pour Chalon, Beaune et Mâcon, où catholiques et huguenots formèrent deux partis, qui s'insultaient journellement, fomentaient la guerre civile et s'emparaient tour à tour de la cité, en exerçant chaque fois de sanglantes représailles.

Henri II, qui avait succédé à son père François I*er*,

venait de succomber dans un tournoi (1559), victime de son amour pour les prouesses et les exploits en champ clos. François II, son fils aîné, n'occupa le trône que huit mois ; mais ce règne vit éclore tous les maux, dont la France portait depuis quelques années le germe dans son sein. Il y avait alors en France deux familles qui suivaient immédiatement la maison régnante : les Guises et les Montmorency. Ces deux maisons se partageaient entre elles les charges et les dignités. Nous avons vu qu'entre autres faveurs, la famille de Guise avait obtenu le gouvernement de Bourgogne. L'erreur était parvenue à séduire quelques membres de la maison de Montmorency. La sœur du connétable était une huguenote acharnée, et elle avait entraîné dans l'hérésie ses trois enfants : l'amiral de Coligny, d'Andelot, général de l'infanterie, et Odet de Châtillon, évêque et cardinal de Beauvais. Ceux-ci gagnèrent à leur cause le prince de Condé, qui devint le général du parti huguenot. Aux Coligny et à Condé s'opposèrent le duc de Guise, le plus grand capitaine et le prince le plus accompli de son temps, le connétable Anne de Montmorency, oncle de Coligny, et le maréchal de Saint-André. Leur réunion s'appela le *triumvirat*, dont la devise fut celle de l'immense majorité des Français : *une foi, une loi, un roi*.

Charles IX occupait le trône depuis un an, quand au mois de Juillet 1561 parut sous son nom un édit, qui tolérait à huis clos l'exercice de la religion prétendue réformée : l'année suivante, un nouvel édit alla plus loin, il autorisait le prêche des protestants, mais seulement hors des villes (Janvier 1562).

Plusieurs parlements reçurent ces édits avec répugnance et tardèrent de les enregistrer, surtout le dernier. Le parlement de Dijon s'y refusa obstinément, et Gaspard de Tavannes se dispensa de les faire exécuter. Les réformés de Bourgogne eurent aussitôt recours aux armes pour jouir du bénéfice, accordé à leurs coreligionnaires, insultèrent les prêtres et les religieux, renversèrent les autels et les croix, profanèrent indignement les reliques et les vases sacrés. Leurs fureurs sacriléges s'accrurent encore à la nouvelle de ce que la secte affecta de nommer le *massacre de Vassy* (1562). Les protestants du reste n'attendaient qu'une occasion pour commencer la guerre civile : l'affaire de Vassy fut le prétexte dont ils se saisirent avidement, et grâce à eux la France entière ne fut plus qu'un immense champ de bataille. A Auxerre, Avallon et Auxonne, les partis en vinrent aux mains dans l'intérieur de la ville; à Chalon, le jour de l'Ascension, les huguenots exercèrent toutes sortes de brigandages. « Les maux qu'ils causèrent, dit un auteur de ce temps, sont écrits dans le calendrier français en caractères de feu et de sang. » Le même jour, à Beaune, ils forcèrent le gouverneur Claude de Saulx-Vantoux à se mettre à la tête de sa milice, pour empêcher le pillage des églises et le massacre des prêtres et des fidèles. Tavannes courut lui-même le plus grand danger à Dijon, où une bande de fanatiques avaient formé le complot de s'emparer de sa personne.

Les séditieux ne s'arrêtèrent pas là ; voyant que, réduits à leurs seules forces, ils étaient impuissants contre un adversaire aussi résolu, ils appelèrent à leur secours les Calvinistes du midi. Montbrun arriva du Dauphiné, s'empara de Lyon en passant, remonta la Saône, prit Mâcon et Tournus, et vint s'installer à Chalon, dont les Calvinistes lui ouvrirent les portes (22 mai 1562). Les églises de la ville et le prieuré de Saint-Marcel furent dévastés, le service divin cessa même d'être célébré : La terreur était à son comble, quand Tavannes, sorti de Dijon à la hâte, fit appel aux gentilshommes du pays et reprit promptement Chalon et Tournus. Pendant ce temps, Ponsenac, chef des Calvinistes du Bourbonnais, ravageait le Mâconnais et la Bresse, à la tête d'une troupe armée. Les bourgs de Saint-Albain, de Saint-Gengoux-le-Royal, les églises de Paray et de Marcigny éprouvèrent ses violences et furent livrés à la dévastation. Ponsenac essuya un échec sous les murs de Louhans, qu'il était venu attaquer avec quatre mille Suisses et quelques pièces d'artillerie. Un autre chef du parti s'empara de Mâcon et dirigea sur Cluny plusieurs bandes commandées par le cruel Misery. Après avoir renversé les autels et brisé les statues, ces forcenés enlevèrent pour plus de deux milions d'ornements sacrés et brûlèrent dix-huit cents manuscrits précieux. Les Vandales de 1793 trouveront dans ces stupides pillards de beaux modèles qu'ils n'imiteront que trop. A défaut du sentiment religieux, l'amour de la science, le culte des beaux-arts, flétrissent à jamais des causes, qui emploient de tels procédés pour s'imposer aux intelligences.

Le maréchal de Tavannes, obligé une première fois de lever le siège de Mâcon, parvint à s'en emparer le 19 août 1562 et en confia la garde au brave Guillaume de Saint-Point; puis il marcha contre Autun, où les Calvinistes avaient osé braver son autorité. En cette même année, Saulx-Vantoux battit les Huguenots au pont de Joncy. La mort du duc de Guise, assassiné sous les murs d'Orléans, vint suspendre inopinément les victoires du grand parti catholique et français; mais Tavannes ne se laissa point déconcerter, et opposa à la pacification d'Amboise (1563) une résistance non moins énergique qu'à l'édit de janvier, parce qu'il y voyait la source de plus grands maux encore.

Dans le cours de l'année 1564, CHARLES IX vint en Bourgogne s'enquérir de l'état des esprits. Il fit son entrée à Dijon et alla en grande pompe prendre possession du duché, dans l'église de Saint-Bénigne, selon le cérémonial établi. Le maréchal de Tavannes, pour toute harangue, mit la main sur son cœur et lui dit : « Sire, ceci est à vous. » Puis, prenant son épée, il ajouta : « Et voici de quoi je vous puis servir. » Il croyait le faire noblement en résistant de tout son pouvoir aux concessions arrachées à la régente par Coligny et Condé. Charles fut sourd aux remontrances que les États lui adressèrent contre la tolérance de deux religions dans le royaume, et partit pour Lyon, en s'arrêtant quelques jours à Beaune, à Chalon et à Mâcon, qui avaient tant souffert de la guerre. Les Bourguignons comprirent alors qu'ils ne devaient pas compter sur Catherine de Médicis, s'ils voulaient maintenir dans toute sa pureté leur antique foi et instituèrent en cette intention les *confréries du Saint-Esprit*, (1) qui furent les premiers rudiments de la *Ligue*.

(1) Les *fraternités* organisées parmi les protestants, afin de concentrer leurs moyens d'action et leurs intelligences avec l'étranger, les rapines exercées dans les campagnes par

En 1567, les troubles, un instant apaisés, recommencèrent de nouveau. Les protestants de Beaune et de Dijon tinrent la campagne et tentèrent un coup de main sur Chalon. Les Suisses, qu'ils ne craignirent pas d'appeler en Bourgogne, les aidèrent à dévaster une seconde fois Mâcon, Saint-Gengoux et Marcigny. Condé ayant été tué à la bataille de Jarnac, Coligny se mit à la tête de ses bandes calvinistes. Battu à Moncontour (1569), il revint en Bourgogne, où il crut venger sa défaite, en ravageant de nouveau Cluny, en brûlant la Ferté, le village de Saint-Ambrueil et l'église de Champlieu. Il se rapprochait de l'Allemagne d'où il tirait ses recrues, et cherchait à opérer sa jonction avec Wolfang, duc des Deux-Ponts, qui, à la tête des Reîtres, dévastait la banlieue de Dijon. Ce farouche luthérien se fit ouvrir par trahison les portes

les gens de guerre avaient depuis quelque temps poussé plusieurs villes de Bourgogne à former des associations sur le même modèle. L'instigateur de ces tentatives était Gaspard de Tavannes lui-même, qui crut avec raison que le plus sûr moyen d'arrêter la contagion calviniste était d'opposer ligue contre ligue, et de faire pour la vraie foi ce que les huguenots avaient imaginé avec tant de succès dans l'intérêt de leur secte.

Les *confréries du Saint-Esprit*, composées d'ecclésiastiques, de bourgeois aisés, de gentilshommes sincèrement attachés à la religion et à la paix, disposaient d'un fond commun, d'une milice prête à marcher à la première réquisition et possédaient des émissaires pour découvrir les menées des huguenots. Ceux-ci poussèrent les hauts cris et dénoncèrent les confréries au parlement de Dijon, qui renvoya la cause au roi. Tavannes, qui les avait créées parvint, à les maintenir malgré la cour; mais, après sa mort, elles languirent et finirent par se dissoudre. Elles se ranimèrent toutes, plus tard, pour se fondre dans la *Sainte-Union* ou *Ligue* opposée à Henri IV, calviniste.

de Nuits, sous les yeux d'une armée royale campée à une lieue de distance; il descendit ensuite jusqu'à Chagny, où le duc d'Aumale lui livra un combat (3 juin), qui le rejeta dans les bois de l'Auxois. Lorsque Coligny sut que Wolfang, au lieu de suivre le cours de la Saône, marchait sur Paris, il revint sur ses pas pour le rejoindre au plus tôt. C'est pendant cette retraite qu'il saccagea sous les murs d'Autun les abbayes de Saint-Martin et de Saint-Symphorien : heureusement que le traité de Saint-Germain (1570) vint mettre un terme à ses fureurs!

Les années 1571 et 1572 furent employées à réparer les maux causés par la guerre. Charles IX envoya à Dijon le maréchal de Vieuville, homme d'une prudence consommée, avec mission de réconcilier les partis. Tavannes, qui avait obtenu le bâton de maréchal de France pour prix de sa brillante conduite aux journées de Jarnac et de Moncontour, était retenu à Paris et avait cédé sa charge de lieutenant de Bourgogne au comte de Chabot-Charny, grand écuyer. Ce fut un bonheur pour la Bourgogne de ne l'avoir plus à sa tête en cette année 1572. Sa conduite à la cour, durant la funeste journée de la Saint-Barthélemy, fait assez prévoir celle qu'il aurait tenue dans son gouvernement. On sait comment son successeur s'opposa à l'exécution des ordres sanglants apportés à Dijon au nom du roi par deux envoyés de Catherine. D'après l'avis de Jeannin, Chabot-Charny prit sur lui d'attendre de nouveaux ordres; il épargna ainsi à la Bourgogne d'immenses malheurs, et à Charles IX, seul auteur avec sa mère de ce massacre *politique*, de plus grands remords. Gabriel de la Guiche déploya à Mâcon la même énergie et préserva cette ville d'inutiles cruautés.

L'avènement de Henri III, frère de Charles IX, au trône de France (1574), fut le signal de nouvelles hostilités de la part des protestants en Bourgogne. Le prince de Condé vint y attendre six mille reitres, commandés par le fils de Wolfang, non moins féroce que son père. Quand leur jonction fut opérée, ils s'avancèrent contre Châtillon, passèrent près de Langres, semant partout sur leurs pas la désolation et la mort. Ils descendirent ensuite sur Dijon, sans oser cependant en entreprendre le siége, mais ils s'emparèrent de Nuits, qui fut abandonné au pillage pendant trois jours. De là ils se portèrent sur le Charolais en deux colonnes, l'une par la vallée de la Dheune et de la Bourbince, l'autre par celle de la Guye. Pour la seconde fois, Paray, Anzy, Marcigny furent saccagés. Les reitres séjournèrent à Semur-en-Brionnais, du 6 février 1576 au samedi suivant, et y exercèrent une odieuse tyrannie, puis ils pénétrèrent dans le Bourbonnais pour se réunir à l'armée du duc d'Alençon, qui y tenait la campagne. Catherine de Médicis crut habile de faire rendre, le 14 mai 1576, un nouvel édit de pacification qu'on appela la *paix de Loches*. Il eût fallu pour la rendre durable donner aux deux partis la volonté d'en observer les conditions ; quoique très favorables, les protestants ne voulurent pas s'en contenter. Les catholiques les trouvèrent exorbitantes et s'indignèrent de voir leurs sacrifices en hommes et en argent si honteusement méconnus. La *Ligue* ou *Sainte-Union* fut le fruit de cette exaspération, rendue encore plus vive par la perspective de voir monter sur le trône de France, Henri de Navarre, chef et défenseur des calvinistes. La Bourgogne s'enrôla avec enthousiasme dans la Ligue. Elle avait pour gouverneur le duc de Mayenne, frère du *Balafré*, et jura entre ses mains de combattre l'hérésie jusqu'à la fin et de ne jamais se soumettre à la domination d'un prince huguenot.

Cependant le lieutenant-général, Guillaume de Tavannes, resta fidèle au parti du roi et ceignit courageusement l'écharpe blanche avec les deux barons de Chantal, les Cipierre, les Ragny, les Bissy de Thiard, les Tintry, les Rully. Tous les capitaines royalistes se trouvaient réunis près de Châtillon, quand ils apprirent la mort de Henri III (1589). Tavannes s'empara aussitôt de Flavigny, où il établit la base de ses opérations. Il y transporta également le siége de son gouvernement, et y installa le parlement royaliste; mais l'année suivante, cette cour fut transférée à Semur, capitale de l'Auxois, ville plus considérable et mieux fortifiée.

A partir de ce jour, la Bourgogne se trouva partagée entre deux juridictions rivales : le parlement de la Ligue, demeuré à Dijon et enregistrant les décrets du Conseil de l'Union, et le parlement du roi rendant des arrêts au nom de Henri IV, à Semur.

Un tiers des villes de la province resta fidèle au roi; c'était la partie occidentale de la Bourgogne, où se faisait sentir l'influence du comte de Tavannes : Flavigny, Semur, Charolles, Verdun, Saint-Jean-de-Losne, Paray, Bourbon-Lancy. Un autre tiers composé des villes de la plaine : Dijon, Chalon, Mâcon, Beaune, Tournus, Seurre, Auxonne, Châtillon, Auxerre, obéissait à Mayenne. Un dernier tiers mélangé de ligueurs et de royalistes : Montbard, Avallon, Saulieu, Autun, allait suivre le parti du plus fort.

A l'expiration de la trève conclue entre Mayenne et Tavannes, en 1590, le lieutenant-général pour la Ligue, le baron de Sennecey, battit le capitaine royaliste Ornano, qu'il emmena captif à Auxonne. De son côté, le comte de Tavannes fit main-basse sur Rouvres et Bonnencontre entre Seurre et Dijon, puis il se porta sur Nuits et Gilly, place forte de l'abbaye de Cîteaux, où il fit un énorme butin. Mais ce fut surtout contre Autun, seconde ville de la province, située sur les confins du Bourbonnais et du Nivernais, que les royalistes dirigèrent leurs efforts. Le maréchal d'Aumont, récemment nommé gouverneur de la Bourgogne par Henri IV, résolut de faire lui-même le siége de cette ville, qui venait enfin de se déclarer pour la Sainte-Union. Le duc de Nemours, commandant de Lyon au nom de la Ligue, s'avança par la vallée de l'Arroux, afin de barrer le passage au maréchal, mais celui-ci déjoua son dessein. Après avoir rejoint le duc de Nevers, Louis de Gonzague, il déboucha par Saulieu, réduisit Château-Chinon et vint prendre ses positions contre Autun. Les habitants soutinrent vaillamment l'assaut, les femmes combattirent à côté de leurs maris et, grâce à cette résistance énergique (18 mai-20 juin 1691), les troupes royales furent obligées de lever le siége.

Une tentative semblable dirigée contre Chalon ne fut pas plus heureuse. Le maréchal d'Aumont voyait en même temps échouer les négociations entamées avec le gouverneur de Beaune, et l'expédition préparée contre Avallon. Il essaya en vain le blocus de Dijon ; mais il eut des avantages en Bresse, une de ses colonnes marcha contre Louhans qui capitula. L'année suivante, 1592, Claude de Bauffremont, baron de Sennecey, ayant fait sa soumission à Henri IV, Mayenne le remplaça par le vicomte Jean de Saulx-Tavannes. Le nouveau lieutenant-général se trouvait en présence de son frère ainé, le comte Guillaume, qui commandait au nom du roi. Il se prépara néanmoins à le combattre sans hésitation, et celui-ci à son tour, devenu plus libre par le rappel du maréchal d'Aumont, redoubla d'activité et d'énergie pour la cause royale. Les troupes de Guillaume et de Jean de Tavannes ne cessèrent ainsi de jeter l'alarme sur tous les points. Des bandes armées parcoururent le pays en tous sens, les unes tenant pour un parti, les autres pour le parti contraire, mais se trouvant toujours d'accord pour le pillage et la rapine, si ordinaires aux gens de guerre, durant cette triste époque de notre histoire.

Cependant, au milieu même du tumulte des armes et des embarras de la guerre, Henri IV pensait à revenir sincèrement à la foi de saint Louis, son ancêtre. S'il avait résisté jusque-là aux sollicitations des catholiques de son parti, c'est qu'il ne voulait pas que son retour à la vraie religion fût ou parût être le fruit ou de la faiblesse, ou de la politique. On connait le reste. Henri fit son abjuration à Saint-Denis, le 25 juillet 1593, et, dès le lendemain, il notifia sa conversion au Parlement de Dijon et de Semur (1). Cette

(1) *Le Parlement de Semur et le corps de ville commencèrent les réjouissances par une procession générale, qui*

déclaration et la nouvelle de l'entrée du monarque à Paris causèrent la plus grande joie aux royalistes de Bourgogne, dont le nombre s'accrut considérablement. Mâcon imita Lyon et reconnut Henri IV. Le comte de Tavannes tâcha de surprendre Tournus; mais le vicomte, son frère, averti de sa marche, se jeta dans la place, qu'il maintint sur une défense redoutable.

Le duc de Mayenne restait à Chalon avec une forte garnison destinée à secourir les différents partis des Ligueurs, s'ils venaient ou à être attaqués ou à fléchir eux-mêmes dans leur première résolution. Cependant sa situation devenait de jour en jour plus précaire. Toutes les villes, qui avaient reconnu son autorité, s'en détachaient les unes après les autres. Auxerre, Avallon, Beaune, Autun même, rejetèrent l'écharpe verte et rouge de la Ligue, et acclamèrent le drapeau blanc.

A la fin, le Parlement de Dijon s'assembla et fit prévenir le maréchal de Biron, commandant des troupes royales, que la ville lui ouvrirait ses portes. Lorsqu'il parut, les cris de *vive le roi !* se firent entendre de toutes parts et étouffèrent l'opposition des Ligueurs obstinés. La dernière armée de Mayenne, quoique renforcée des troupes du connétable de Castille, fut écrasée à la journée de Fontaine-Française (1595).

Peu après cette victoire, Henri IV fit son entrée à Dijon qui, comme toutes les villes du royaume,

alla de l'église Notre-Dame à celle des Carmes : les feux de joie et les réjouissances publiques durèrent plusieurs jours. Le peuple, qui aime les représentations, en adopta une singulière. On coucha sur la paille dans une voiture une vieille femme décrépite, qui fut promenée dans toute la ville, tandis que les jeunes gens du cortège criaient : « *Voici la ligue à l'agonie.* »

acclama un prince aussi clément que généreux. Henri, en effet, ne voulut pas qu'on recherchât les coupables, et, sur la recommandation du président Jeannin, lequel était déjà parvenu à réunir en un seul corps les deux parlements de Semur et de Dijon, il accepta la soumission du duc de Mayenne, cantonné dans Chalon. Celui-ci obtint même la ville de Seurre pour place de sûreté, et garda le gouvernement de Chalon et de Soissons.

Le roi ne voulut point quitter Dijon sans donner des preuves de la sincérité de sa conversion. Le Parlement avait prescrit pour remercier Dieu du rétablissement de la paix une procession du très Saint-Sacrement. Henri ordonna que sa cour y assisterait, et lui-même suivit à pied la sainte Hostie au milieu des chevaliers du Saint-Esprit (1), revêtus des insignes de leur ordre. Le roi se rendit ensuite à Lyon, qui l'attendait avec impatience. Biron, de son côté, marcha contre le duc de Savoie. Ce prince s'était emparé, à la faveur des troubles, du marquisat de Saluces, et avait cru pouvoir étendre impunément ses frontières aux dépens du Dauphiné. On connaît le procédé adroit avec lequel le duc de Lesdiguières reprit le fort des Barreaux, construit sur le territoire français. En même temps, Biron entrait en Bresse, s'emparait de Bourg, et obligeait Emmanuel à venir à Paris faire sa paix avec Henri IV. Le traité de Lyon lui rendit Saluces, mais

(1) Cet ordre, fondé par Henri III, comptait cent membres. L'insigne était une croix d'or à quatre branches, ornée d'une image du Saint-Esprit et pendue à un large ruban bleu céleste. La devise était *Dieu et auspice*. Les chevaliers portaient dans les cérémonies un manteau de velours noir bordé d'or, doublé de satin orange et semé de flammes d'or.

rattacha la Bresse, le Bugey et leurs dépendances au gouvernement de Bourgogne sous le nom de *Pays d'imposition*, parce que leurs États ne pouvaient rien imposer sans lettres patentes du roi.

Avec Henri IV, nous sommes arrivés au commencement du XVIIe siècle, qui sera pour la France la période la plus glorieuse de son histoire. Dans les lettres, comme en politique, la France tient le premier rang : l'attention de l'Europe entière reste fixée sur ses rois (1). Arrêtons-nous aussi un instant pour remonter aux sources de leur illustre généalogie, puisqu'elles appartiennent en partie à la Bourgogne.

(1) De 1593 à 1793, la branche royale de Bourbon a donné à la France Henri IV, Louis XIII, Louis XIV, Louis XV, et Louis XVI. Le grand roi eut la gloire de placer la couronne de saint Ferdinand sur la tête du frère du duc de Bourgogne, son second petit-fils et qui fut roi d'Espagne sous le nom de Philippe V. Ce rameau détaché de la maison de France, transplanté sur une terre étrangère, ne tarda pas à y pousser de vigoureux rejetons. Malgré le fer des régicides et la haine, que lui ont vouée les révolutionnaires de tous les partis, la vieille race de Robert-le-Fort ne disparaîtra qu'avec la France elle-même, à laquelle elle a donné son nom. Bonaparte l'appelait la *famille française* par excellence, et l'opinion de ceux qui font remonter sa généalogie au dernier des Mérovingiens n'a rien d'improbable en histoire. D'après ces auteurs, la France n'aurait donc eu qu'une seule et même famille royale, depuis la fondation de la monarchie jusqu'à nos jours, et l'avènement des autres dynasties ne serait qu'une disparition momentanée de la descendance de Clovis et de Sainte Clotilde.

CHAPITRE III
LES BOURBONS

SOMMAIRE : La Bourgogne et les Bourbons. — Les ducs honorifiques. — *Louis*, fils du grand-Dauphin. — *Joseph-Xavier*, frère aîné de Louis XVI. *Franchises communales.* — Le maïeur de Dijon. — Le vierg d'Autun. — Le maire de Chalon. — Autres municipalités. — Les baillis. — Le parlement. *Gouvernement royal.* — Henri IV. — Louis XIII. — Renaissance Catholique. — Louis XIV. — Le grand roi en Bourgogne. — Louis XV. — Louis XVI. *Organisation provinciale.* — Les États de Bourgogne. — Division ecclésiastique.

La maison de Bourbon, qui devait donner des souverains à la France, à l'Espagne, à Naples, à Parme, étonner le monde par l'éclat de sa prospérité, avant de l'attrister par l'étendue de ses malheurs, tirait son origine de Robert, sixième fils de saint Louis, et comte de Clermont en Beauvoisis. Ce prince avait épousé Béatrix, fille de Jean de Bourgogne, le second des enfants de Hugues IV, et marié lui-même, comme on l'a vu, à l'héritière de Bourbon, titre qui fut conféré ensuite aux descendants de Robert.

Fractionnée en plusieurs branches latérales, la maison de Bourbon traversa le XIII°, le XIV° et le XV° siècle, sans prévoir encore les hautes destinées, qui lui étaient réservées. Mais, lorsqu'en 1589 le dernier des Valois eut trouvé la mort sous le fer de Jacques Clément, la couronne de France échut au fils d'Antoine de Bourbon, duc de Vendôme, et de Jeanne d'Albret, reine de Navarre. C'était Henri de Bourbon, déjà roi de Navarre, si connu sous le nom du *bon* ou du *grand Henri*. Nous avons assisté, en partie du moins, aux phases diverses de la lutte, qu'il eut à soutenir pour monter sur le trône de ses ancêtres. Son droit était incontestable, personne ne l'ignorait, mais la couronne de France devait-elle appartenir à un prince hérétique? Nos pères ne le croyaient pas et ils firent tout pour empêcher un tel malheur. Aussi Henri fut à peine revenu à l'antique foi de saint Louis qu'il devint, ses heureuses qualités aidant, l'idole de ses sujets. A partir de ce moment, jamais la monarchie française n'avait montré depuis son avènement pareille stabilité, sitôt suivie hélas! de tant de révolutions. Cinq rois seulement occupent le trône pendant deux cents ans : c'est une moyenne de quarante ans par règne. Jamais aussi, on ne vit une dynastie plus puissante et plus illustre. Au moment où elle donna Henri IV à la France, elle était représentée par une double lignée : la famille royale, qui compte encore aujourd'hui plus de quarante princes, tous issus de Henri le Grand, soit par Louis XIII, soit par Louis XIV, et la maison de Condé, éteinte en 1830, après que Bonaparte l'eut frappée à mort par l'assassinat de l'infortuné duc d'Enghien.

La branche bourbonnienne des Condés est particulièrement chère à la Bourgogne. Henri IV, devenu paisible possesseur de son royaume, confia le gouvernement de la province au petit-fils de Louis Ier, Henri de Bourbon, troisième prince de Condé, et, lorsque le grand Condé, Louis II (4ᵐᵉ prince du nom), en eut été investi, en 1646, cette charge devint une commission pour ainsi dire héréditaire dans son illustre descendance, qui l'a possédée jusqu'en 1789.

Le titre de *duc de Bourgogne*, aboli depuis la mort de Charles le Téméraire, fut rétabli par Louis XIV et attribué, comme distinction la plus honorable du royaume, au fils ainé du Dauphin de France. Il a été glorieusement porté par l'élève de Fénelon et par le frère ainé de Louis XVI, tous les deux moissonnés à la fleur de l'âge et trop tôt ravis à l'amour des Français.

Nous devons dire un mot de ces deux princes, les derniers, que l'histoire ait appelés ducs de Bourgogne.

Le premier fut LOUIS DE FRANCE (1682-1712), petit-fils de Louis XIV, auquel il devait succéder après la mort de son père, le Grand Dauphin. Mais il descendit lui-même dans la tombe avant son illustre aïeul, à l'âge de trente ans. Toute la France pleura ce jeune prince, en qui Fénelon avait voulu réaliser l'idéal d'un roi accompli. *Valeur et Bonté*, qui est la très ancienne devise des Bourbons, brillèrent d'un éclat particulier dans le duc de Bourgogne. Cependant, quoique brave, comme tous les princes de sa race, il se distinguait moins par son habileté militaire que par ses vertus chrétiennes. Les malheurs, suite naturelle de la guerre, le touchaient vivement et lui faisaient préférer les bienfaits de la paix à la gloire de conquérir des provinces, au prix du sang et des larmes de ses sujets.

Il joignait aux connaissances les plus variées la

science d'un prince, qui veut régner en roi sage et faire des heureux. Déjà il avait acquis une réputation de prudence et d'habileté extraordinaires ; Louis XIV et la France fondaient sur lui les plus belles espérances, quand une terrible maladie vint l'enlever à leur affection et à leur orgueil.

Le second duc de Bourgogne, issu de la maison royale de Bourbon, fut le jeune prince JOSEPH-XAVIER DE FRANCE (1751-1761), mort dans sa dixième année. Ses historiens attestent qu'il vit venir le trépas avec une force d'âme bien supérieure à son âge et qu'il expira en héros, au milieu des plus cruelles souffrances. Il était l'aîné du Dauphin, fils de Louis XV, dont la foi énergique et éclairée inspirait une si vive terreur aux soi-disant philosophes de ce triste dix-huitième siècle (1). La pieuse Marie Leczinska, sa mère, disait de lui : « Le ciel ne m'a accordé qu'un fils, mais il me l'a donné tel que j'aurais pu le souhaiter. »

Joseph-Xavier ne pouvait que devenir un prince digne de la France à l'école d'un père si vertueux.

(1) On croit que la secte du philosophisme qui commençait à préparer les catastrophes de la Révolution ne fut pas étrangère à la mort du Dauphin. Dans l'un des grades de la Franc-Maçonnerie, on peut lire sur la décoration ces trois lettres : L. P. D. qui s'interprètent *lilia pedibus destrue, foulez aux pieds les lis*. Ainsi s'accuse la haine que de tous temps les sociétés secrètes ont vouée aux Bourbons. « Autrefois, disait le Dauphin à l'abbé de Sailly, le nom de « *philosophe* inspirait de la vénération : aujourd'hui, dire à « quelqu'un : *Vous êtes un philosophe*, c'est une injure « atroce, et pour laquelle il pourrait vous faire des affaires « en justice. — Je les ai étudiés, écrivait-il en une autre « occasion, j'ai passé de leurs principes à leurs conséquences, « et j'ai reconnu dans les uns des hommes libertins et cor-« rompus, intéressés à décrier une morale qui les condamne,

Le jour de sa naissance fit éclater les libéralités de ses parents, qui aimaient à faire le bien en secret, avec d'autant plus de mérite. Voulant que les pauvres prissent part à la joie que causait à toute la nation un événement aussi heureux, le Dauphin ordonna qu'il leur serait distribué d'abondantes aumônes. La ville de Paris destinait une somme considérable aux fêtes qu'elle préparait; le prince représenta au roi qu'il verrait avec peine *tant d'argent s'en aller en fumée*, qu'il lui paraîtrait plus glorieux et plus utile à l'État que cet argent fût employé en faveur des malheureux. Louis XV et les échevins de Paris applaudirent à une pensée si généreuse, et la naissance du dernier duc de Bourgogne fut célébrée par des fêtes moins brillantes, mais par des élans de joie universels; et déjà le peuple, si attaché à la famille

« à éteindre des feux qui les effraient, à jeter des doutes sur
« un avenir qui les inquiète : dans les autres, des esprits
« superbes, qui, emportés par la vanité de vouloir penser
« en neuf, ont imaginé de raisonner par système sur la divi-
« nité, ses attributs et ses mystères, comme il est permis de le
« faire sur ses ouvrages. »
 « Ce que les passions se contenteraient d'insinuer, nos
« philosophes l'enseignent : que tout est permis au prince,
« quand il peut tout, et qu'il a rempli ses devoirs, quand il a
« contenté ses désirs; car enfin, si cette loi de l'intérêt,
« c'est-à-dire, du caprice des passions humaines (les votes),
« venait à être généralement adoptée, au point de faire
« oublier la loi de Dieu, alors toutes les idées du juste et de
« l'injuste, de la vertu et du vice, du bien et du mal moral
« seraient effacées et anéanties dans l'esprit des hommes :
« les trônes deviendraient chancelants, les sujets seraient
« indociles et factieux, les maîtres sans bienfaisance et
« sans humanité. Les peuples seraient donc toujours dans la
« révolte ou dans l'oppression. » Pouvait-on prévoir et juger plus sagement les fureurs de la Révolution?

royale, saluait le jeune prince, rejeton de cette vieille maison de France, dont personne ne prévoyait encore les épreuves, comme un nouveau gage de prospérité et de bonheur.

Sa mort fut très sensible à Louis XV, qui n'oublia jamais son jeune duc de Bourgogne : ce titre semblait à lui seul être l'un des appuis du trône. Lorsqu'il manqua, le vieux monarque voulut s'en consoler en l'attribuant par plaisanterie gracieuse à Marie-Antoinette, qui venait d'épouser le second fils du dauphin, *Louis-Auguste*, duc de Berry, devenu lui-même dauphin de France, depuis la mort de son père. Louis XV aimait beaucoup sa petite fille, dont la jeunesse et l'entrain faisaient diversion à l'ennui qui le rongeait au milieu de ses tristes voluptés : « J'ai ma duchesse de Bourgogne! » répétait-il souvent. C'est la dernière fois que ce nom fut donné à une princesse destinée hélas! à être la reine de douleurs!

Franchises communales

La Bourgogne, en effet, quoique honorée de toute la faveur royale, perdit peu à peu son autonomie particulière, sans néanmoins se voir saisie dans les engrenages,)qu'on nous pardonne l'expression,) de la centralisation administrative, telle que la Révolution l'a établie depuis, et dont nos pères n'auraient pu supporter la tyrannie tracassière. Même après Richelieu et Colbert, la province conserva intacts de précieux restes de son antique indépendance, qu'il importe de faire connaître ici.

Le maire ou maïeur de Dijon continua jusqu'en 1789 l'exercice de son autorité à la fois civile et militaire. Les clefs de la ville lui étaient confiées ainsi que le choix des capitaines de paroisses et des capitaines de murailles. Chaque soir il donnait le mot du guet, et le lieutenant du gouverneur, comme autrefois le vicomte du duc, était tenu de recevoir la consigne du maire. Ce magistrat avait ses officiers, sa garde d'archers, vêtus de robes vert-gai, avec blanche croix de Saint-André sur l'épaule. Il plaçait, à l'exemple du doge de Venise, son portrait à l'hôtel de ville, siége de son autorité; il avait le droit de scel et de visite, et faisait frapper des jetons, ornés de ses armes et portant pour millésime l'année de son élection. Vingt échevins, gens d'église et de robe courte, l'assistaient comme conseillers, mais ne pouvaient entraver sa volonté. Le plus ancien remplissait auprès de lui, sous le nom de garde des Évangiles, des fonctions demi-militaires. La ville de Dijon était fière et jalouse de ses anciens usages relatifs à l'élection du mâieur et des échevins. Cette élection devait se faire sur le cimetière de Saint-Bénigne, en avant du portail de Saint-Philibert. Quand on voulut transférer le lieu de ces assemblées au couvent des Jacobins, le peuple crut ses franchises attaquées et courut aux armes. Il fallut, pour apaiser la sédition, décréter que le maire nouvellement élu viendrait recevoir sous le porche de Saint-Philibert, en la forme accoutumée, les insignes de sa dignité. Les ordonnances, faites à son de cor, *qui était rude*, furent, à partir de 1435, publiées à son de trompe; la trompette devait être d'argent et surmontée d'une bannière armoriée; et, après la réunion du duché à la couronne, les crieurs portèrent des robes mi-partie de brun tanné et de vert, couleurs des ducs et de la commune. Le double caractère de chef militaire et d'administrateur de la cité fit donner au maire de Dijon des prérogatives, qui s'étendaient des choses les plus graves aux plus petits détails de police. Ainsi le maire ne dédaignait point d'ouvrir lui-même les pâtés vendus dans les carrefours pour s'assurer « qu'ils étaient loyalement désossés. » La réputation de la moutarde de Dijon déjà en honneur était un des objets de sa sollicitude; un sergent devait veiller « à ce qu'elle fut confite en bon vinaigre et gardée douze jours avant la vente. » Un grand feu, allumé le jour du marché devant l'eschile (pilori) de l'hôtel de ville, faisait justice « des mauvaises viandes et oiseaux de rivière induement vendus. » Des souliers mal confectionnés et condamnés par le maieur, l'un était jeté au feu et l'autre donné aux pauvres. En même temps, le bourrel, chargé de tuer les vieux chiens errants dans la ville, amenait devant le maieur « bien liés et tenus, les usuriers, qu'il faisait attacher au pilori avec un cœur de plomb au cou; après quoi ils étaient fustés, coupés de l'oreille et bannis. » Les gens de robe, qui faisaient un mauvais usage de leur science, ne pouvaient échapper par bénéfice de clergie à des châtiments rigoureux. Enfin le maieur punissait de fortes amendes les mendiants, qui quêtaient par les rues, les hôteliers, qui recevaient des étrangers sans prendre leur nom, les habitants, qui n'avaient pas le jour et la nuit un baquet d'eau devant leur porte, les gens faisant vilain métier et disant hoire (injure). On inscrivait sur un registre rouge le nom des coquins et des mauvais garçons.

Toutes les amendes étaient ensuite appliquées au

profit des pauvres et des églises, mais non à celui du maieur, dont la justice était gratuite. La ville devait toutefois lui donner le jour de son élection un riche manteau et un chapel orné. Madame la *mairesse* recevait une bourse de jetons d'argent et 1200 livres pour ses aumônes ; les échevins avaient des oisons blancs. Les maieurs de Dijon aimaient à se poser en défenseurs du peuple. Le duc Philippe le Hardi avait rendu en 1395 une ordonnance qui commandait de « côper » et d'extirper dans un mois sous peine de 60 sous d'amende les plants de gamais « ung mauvais et déloyal plant qui moult dommage la côte, dont N. S. Père le pape et Mgr le Roy ont coutume par préférence de faire leur provision. » Le maieur en charge, à l'instigation des vignerons, eut le tort de s'opposer à cette sage mesure, qui devait conserver à la Côte d'Or la réputation de ses vignobles fameux. Etait-ce une manière de se ménager la faveur populaire, toujours acquise aux opposants des actes d'autorité trop éclatants, quels qu'ils soient? On ne saurait le dire; en tout cas l'élection du maire de Dijon, bien que faite en plein air, fut souvent l'occasion de brigues secrètes, surtout de la part des gens de robe.

A Autun, les choses se passaient d'une façon plus régulière. Le dimanche avant le 24 juin, jour de la nativité de saint Jean-Baptiste, désigné pour l'élection des nouveaux magistrats, le vierg sortant, les échevins, les procureurs syndics et les receveurs des deniers de la ville étaient tenus de rendre compte de leur gestion à l'hôtel-de-ville, toutes portes ouvertes, devant les officiers du roi et en présence de six ou huit notables, élus à cette fin en assemblée générale; puis ils résignaient leurs fonctions entre les mains du lieutenant-général du bailliage. Trois jours à l'avance, on publiait au prône des églises et à son de trompe dans les rues et les carrefours, que tous les habitants bourgeois et marchands, chefs de famille, imposés au rôle des tailles pour quinze sols et au-dessus devaient se rendre au champ Saint-Ladre, dans le monastère des Cordeliers, le 24 juin, afin de procéder à l'élection de personnes, « idoines, capables et affectionnées au service du roi et du peuple ». Le matin de l'élection, les magistrats sortants faisaient célébrer la messe dans l'église des Cordeliers, et, pendant une heure entière, la grosse cloche de la cathédrale sonnait pour convoquer les électeurs au couvent. Dès qu'ils étaient réunis dans le cloître, on fermait ; les portes et les clefs étaient remises entre les mains du lieutenant du bailliage, président de l'assemblée. Chaque électeur, à l'appel de son nom et selon l'ordre de la liste, prêtait serment, votait à haute voix et sortait aussitôt, afin d'éviter toute communication avec les autres votants restés dans la salle. Les suffrages émis et le scrutin dépouillé, les portes s'ouvraient, afin de rendre le peuple témoin de la proclamation du vote, qui était faite par le lieutenant-général du bailliage. Le candidat à la viérie devait posséder un assez grand état, le premier échevin devait être choisi parmi les avocats, les trois autres, parmi les bourgeois et les marchands, les syndics, parmi les praticiens.

Le lendemain, les nouveaux élus se rendaient en corps et dans l'appareil distinctif de leur dignité à l'auditoire royal, où les officiers du bailliage les confirmaient dans leurs fonctions et recevaient leur serment d'obéir au roi : ils descendaient ensuite à l'hôtel-de-ville, où le vierg jurait entre les mains de son prédécesseur de gérer avec soin les affaires de la cité et de maintenir ses franchises et ses priviléges.

Le vierg ou maire d'Autun, indépendamment de ses attributions judiciaires et municipales, avait le droit de siéger aux États de Bourgogne immédiatement après le vicomte maieur de Dijon, et il présidait en son absence la chambre du Tiers. Aux États généraux du royaume, il occupait le troisième rang dans la chambre de son ordre, en sorte qu'il n'était précédé que par le maire de Paris et par celui de Dijon.

Son principal privilége était de faire à cheval, le 1ᵉʳ septembre de chaque année par toute la ville, la revue ou montre de *la Saint-Ladre*, escorté des officiers du bailliage en robe de palais, des échevins syndics et autres notables, des habitants en armes, marchant devant lui, tambour battant, mèches allumées, enseignes déployées. Au milieu de cette escorte processionnelle, le vierg s'avançait, l'épée au côté, un bâton en forme de sceptre à la main, jusqu'au pont d'Arroux, et il rendait la justice sur son passage à tout venant, qui la réclamait.

La veille de ce jour, le 31 août, le terrier du chapitre faisait également sa cavalcade traditionnelle, accompagné des chapelains tous à cheval et en costume d'apparat, bâtonniers, enfants de chœur, gens de la temporalité, jusqu'à la croix du pont d'Arroux ; là il prêtait serment d'administrer fidèlement la justice et la police par toute la ville et par le cloître. Puis un sergent de l'église criait par trois fois : « Messieurs, qui veut justice, qu'il s'approche » ; et les assises étaient ouvertes. Après avoir renouvelé ce cérémonial dans les divers quartiers de la ville, le terrier se retirait dans l'auditoire du cloître et commençait ses audiences.

Le privilége, que possédait le chapitre d'Autun de rendre la justice pendant seize jours avant et pendant la Saint-Ladre, était un reste de son antique suprématie sur toute la ville, et fut maintenu jusqu'à la Révolution. Afin d'exercer ce pouvoir juridique extraordinaire, le chapitre élisait tous les ans, à la pluralité des voix, sous le nom de terrier, un chanoine de mérite et habile dans la science du droit.

Pour prévenir le tumulte et maintenir l'ordre dans la foule grossie de nombreux étrangers, que la curiosité attirait à la fête de Saint-Ladre, ce terrier distribuait aux habitants des armes tirées de l'arsenal du chapitre; il passait lui-même la revue de ses hommes, faisait avec soin des rondes de police, et veillait à la tranquillité de la ville.

Les franchises et les priviléges de Chalon, quoique moins étendus, sont également dignes d'attention. Cette ville possédait depuis 1256 quatre échevins ou prud'hommes, dont deux tirés des vassaux de l'évêque, deux des gens du duc de Bourgogne, pour juger tous les forfaits et avec le châtelain exercer la police. Le maire n'a été créé qu'en 1561 par Charles IX, avec juridiction civile et criminelle en première instance, « comme ès-autres bonnes villes du duché, en considération, dit le roi, de ce que Chalon est l'une des meilleures et des plus considérables villes de notre duché de Bourgogne, située en pays limitrophe, où affluent beaucoup d'étrangers. »

L'élection du maire était à deux degrés. Les bourgeois, marchands, chefs de famille, se réunissaient dans la grande halle, et plus tard dans une salle du couvent des Carmes, et là ils désignaient, en votant selon l'ordre suivant lequel ils étaient appelés, huit prud'hommes et quatre échevins. Ceux-ci, à leur tour, s'assemblaient à l'hôtel-de-ville, et, après avoir prêté serment de bien sincèrement et fidèlement procéder à l'élection du maire, ils choisissaient ce magistrat parmi les notables de la ville « sans aucune faveur ni affection particulière. » L'élu était averti en sa maison, d'où il était conduit avec ceux qui l'avaient nommé en la maison du lieutenant-général ou particulier du bailliage. Les sergents de la mairie, vêtus de leurs manteaux aux couleurs de la ville, le précédaient la hallebarde sur l'épaule, la pointe en haut, et le conduisaient dans l'église cathédrale de Saint-Vincent. Arrivé près de l'autel de la paroisse où était gardé le Saint-Sacrement, le nouveau maire jurait solennellement et promettait entre les mains du lieutenant « d'être fidèle au roi, de maintenir les privilèges de la ville, et de faire observer les édits et ordonnances des monnaies. » Parmi les attributions ou franchises municipales de Chalon, il faut citer le droit que possédaient les anciens échevins de choisir eux-mêmes un capitaine pour la défense de la ville. La qualité de capitaine fut ensuite attachée à la personne du maire qui, comme à Dijon, eut le titre de *colonel de la milice bourgeoise et chef des armes;* il fut aussi chargé de la police de la ville. Il était secondé dans cette fonction, à l'époque des foires franches appelées l'une froide ou des *Brandons*, l'autre chaude ou de la

Saint-Jean et annoncées jusqu'en Lombardie. Elles étaient très anciennes et attiraient de nombreux marchands de toute l'Europe. Pendant la durée de ces foires, qui était ordinairement d'un mois, l'obligation de faire le guet aux portes de la ville revenait le premier jour au châtelain ou maire de Chalon, le second jour au vierg d'Autun et au prévôt de Beaune, le troisième au maieur de Dijon, le quatrième au maire d'Auxonne. Le lieutenant-général du bailli comme maitre des foires faisait l'ouverture de la foire de la Saint-Jean, concurremment avec le maire, chacun dans un carrosse, celui du lieutenant allait le premier ou prenait la droite, celui du maire ne venait qu'au second rang ou à gauche. Les huissiers du bailliage et les sergents de la mairie marchaient ensemble.

Les prérogatives des évêques de Chalon étaient en rapport avec le caractère de leur dignité : l'une des principales consistait à pouvoir délivrer un prisonnier tous les ans, le 27 janvier, en la fête de Saint-Loup, qui avait illustré le siége épiscopal de cette ville et s'était fait vénérer par sa charité compatissante à l'égard des pauvres captifs. Comme seigneur temporel l'évêque de Chalon, troisième suffragant de la métropole de Lyon, siégeait le second aux États de Bourgogne, l'évêque d'Autun étant le président-né du clergé, et avait le titre de comte de Chalon. Il bénissait l'abbé de Cîteaux, qui était tenu de prêter serment entre ses mains, et avait, en outre, le droit de visite sur l'abbaye de Tournus.

A Mâcon, les élections des échevins et autres officiers municipaux avaient lieu le 21 décembre, en la fête de saint Thomas, et étaient précédées d'une messe dite dans l'Église paroissiale de Saint-Pierre, à laquelle devaient assister en grande pompe le maire, le procureur du roi, ainsi que les échevins. Après la messe, ces mêmes personnages se rendaient, précédés des valets de la ville, à la Charité, à l'Hôtel-Dieu et au collége. C'est après leur retour seulement que commençaient les opérations du vote. Tous les habitants et pères de famille devaient y prendre part « à peine de dix livres contre les contrevenants. »

Jadis l'évêque de Mâcon faisait partie de droit du conseil d'administration du comté, à la mort du comte, jusqu'à ce que le nouveau seigneur eût été installé dans l'héritage de son père, et, s'il était mineur, jusqu'à ce qu'il eût atteint sa majorité. Lors de sa première entrée dans la ville, qui se faisait toujours par la porte du Bourgneuf, l'évêque de Mâcon prêtait serment sur le canon de la messe d'observer de tout son pouvoir les libertés, priviléges, statuts, coutumes et droits de la cité, de tenir et faire garder fidèlement la dite porte (du Bourgneuf) ainsi que celle du pont, la plus rapprochée de la ville, avec leurs tours. Sa juridiction ne s'étendait point sur l'abbaye de Cluny, située dans le diocèse de Mâcon, mais soumise, dès l'origine, directement au Saint-Siège.

La municipalité d'Auxerre, nommée pour deux années, pouvait être réélue pour une troisième; les électeurs étaient convoqués « à son de trompe et cri public dans les carrefours. » Tout contribuable faisait partie de l'assemblée : mais le bailli ou un de ses lieutenants avait seul le droit d'en rédiger l'ordonnance. Ces élections avaient lieu avant la saint Remy (1er Octobre), parce que les officiers en exercice devaient ce jour-là cesser leurs fonctions. L'assemblée, présidée par le bailli, renouvelait annuellement la moitié du corps municipal, et élisait pour deux ans un procureur, chargé du contentieux, un receveur des deniers communs, et trois administrateurs des grandes Charités.

Le maire veillait à la garde à la défense et à la salubrité de la ville; l'entretien des grandes Chaussées, des fortifications, des ponts, des rues et des établissements communaux rentrait naturellement dans ses attributions.

Ici comme ailleurs, la population de la ville se divisait en autant de corporations qu'il y avait d'arts et de métiers différents. Les avocats avaient leur bâtonnier; les notaires, les apothicaires, les orfèvres, les épiciers, les drapiers, les merciers, etc, se groupaient autour de leur syndic particulier, et les chirurgiens, barbiers, autour du *prévôt* de la santé. L'évêque d'Auxerre recevait à sa table tous les jours du carême douze pauvres, qui étaient servis les premiers et touchaient, en outre, une somme d'argent après chaque repas.

A Châtillon-sur-Seine, le pouvoir municipal était exercé par quatre maires élus annuellement le Dimanche après la Saint-Jean-Baptiste; l'assemblée était convoquée aux portes de la ville, sur le cimetière de l'abbaye « par le commandement des sergents de la mairie, fait de huis en huis. » Cette élection était à deux degrés. Tous les habitants réunis nommaient seize d'entre eux, qui se retiraient à l'écart sous un orme séculaire, (1) pour désigner les quatre maires ou maieurs. Cela fait, les seize venaient rejoindre l'assemblée, et, sans communiquer à personne le résultat de leur délibération, ils se rendaient à la maison de ville. Dès que la séance était ouverte, le plus âgé d'entre les seize proclamait le nom des maires qu'ils avaient élus. Ceux-ci, à leur tour, choisissaient un censeur ou procureur syndic, un sergent de la mairie, un receveur des deniers communs, un peseur de pain, un visiteur des viandes et poissons, et enfin un *vignier*.

Tels sont les principaux modes de scrutin que nos pères avaient imaginés, pour élire les magistrats de leurs communes. Comme on le voit, ils variaient de ville à ville, et souvent même de bourg à bourg ; on croyait alors, peut-être non sans raison, qu'un procédé uniforme d'élection garantirait moins la liberté des votes, que plusieurs manières différentes d'exprimer les suffrages. Les mœurs, les usages, aussi bien que les caractères variant à l'infini, chaque cité adoptait le mode de scrutin le plus approprié à ses besoins. Rien n'est curieux comme l'étude de cette vie municipale, si diversement organisée, mais partout soustraite à une ingérence étrangère quelconque. Là, point d'immixtion d'un pouvoir centralisateur, uniquement occupé de tout absorber à lui, point de décision prise à l'avance dans les comités secrets ou réunions ténébreuses de la maçonnerie. L'initiative privée, qu'anime un grand amour de la ville natale, s'y développe libre-

(1) Une ordonnance de Sully, en date de 1605, avait prescrit de planter un orme sur la place de l'église, dans toutes les paroisses de France, afin qu'on pût s'y réunir pour délibérer des affaires locales.

ment et parfois enfante des merveilles. Néanmoins les privilèges, les franchises et les immunités, que possédait chaque commune, et dont nos pères étaient si jaloux, ne furent jamais en opposition avec les grands intérêts de l'État ; car le service du roi primait tout et faisait taire toute autre considération.

L'établissement des communes avait du reste coïncidé avec la création des bailliages, dont nous devons aussi dire un mot.

Un bailliage était à la fois une circonscription administrative et un ressort judiciaire. Il comprenait tout le territoire dans lequel un grand *bailli* (1) avait le droit de rendre la justice.

Les baillis réunissaient dans le principe l'autorité militaire, civile, judiciaire et fiscale ; ils étaient capi-

---

(1) Le mot *bailli*, en vieux langage français, signifiait gardien. Ces magistrats, en effet, furent comme les gardiens des biens du peuple contre les offenses qu'il eût pu encourir des juges ordinaires.

On distinguait avant la Révolution deux sortes de justice : les justices seigneuriales et les justices royales.

La justice *seigneuriale* appartenait au possesseur laïque ou ecclésiastique d'un fief comprenant des bourgs, villages et hameaux. Elle se divisait en trois degrés : basse, moyenne et haute. Le *bas* justicier connaissait des contestations sur les droits dus au seigneur par les hommes de son fief. Le *moyen* prononçait sur les actions réelles, personnelles et mixtes intentées entre les sujets du seigneur. Le *haut* justicier comprenait les deux autres, et de plus, il pouvait donner des tuteurs ou curateurs, émanciper les mineurs, apposer les scellés et faire les inventaires.

La justice *royale* avait plusieurs degrés également et était administrée par des juges nommés par le roi dans les terres de son domaine. On les appelait *prévôts, châtelains, vicomtes, viguiers* ou *viergs*.

Au dessus des prévôtés venaient les *bailliages* ou présidiaux, et enfin le *parlement*.

taines du ban et de l'arrière-ban de la noblesse (1), et collecteurs des deniers du prince ; ils prononçaient sur les différends entre les seigneurs et leurs sujets, nommaient pour les représenter des *lieutenants*, et pourvoyaient aux charges de notaires, tabellions, greffiers, sergents et autres officiers de justice.

La plupart des baillis étaient de puissants seigneurs, plus initiés au métier des armes qu'à la connaissance du droit romain ou coutumier. Voilà pourquoi ils eurent de bonne heure, pour les seconder, des *lieutenants-généraux* chargés de rendre la justice, et ne retinrent pour eux que le pouvoir militaire : de là leur nom de *grands baillis d'épée*. Les sentences judiciaires n'en continuèrent pas moins d'être expédiées en leur nom ; mais de fait, le premier officier de justice fut le *lieutenant-général*. Après lui venait, dans l'ordre hiérarchique, le *lieutenant de la chancellerie*, qui était chargé de l'exécution des actes et contrats notariés, et qui jugeait les procès au dessous de cinquante livres, puis le *lieutenant criminel*, lequel avait la poursuite des crimes et des délits ; et, de même que les lieutenants civils avaient un substitut nommé *lieutenant particulier*, de même les lieutenants criminels obtinrent un substitut sous le nom d'*assesseur*.

La chancellerie constitua en Bourgogne une dignité importante, comme nous l'avons vu : la charge de

(1) Sous ce nom on désignait la convocation en cas de guerre des vassaux et arrière-vassaux. Le ban s'appliquait, aux fiefs relevant directement du suzerain et l'arrière-ban au fief n'en relevant qu'indirectement. La *bannière* était l'étendard de ceux qui avaient un ban, c'est-à-dire des vassaux, qu'ils pouvaient appeler aux armes.

gouverneur de la chancellerie de Bourgogne devint dans la suite la plus éminente de la magistrature.

François Ier compléta cette organisation par l'établissement d'un *procureur* et d'un *avocat du roi*. Le procureur veillait aux droits de l'Église et des mineurs, à la police et à l'ordre public; il instruisait les procédures, mais ne jugeait pas lui-même. Il avait sous ses ordres un *substitut*.

L'avocat du roi était surtout chargé de plaider les causes, où le prince et l'intérêt public se trouvaient engagés.

Ce tableau des anciennes juridictions en Bourgogne serait incomplet, si nous n'y faisions pas entrer les justices secondaires qui existaient dans les grandes villes de la province : Dijon, Autun, Chalon, Auxerre.

Ainsi la justice *consulaire*, composée de juges élus par les marchands, avait pour but de décider sur leurs contestations en matière commerciale. — La *gruerie* ou maîtrise des eaux et forêts comprenait un lieutenant, un procureur du roi, un greffier, des forestiers ou gardes, les premiers, chargés de l'administration elle-même, les seconds, de la répression des délits. — La *maréchaussée* était un corps de gens d'armes avec un lieutenant, un brigadier, des cavaliers ou archers, établi dans les grandes villes, afin de réprimer les tapageurs ou vagabonds, dont les méfaits n'étaient pas assez graves pour être portés devant les officiers du bailliage; voilà pourquoi, outre la force armée, elle avait une sorte de tribunal de police, composé d'un prévôt ou juge, d'un procureur du roi et d'un greffier. — La *justice du grenier à sel* réprimait les contraventions sur le fait des gabelles : elle avait pour chef le receveur royal ou grenetier; sa fonction était d'assigner et de vendre à chaque famille la quantité de sel, qui lui était nécessaire, et qu'on nommait pour cela *sel de devoir*.

Enfin, au dessus des prévôtés et des bailliages était le *Parlement de Bourgogne*, cour souveraine, qui jugeait en dernier ressort de toutes les matières entre les habitants du duché, à l'exception des cas royaux. Il ne fut d'abord composé que d'un président, de deux chevaliers, et de douze conseillers, qui formaient une seule chambre avec deux avocats généraux, un procureur général et deux greffiers, l'un civil, l'autre criminel (1). Sous François Ier, le nombre des conseillers fut porté à dix-sept, et il y eut deux présidents et deux Chambres. En 1537, on créa une troisième Chambre dite la *Tournelle*, ainsi nommée parce que les conseillers y siégeaient à tour de rôle. Henri II institua un quatrième président avec la Chambre des vacations, pour juger les hérétiques. La Chambre des enquêtes datait de 1589, et celle des requêtes fut tour à tour établie et supprimée de 1543 à 1771. La juridiction des aides ou impôts indirects fut réunie au Parlement en 1630. La *Chambre des comptes*, qui connaissait de tout ce qui était relatif aux monnaies, tendit au contraire à empiéter sur les attributions du Parlement. C'est sous le règne de Louis XII que fut construit le palais, où le Parlement de Bourgogne tenait ses séances et dans lequel on voit, dit un chroniqueur, *cette grande chambre dorée destinée pour les au-*

(1) L'abbé de Citeaux était premier conseiller-né. Celui de Cluny avait le droit de siéger à la grand' Chambre du Parlement de Paris avec les princes du sang, ducs et pairs.

diences *publiques, laquelle est une des plus belles de France.*

Après ce trop rapide exposé de l'organisation provinciale de la Bourgogne, reprenons notre récit à l'endroit où nous l'avons laissé.

GOUVERNEMENT ROYAL.

Le 14 novembre 1591, Henri IV créa dans la ville de Chalon et pour toute la Bourgogne « une maîtrise des ports, péages et passages... au sujet de la perception des droits dus à Sa Majesté sur les marchandises transportées hors du royaume, y entrant ou le traversant..., sur les draps d'or et de soie, les drogues, épiceries et autres..., sur gens sans aveu et inconnus, avec droit et pouvoir à l'officier pourvu de cet office, de nommer un lieutenant, un procureur du roi et un greffier, dans chaque bureau de la province. »

Henri IV avait un attachement très prononcé pour les Bourguignons, dont le caractère vif et ardent lui plaisait : il se rappelait avec satisfaction les incidents de la bataille de Fontaine-Française, où, à la tête de la noblesse de Bourgogne, il était venu à bout de repousser les forces de l'Espagne. Ce prince, doué d'un jugement si exquis, ne manqua pas de s'attacher tous les hommes, qui avaient été en Bourgogne les soutiens de Mayenne. D'Étienne Bernard, ligueur fanatique, il fit un des plus grands hommes du royaume. Pierre Jeannin, l'ami généreux du duc de Mayenne et qui avait tant contribué à le réconcilier avec le roi, entra dans le Conseil, obtint ensuite la place d'intendant des finances et s'attira par ses belles qualités l'amitié du monarque. La Bourgogne pouvait donc se flatter de jouir d'une protection spéciale pendant le règne de Henri IV, qui revint avec toute sa cour la visiter, en 1605, comme son pays de prédilection, quand une main criminelle, en arrachant la vie au bon roi, faillit la replonger dans toutes les horreurs de la guerre civile. Fort heureusement on était las de se battre. Louis XIII succéda à son père sans difficulté. Cependant, la Bourgogne fut, pendant son règne, troublée un instant par une sédition, qui éclata au sujet d'un nouvel impôt sur les vins. En 1630, les vignerons de la Côte-d'Or, armés de pieux et de hallebardes, se mirent en marche sur Dijon, sous la conduite d'un pauvre diable, auquel ils donnèrent le nom de roi *machas*, et au son du tambour, qui battait le refrain d'une chanson appelée *Lanturlu*. C'est de là qu'est venu le nom de *Révolte des Lanturlus*. Les séditieux commirent beaucoup d'excès dans la banlieue de la capitale de la Bourgogne. A la fin, le marquis de Mirebeau les attaqua et les dispersa.

Au mois de septembre 1618, Louis XIII avait autorisé à Chalon (1) la création d'un collége de Jésuites « *pour la célébration du divin service et l'instruc-*

(1) Les Oratoriens s'établirent dans cette même ville en 1624. L'évêque Jean de Meaupou leur confia en 1675 la direction de son séminaire. Cette maison a eu des professeurs distingués, parmi lesquels nous devons citer Edme Bourrée, Louis de Rymond, né à Saint-Gengoux, Antoine Papillon et surtout le P. Cloiseault, le célèbre auteur de la vie de saint Charles Borromée. M. de Meaupou, d'un zèle sévère, quoique d'une grande générosité, reprochait quelquefois au P. de Rymond sa trop grande douceur : « Mais, lui répondit le pieux oratorien, Jésus-Christ n'a pas dit : apprenez de moi à être sévère, mais doux et humble de cœur ! » Qu'il y a loin de cette doctrine au rigorisme désespérant des jansénistes.

tion de la jeunesse ès-bonnes-lettres tant d'Humanités, Philosophie que Théologie... » Toutes les autres villes importantes de la province étaient déjà ou ne tarderont pas à être pourvues de semblables établissements, la plupart confiés, comme celui de Chalon, aux Pères de la célèbre Compagnie de Jésus. Ces habiles instituteurs de la jeunesse, qu'on ne surpassera et qu'on ne remplacera jamais, formèrent ainsi de longue main la pléiade des grands hommes, qui ont préparé ou illustré le siècle de Louis XIV.

Mais avant de lui donner son Bossuet et son Vauban, la Bourgogne devait encore éprouver un moment d'alerte, durant la rébellion de Gaston d'Orléans, frère de Louis XIII. Ce prince, ennemi déclaré de Richelieu, s'avança contre Dijon et somma le maire et les échevins de lui envoyer des vivres. Le Parlement répondit par un refus formel : « La ville appartient au roi, dirent les conseillers, et, pour témoigner à Monsieur le respect qu'ils lui doivent, Messieurs du Parlement vont envoyer sa lettre à Sa Majesté, sans l'ouvrir. » Gaston descendit alors la vallée de la Saône, se cantonna un instant dans le Charolais, et de là passa en Languedoc.

Cette échauffourée, faite à l'aide des troupes autrichiennes, poussa Richelieu à attaquer la Franche-Comté ou comté de Bourgogne, qui appartenait à l'Espagne. Condé mit le siège devant Dôle (1636) ; mais, obligé de voler en Picardie, il laisse le duché ouvert aux Impériaux. Ceux-ci, conduits par Lamboy, sergent de bataille des armées impériales, et par Forkak, général des Croates, se jettent sur les terres de la rive gauche de la Saône, massacrent les habitants de Ciel, prennent Verdun, malgré la courageuse résistance des bourgeois. L'héroïsme des habitants de Saint-Jean-de-Losne arrêta à temps la marche des Reitres de Gallas, et préserva la province d'une invasion, que les généraux de Ferdinand III tentèrent de faire en France, pendant la dernière période de la guerre de *Trente ans*.

Ce conflit, suscité entre les maisons de France et d'Autriche par la politique de Richelieu, qui, malgré sa dignité de cardinal, avait voulu suivre les errements de François Ier à l'égard des Luthériens d'Allemagne, attira sur les deux Bourgognes un déluge de maux.

La Comté, depuis qu'elle avait secoué le joug, que Louis XI prétendait lui imposer, comme tuteur de Marie de Bourgogne, s'était attachée fidèlement à la fortune de cette jeune princesse. Charles-Quint, qui recueillit la riche succession de son aïeule, la donna en douaire à sa tante Marguerite de Savoie. Les vertus, la bonté de leur souveraine ne firent que rendre plus vif et plus profond l'éloignement des Comtois pour la domination française. Quand le grand Empereur prit en main l'administration du pays, il se conforma scrupuleusement aux instructions, que sa tante lui avait tracées dans son testament. Chaque ville de la Comté reçut des témoignages particuliers de sa libéralité et de son affection. C'est à des Bourguignons qu'il confiait les postes les plus importants de ses vastes états ; à sa cour, dans son intimité, il aimait à parler de leur attachement, et vantait à tout propos leurs bonnes qualités, leur franchise, leur prudence, leur habileté. Voilà pourquoi Richelieu, après Henri IV, trouva en Franche-Comté une résistance, que rien ne put briser. Aux attaques incessantes, qui s'acharnaient contre eux, les Comtois opposèrent victorieusement l'indomptable énergie de leurs quatre villes principales : Dôle, Gray, Salins, Besançon ; les bourgeois de ces vaillantes cités repoussèrent tous les assauts et rejetèrent toutes les offres de capitulation. Le cardinal fut plus heureux en Alsace et dans les Pays-Bas ; grâce à l'appui que lui donnèrent les protestants de ces provinces, il avait pu atteindre le premier but de sa politique : abaisser la maison d'Autriche.

Il poursuivit le second avec non moins de persévérance. Résolu d'anéantir les derniers vestiges de la féodalité, il provoqua par ses sévérités la révolte de la noblesse et fit ensuite marcher les armées du roi contre ceux qui, quoi qu'on en dise, étaient les plus fermes appuis du trône.

Les exécutions capitales portèrent la terreur jusque dans les premières familles du royaume, et la honte des sentences judiciaires déshonora les plus beaux noms de France. Une troupe de démolisseurs parcourut les provinces pour abattre les donjons et les manoirs du moyen âge. C'est ainsi que la plupart des châteaux-forts de la Bourgogne furent démantelés ou même rasés, mesure d'une prudence excessive, d'autant plus regrettable à nos yeux qu'elle pouvait, sinon justifier, du moins excuser les ravages des huguenots, durant les guerres de religion, et surtout parce qu'elle allait servir d'exemple, un siècle et demi plus tard, aux dévastations révolutionnaires. De plus, l'art et l'histoire ont fait des pertes irréparables dans la disparition de ces antiques demeures féodales, qui ne pouvaient désormais présenter aucun danger sérieux de guerre intestine, depuis que l'emploi des grosses pièces d'artillerie avait changé la manière d'assiéger les places et de gagner les batailles. L'Angleterre et l'Allemagne, qui ont conservé jusqu'à nos jours la majeure partie des tours et des donjons de leurs seigneurs, en sont une preuve convaincante. La Bourgogne perdit la presque totalité des châteaux, qui s'élevaient sur son territoire, principalement dans le Charolais et dans le Mâconnais.

Ce fut pendant l'administration du cardinal de Richelieu qu'on s'aperçut en France de la véritable réforme opérée par le Concile de Trente. La renaissance catholique, qui se manifestait de toutes parts, en Bourgogne surtout, était la récompense des sacrifices héroïques, que nos pères n'avaient pas craint de s'imposer pour nous transmettre intact l'héritage de la vraie foi. Les anciens ordres religieux, Cluny et Citeaux, se retrempent dans la ferveur de leur première institution, et beaucoup de congrégations nouvelles s'établissent, soit pour la prédication de l'Évangile, soit pour l'enseignement de la jeunesse.

Les bénédictins de Saint-Bénigne à Dijon et de Saint-Pierre à Chalon entreprennent d'immenses travaux d'érudition et enrichissent les bibliothèques de leurs monastères d'une foule d'ouvrages et de manuscrits précieux. Claude Robert, archidiacre de Chalon (1636), donna le 1er volume du grand recueil du *Gallia Christiana* et s'attira l'estime des savants cardinaux Baronius et Bellarmin. Dom Plancher composa à Dijon l'*Histoire générale de Bourgogne* terminée par un autre religieux de la congrégation de Saint-Maur.

A la tête de la *pléiade* poétique du XVIme siècle, qui fut comme le berceau de l'Académie française, se trouvait Pontus de Thiard, né à Bissy, et évêque de Chalon. Ce prélat ne brillait pas seulement par les nombreux ouvrages qu'il avait composés, il animait encore de son esprit une société littéraire, qu'il avait instituée dans sa ville épiscopale, et qui vécut de 1550 à 1650. Au siècle suivant, ce fut Dijon, la cité parlementaire par excellence, comme on l'a appelée, qui devint le centre de toutes les gloires littéraires de la Bourgogne : « Richesses, illustrations, puissance, popularité, clientèle innombrable, littérateurs et savants, le Parlement de Dijon cumulait tous les genres d'éclat et rayonnait sur la province entière. »

A un autre point de vue, cette période de notre histoire n'est pas moins remarquable. C'est le temps des de Bérulle, des Vincent de Paul, des Olier. La Bourgogne donna à l'Église de France deux saints prêtres : Claude Bernard et Bénigne Joly. Le premier, qui se faisait appeler humblement le *pauvre prêtre*, exerça son zèle dans les prisons et dans les hôpitaux de Paris, où il s'était consacré au service des pauvres, des malades et des condamnés, avec un dévouement et un héroïsme, qui a peu d'exemples. M. Bénigne Joly, surnommé le *père des pauvres*, ne voulut laisser aucune infortune sans consolation. Il établit successivement à Dijon la confrérie des pauvres, la communauté du bon Pasteur, la Chambre de la Providence, en faveur des pauvres servantes sans place, l'institut des religieuses hospitalières de Notre-Dame de la Charité, le petit séminaire de Saint-Étienne et une maison de la Mission dite de Saint-Lazare.

M. Bénigne Joly n'était pas moins admirable que le P. Bernard pour le zèle ardent, qu'il déployait à l'égard des prisonniers, soit qu'ils fussent détenus à Dijon même, soit qu'ils appartinssent à la chaine des forçats, qui passaient de temps en temps dans cette ville.

A Autun, André Guijon, théologal et grand vicaire, brillait par ses vertus modestes et mourait avec la réputation d'un saint, en 1630. Quelques années après, la vénérable Marguerite du Saint-Sacrement, religieuse carmélite de Beaune, rendait sa belle âme à Dieu (1648). Le carmel de Chalon avait à sa tête une sainte fille, Eugénie de Pontoux, en religion sœur Marie-des-Anges, morte en 1654. Sainte Jeanne-Françoise de Chantal, fondatrice de la Visitation, appartenait, comme on le sait, à l'une des plus illustres familles de Dijon, où le grand évêque de Genève, saint François de Sales, avait fait sa connaissance durant une station de carême qu'il prêchait. Leur œuvre commune reçut son dernier perfectionnement, lorsque la bienheureuse Marguerite-Marie Alacoque eut été favorisée des révélations du Sacré-Cœur, dans le monastère de Paray-le-Monial. L'humble visitandine trouva pour remplir sa grande mission, au milieu des contradictions de toutes sortes dont elle fut l'objet, un appui sûr et ferme dans le Père de La Colombière, savant et pieux Jésuite, qui était venu terminer à la résidence de Paray, sa belle vie tout illuminée par l'amour du Cœur de Jésus (1682).

C'est vers la même époque que MM. de Saint-Sulpice prenaient possession du séminaire d'Autun, construit en dehors de la ville sur un plan magnifique, grâce au zèle de Mgr de Roquette et à la munificence, de Louis XIV.

Mais n'anticipons pas sur les dates.

En 1631, la peste ravagea toute la Bourgogne; il n'y eut d'épargnée que la ville de Châtillon-sur-Seine, dans laquelle le Parlement de Dijon fut obligé de se retirer et qui devint momentanément la capitale de la province.

Les mouvements de la Fronde, sous la *régence d'Anne d'Autriche*, se firent peu sentir en Bourprovince. L'emprisonnement de Condé causa cependant une certaine émotion dans la ville de Dijon, qui était fière des exploits de son gouverneur, et qui gardait précieusement à la Sainte-Chapelle les drapeaux, qu'il avait pris à l'ennemi. La garnison de Seurre tenait aussi pour le vainqueur de Rocroy, et causa quelques dommages aux villages voisins par les courses de ses fourrageurs, en 1652.

Mais, le grand Condé, ayant fait sa paix avec la Cour, recouvra son gouvernement, et tout rentra dans l'ordre. Pour prix des services rendus à l'Espagne, il saisit le Charolais, possession de la maison d'Autriche depuis 1493. Une procédure s'en suivit; on plaida, et un arrêt intervint, qui adjugea le Comté au duc de Bourbon, autrement dit Monsieur le prince (1), *Henri-Jules*, fils et successeur du grand Condé.

(1) Il n'est pas inutile de rappeler que sous la monarchie le titre de *Monsieur le prince*, était attribué au chef de la maison de Condé; son fils aîné portait celui de *Monsieur le duc* (d'Enghien). La qualification de *Monseigneur* était réservée au Dauphin. Le frère aîné du roi était appelé *Monsieur*, et sa femme, *Madame*. La fille aînée du roi portait

Depuis le traité des Pyrénées, la paix la plus profonde ne cessa de régner en Bourgogne ; le génie organisateur de Louis XIV s'y faisait sentir comme dans toutes les autres parties de la France, et y attirait l'ordre et la prospérité.

Louis le Grand reprit à l'égard de la Franche-Comté les plans de Henri IV et de Richelieu. Il réclama cette province au nom du droit de dévolution, qu'il tenait du chef de Marie-Thérèse, son épouse, et se la fit adjuger une première fois au traité d'Aix-la-Chapelle, en 1668. Toutefois l'Espagne recouvra cette possession, la même année, en échange des conquêtes, faites par Louis XIV dans la Flandre, autre apanage de l'antique maison de Bourgogne. La guerre recommença en 1672 ; toutes les villes tombèrent une à une au pouvoir du roi de France, et le glorieux traité de Nimègue (1678) rendit définitive cette seconde occupation. Éblouis par les pompes de Versailles, les Comtois brisèrent complètement leurs anciennes attaches à l'Espagne et prirent pour jamais leur place naturelle dans la grande famille française. Le Parlement fut transféré à Besançon ainsi que l'Université en 1691, et la ville de Dôle, surnommée la *Joyeuse* par Frédéric-Barberousse, puis la *Dolente*, pendant les guerres de Louis XI, perdit une partie de l'importance administrative, dont elle jouissait comme capitale de la Franche-Comté, Besançon ayant toujours refusé de reconnaître et de recevoir

---

aussi ce nom de *Madame* le plus souvent suivi du mot *Royale*, pour distinguer les deux princesses.

La branche cadette des Bourbons, donnait à son chef le titre de *Monsieur le duc d'Orléans*, et à son fils aîné celui de *duc de Chartres*.

les comtes de Bourgogne, en sa qualité de ville impériale.

Cette expédition et l'organisation de la nouvelle province amenèrent plusieurs fois le grand roi dans les murs de Dijon, qui donna des fêtes splendides en son honneur. De son côté, Louis XIV se plut à embellir la capitale de la Bourgogne et contribua pour une large part à la dotation de ses établissements de bienfaisance et d'éducation. Le collége de Dijon devint l'un des plus riches du royaume. Pendant tout le temps qu'il fut confié aux Jésuites, c'est-à-dire depuis 1587 jusqu'à la suppression de la Compagnie, il jouit d'une prospérité sans égale. Durant ce court espace de temps, en effet, il donna à la France les Nicaise, les Bossuet, les La Monnoye, les Crébillon, les Bouhier les Piron, et Rameau lui-même.

Louis XIV, comme Henri IV, aimait la Bourgogne; ce fut par affection pour les Bourguignons qu'il rétablit, ainsi que nous l'avons vu, le titre de duc de Bourgogne en faveur de son petit-fils, le jeune Dauphin, fils ainé du grand Dauphin. En 1650, à l'occasion de son premier voyage à Dijon, il offrit le pain bénit à la Sainte-Chapelle et lava les pieds à douze enfants pauvres, lesquels reçurent chacun un demi-écu.

Le fils du grand Condé, Henri-Jules, étant mort en 1709, l'héritier de son nom et de ses vertus guerrières, *Louis III*ᵉ du nom lui succéda dans le gouvernement de la province; mais il eut à peine le temps de se montrer à Dijon, car la mort l'enleva dès l'année suivante à l'amour des Bourguignons. L'administration du duché, des comtés et des pays annexés fut ensuite confiée à *Louis-Henri*, pair et grand-maître de France, qui fit son entrée solennelle à Dijon au mois de novembre 1710.

Les fêtes qui furent célébrées à cette occasion nous font remonter par la pensée aux beaux jours de Dijon, lorsque les vieux ducs de Bourgogne y tenaient leur cour avec un éclat, qui égalait et surpassait même celle des rois. Afin d'en donner une esquisse au lecteur, nous allons assister avec lui à une soirée du palais ducal. C'est pendant le règne de Philippe le Hardi ou de Philippe le Bon. Au milieu des buffets, garnis d'or et d'argent, s'avance gravement dans la salle du festin, tantôt un dromadaire, chargés de paniers remplis d'oiseaux prêts à s'envoler; tantôt un lion, plus gros qu'un cheval, chantant agréablement une ballade ou faisant la révérence. D'autres fois, c'est un loup, jouant de la flûte, des sangliers sonnant de la trompette, ou bien encore une baleine, vomissant des sirènes et des chevaliers qui, leur rôle joué, rentrent dans le ventre du monstre. Pendant le repas, on voyait, en certaines fêtes, descendre sous le nom d'entremets, sur des chariots peints d'or et d'azur aux armes de Bourgogne, des pâtés creux renfermant une église avec ses moines et ses orgues et beaucoup d'autres automates du mécanisme le plus ingénieux. Le repas terminé, les convives se retiraient près du foyer, pétillant dans l'immense âtre, pour entendre quelque complainte nouvelle chantée par un ménestrel de passage, ou éteindre d'un seul coup et sans tousser les allumettes de jonc, sous peine de bailler gage, ou enfin parcourir les « *almanaques et pronostications* », copiées plus tard par Nostradamus, et déjà célèbres et infaillibles! Durant ce temps, le duc et ses barons devisaient ensemble des guerres de Flandre, de l'occision des Armagnacs, ou de leurs exploits de chasse, un des passe-temps favoris du prince, qui n'avait pas moins de 430 veneurs de tout grade dans son équipage. Soudain une petite porte, cachée près de la cheminée et comme enfouie dans les gros piliers, s'ouvrait silencieusement, et un homme, vêtu de noir et portant une chaîne d'or au cou, un livre et une baguette à la main, s'avançait au milieu de l'assemblée attentive et charmée : c'était l'heure des prédictions et des compliments pour Monsieur le Duc, auxquels applaudissaient tous les convives.

Venaient ensuite les amusements des pages. Pour les distraire, la duchesse faisait apporter les cages dorées, qui tenaient enfermés rossignolets et oiseaux de chambre; puis conduire le léopard apprivoisé, attaché d'une cordelette de soie; les singes d'Inde, par leurs tours et leurs grimaces, provoquaient les rires les plus joyeux. Quand tout ce bruit était calmé au son du *Jacquemard*, horloge conquise à Courtray, le duc rentrait avec ses familiers et conseillers dans ses appartements, pour jouer au dringuet ou aux dés, mais le plus souvent pour aviser à quelque mesure d'administration. Pendant ce temps, la duchesse, les pieds sur un tapis velu, filait avec sa quenouille d'ivoire, tandis qu'une de ses dames touchait l'orgue portatif, acheté en 1395 d'un doyen de Paris.

La veillée finissait dès que tintait le long des rues la *clochette des trépassés*; le trompette du duc sonnait du cor, et toute la cour se retirait. Monseigneur le duc montait dans sa chambre tendue d'écarlate, excepté au temps des couches de Madame, où les lits devaient être garnis de soie verte : puis son Altesse récitait longuement et dévotement ses heures, lisait un chapitre de sa bible à laquelle était « une platine d'argent, attachée à l'ais du livre pour mettre ses lunettes à cette fin qu'elles ne fussent cassées. » Les écuyers allumaient les chandelles de cire verte pour la nuit, puis serraient dans les coffres et bahuts les robes, colliers, écharpes du prince, qui demeuraient en leur garde jusqu'au lendemain; car les vêtements de son Altesse étaient d'une merveilleuse richesse, aussi bien que ses joyaux : chaînes à porter reliques, gibecière pour donner à Dieu (aumônière), la bonne ceinture de Monseigneur saint Louis, la belle couronne à fleurs de lis, le collier de la toison d'or, etc., etc.

Nous n'en finirions pas, si nous voulions rapporter ici tous les usages de la cour et de la ville de Dijon; car la Bourgogne, au moyen âge, était un théâtre de fêtes simples, naïves, où tout se passait avec la plus grande cordialité, franchise et joyeuseté.

Dijon, la ville aux *Cent clochers*, devint sous les Bourbons une ville de goût, de sciences et de lettres. Louis XV, à la prière des États, autorisa, le 6 juillet 1722, la création d'une Université qui, sur les remontrances quelque peu intéressées des professeurs de la Sorbonne, de Besançon et de plusieurs autres villes, fut restreinte en 1723 à une faculté de droit. Innocent XII approuva la nouvelle institution, et le prince de Condé, Louis-Henri, la protégea de tout son pouvoir. Dijon eut de plus une académie composée de douze pensionnaires, de six associés et de six membres hono-

-raires ; elle compta bientôt dans son sein de nombreuses illustrations étrangères (1).

Louis-Joseph de Bourbon, qui succéda à son père Louis-Henri dans le gouvernement de la Bourgogne, était le quatrième descendant du grand Condé. Riche des dons du ciel, comblé de tous les biens de ce monde, mais préservé de la corruption encyclopédiste de ce triste XVIII° siècle, que l'on voudrait retrancher de notre histoire, le prince de Condé se faisait, ainsi que le Dauphin, fils de Louis XV, un devoir de conscience et un point d'honneur de résister par la parole et surtout par l'exemple, au torrent des doctrines nouvelles, qui devait emporter dans le même gouffre le trône et l'autel. Sa bouillante valeur et son habileté sur les champs de bataille prouvaient que la race des Condés, la *branche de Laurier* de la maison de France, comme nos ancêtres l'avaient surnommée, était loin de dégénérer. Louis-Joseph prit une part brillante à la guerre de Sept ans ; mais bientôt les loisirs de la paix le laissent tout entier aux soins de son gouvernement. Le parlement de Dijon était en conflit avec les ministres de Louis XV. Le duc de Bourbon servit d'intermédiaire pour apaiser le différend. Il fut moins heureux dans les représentations, qu'il adressa au sujet de la suppression de la Compagnie de Jésus, premier attentat public de la franc-maçonnerie contre la religion catholique. Les beaux colléges, que les Jésuites avaient établis sur tous les

(1) On sait que ce fut à l'Académie de Dijon que Jean-Jacques Rousseau présenta son fameux mémoire sur cette question : *Le progrès des arts et des sciences a-t-il contribué à corrompre ou à épurer les mœurs ?*

points de la France, tombèrent entre les mains des Encyclopédistes ou des Jansénistes, et l'on connaît les conséquences d'une mesure aussi inique que funeste. Les générations nouvelles, formées à l'école de Voltaire et de Rousseau, rempliront le monde, en 1789, de leurs vaines déclamations et de leurs utopies insensées ; en 1793, elles l'épouvanteront par des crimes, qu'un siècle d'agitations et de désastres n'a pas encore expiés. Le prince de Condé veilla de tout son pouvoir à la bonne éducation de la jeunesse dans sa province, où il se fit le bienfaiteur des Bonaparte, venus de Corse en France, après l'annexion de cette île, et dont la famille était originaire de Gênes. Le grand-père du duc d'Enghien fournit lui-même à Joseph, et à Lucien boursiers au collège d'Autun, ainsi qu'à Napoléon, pensionnaire du roi à l'école de Brienne, les moyens d'entrer dans l'artillerie (1).

L'administration de Louis-Joseph en Bourgogne

---

(1) Suivant les besoins de leur famille qui ne pouvait exaucer le vœu des deux jeunes gens, Joseph devait se destiner à l'état ecclésiastique, et Napoléon, à la marine.

Louis-Joseph de Bourbon fut le dernier gouverneur de la Bourgogne. C'est lui qui construisit à Paris le palais Bourbon et recruta, après la prise de la Bastille, pour délivrer Louis XVI et la France du joug des Jacobins, un corps de soldats français, l'élite de la noblesse, connu sous le nom *d'armée de Condé*. L'héritier de son nom et de ses titres, *Louis-Henri-Joseph*, neuvième prince de Condé, fut père de l'infortuné *Louis-Antoine-Henri*, duc d'Enghien, enlevé, sur un territoire neutre au mépris du droit des gens, traîné à Vincennes, jugé sommairement par un conseil de guerre aux ordres de Bonaparte, et fusillé dans les fossés du château (1804). En lui s'éteignit la descendance des Condés, si chère à la Bourgogne!

coïncide donc avec les dernières années de la monarchie.

Louis XV meurt, Louis XVI, son petit-fils, lui succède. C'est un douloureux spectacle que celui de ce jeune roi aux prises avec des difficultés de toutes sortes accumulées autour de lui, et livré, s'il est permis de parler ainsi, pieds et mains liées, à cette tourbe d'hommes à projets, qui se pressent sur les marches de son trône, pour en ébranler les fondements sous le fallacieux prétexte de le consolider, au moyen de la panacée des innovations. Depuis longtemps, on entendait gronder l'orage, il ne pouvait tarder à éclater.

Il y eut cependant encore un moment de calme avant la tempête. On en profita en Bourgogne pour achever de grands travaux commencés sous le règne précédent. Ce fut le temps de la fondation du Creuzot, qui devait être un jour l'orgueil de la métallurgie française.

En 1769, M. François de la Chaise avait obtenu la concession des mines de houille, situées dans le bailliage de Montcenis au lieu dit la *Charbonnière* (1).

(1) Voici un extrait de la relation inédite d'un voyage, que fit Courtépée, en mars 1776, dans cette partie de la Bourgogne : « Je fus charmé de voir les mines de charbon qu'il (M. de la Chaise) fait exploiter et qu'il avait remises à une compagnie de Paris trop infidèle... J'aperçus de laborieux vulcains enfoncés là-dedans comme des taupes, noirs comme des cyclopes, qui n'ont de la figure humaine que les yeux et les dents, travaillant à la faible lueur d'une chandelle, les uns à couper les blocs de charbon, d'autres à les traîner sur des brouettes, du fond de l'antre à son entrée. Il y en a des tas immenses, ou en poussière, ou en gros morceaux. Je perçais plus loin par un aqueduc de 200 toises, pour dériver les eaux de la mine ; il n'est pas encore fini. Depuis douze ans que M. de la Chaise y fait travailler,

L'abbé de Fénelon, petit-neveu du grand archevêque de Cambrai et prieur de Saint Sernin-du-Bois, au même bailliage, favorisa de tout son pouvoir l'extraction et la traite des charbons de terre ; il établit de plus une forge au Mesvrin et un four à Bouvier. Le succès répondit au zèle du bon abbé, qui eut la joie de voir tourner, dès 1782, dans sa petite forge, confiée à la direction du célèbre Wilkinson, le premier laminoir de la contrée. Son exemple décida M. Wendel, à qui M. de la Chaise avait vendu une partie de sa concession, à établir des fourneaux à la Charbonnière, et une société du nom de Saint-James eut l'honneur d'avoir Louis XVI pour son principal actionnaire. L'établissement royal reçut désormais le nom de *Creuzot* et comprit aussi une fonderie de canons.

La cristallerie, transportée plus tard à Baccarat, datait de 1784, et avait été placée sous le haut patronage de la reine Marie-Antoinette.

Citons encore, comme appartenant au règne de Louis XVI, la création du canal du Centre, qui unit la Saône à la Loire. Les États de Bourgogne furent chargés, par lettres patentes du roi, en 1782, de cette entreprise, projetée depuis longtemps, et les troupes du régiment de *Monsieur* et Beaujolais prirent

---

il n'est arrivé aucun accident à ses mineurs... On a fait, en mars dernier, à la forge d'Aisy-sous-Rougemont, en présence de M. de Buffon et de six maîtres de forge, l'essai de ce charbon qu'on a brûlé à moitié, et dont on s'est servi ensuite pour fondre la mine de fer. On en a tiré deux gueuses, dont le fer s'est trouvé très bon. Si cela peut réussir dans toutes nos forges voisines, on épargnera bien du bois, et on rendra un grand service à la province, où l'espèce devient rare et augmente tous les jours de prix.»

une grande part à l'exécution des travaux, dont la direction appartint à M. Gauthey, ingénieur en chef des États de 1783 à 1791.

Il faut rapporter à la même époque les travaux littéraires et scientifiques de Buffon, l'une des gloires de la Bourgogne au XVIIIe siècle. Le vieux château de Montbard, déjà illustré par tant de souvenirs (1), et en particulier par le séjour des rois Charles VI, Louis XI, Louis XIII et Louis XIV, reçut du grand naturaliste un nouveau titre au souvenir de l'histoire. C'est là, en effet, que Buffon a composé la majeure partie de ses ouvrages, de concert avec Daubenton, son compatriote ; c'est là qu'il fut visité par toutes les célébrités du temps.

Le nom de Jacques Cazotte, de Dijon, était l'un des plus retentissants. On connait sa fameuse prophétie sur la Révolution, qu'il donna au commencement de 1788, d'après la Harpe, et par laquelle il aurait, nouveau Daniel, annoncé dans un grand festin, leur fin prochaine et terrible aux convives du duc de Grammont, la plupart philosophes et impies, ainsi que le supplice de Louis XVI et de Marie-Antoinette...

Mais il n'était pas nécessaire d'être prophète pour prédire les catastrophes dont la France était menacée. Tant que le grand Bossuet avait vécu, l'impiété n'avait jamais osé lever la tête ; son regard d'aigle avait tenu le monstre comme enchaîné. A peine eut-il disparu que la conspiration, ourdie dans l'ombre, éclata en

(1) Les États de Bourgogne s'y assemblèrent en 1736 et en 1381. Le fameux édit de 1388, qui réglait le poids des monnaies d'or et d'argent, fut rendu au château de Montbard et porte le nom d'*édit de Montbard*.

plein jour ; la décadence se précipite, il n'est pas difficile dès lors de prévoir ce qui doit arriver. « Plus rien dans l'ordre intellectuel, moral, religieux, n'était respecté. Un esprit de révolte universelle agitait cette France, jusque-là si amoureuse de ses rois. Jamais on n'avait tant parlé de sensibilité, de bienfaisance et jamais les cœurs n'avaient été plus durs ; un immense égoïsme les desséchait. Jamais non plus on n'avait été plus gracieux, plus aimable, plus frisé, plus poudré, plus charmant, et jamais on ne s'était tant méprisé. Et, comme du mépris à la haine il n'y a qu'un pas, on achevait de le franchir à la fin du XVIII° siècle... Le jour vint où cette haine, ne pouvant plus se contenir, éclata. Alors commença une chose effroyable (1)... »

Nous renonçons, pour notre part, à dire comment et par quelles mains criminelles fut dressé l'échafaud du roi, comment et par qui fut préparé, puis érigé en système politique, le massacre des prêtres, la profanation des églises, le pillage des monastères, la vente et la dilapidation des biens du clergé, comment enfin fut consommée la ruine de l'ancien édifice social de la France. Il ne nous reste plus qu'à donner un rapide aperçu de ce qu'il était en Bourgogne. Après avoir fait table rase des institutions séculaires de la France, la Révolution voulait en bannir jusqu'à l'étude. Les souvenirs du passé l'importunent, parce qu'ils sont l'éclatante condamnation de ses prétendus progrès politiques. Nous devons nous y arrêter un instant.

(1) M. Bougaud

Organisation provinciale

La Bourgogne était l'un des 32 grands gouvernements, qui partageaient le royaume en autant de sièges de centralisation provinciale. Cependant, les limites d'un gouvernement n'étaient pas toujours celles de la province. Ainsi le gouverneur de Bourgogne avait sous sa juridiction deux sortes de pays : *les pays d'États*, comprenant le duché et les comtés qui en dépendaient, et les *pays d'Impositions* (Bresse, Bugey, Valromey et Gex), récemment annexés à la France.

Ce gouvernement avait été confié, nous l'avons dit, à la maison de Condé, qui l'a gardé jusqu'en 1789. Les princes de Condé étaient donc héréditairement chefs militaires de la Bourgogne. Après eux venaient, selon l'ordre hiérarchique, 6 lieutenants généraux et 6 lieutenants du roi, placés à la tête des six principales villes : Dijon, Autun, Chalon, Charolles, Mâcon, Bourg, mais seuls les châteaux ou citadelles de Dijon, Auxonne, Chalon et la petite place de Pierre-Châtel sur le Rhône avaient des garnisons régulières, qui se composaient d'une *morte-paie* à la solde de la province et d'une compagnie d'infanterie de troupes réglées à la solde du Roi ; les unes et les autres étaient commandées par un lieutenant et un major de place. La morte-paie comprenait 58 hommes, 12 hallebardiers, un chapelain, un garde-magasin, un canonnier et, selon le cas, un chevalier du guet, tous vétérans et anciens soldats des armées royales. Il y avait, en outre, deux sénéchaussées héréditaires, celle de Bourgogne et des comtés et celle de Bresse, Bugey et Gex. Quand on faisait la convocation du ban et de l'arrière-ban de la noblesse, ces corps d'élite étaient placés sous les ordres de 13 baillis d'épée, chefs militaires des 13 grands bailliages de Dijon, d'Autun, de Chalon, d'Auxois, de la Montagne, du Charolais, de Bourbon-Lancy, de Mâcon, d'Auxerre, de Bar-sur-Seine, de Bresse, de Bugey et de Gex.

Enfin onze maréchaussées particulières, en garnison dans les mêmes villes (sauf Bar-sur-Seine et Bourbon-Lancy), et à la tête desquelles était le prévôt général de Dijon, complétaient l'organisation militaire de la province.

La Bourgogne proprement dite, étant un pays d'États, jouissait d'une représentation triennale appelée *États provinciaux* par opposition aux États généraux, qui se composaient des députés de toute la France. Les pays d'élection ou d'impositions (Bresse, Bugey et Gex) dépendaient du pouvoir central et obéissaient à des intendants, sans le consentement desquels le Clergé, la Noblesse et le Tiers-État ne pouvaient voter aucune imposition nouvelle. Quant aux députés des pays d'États, ils levaient eux-mêmes l'impôt pour subvenir aux dépenses ordinaires et extraordinaires; ils délibéraient sur toutes les affaires concernant la province, comme l'agriculture, le commerce, les routes, les canaux. C'était dans son plus haut degré l'exercice des libertés locales. En 1787, le régime des États fut généralisé pour toute la France; mais auparavant le *Dijonnais*, l'*Autunois*, le *Chalonnais*, l'*Auxois*, le pays de la *Montagne*, le *Charolais*, le *Mâconnais*, l'*Auxerrois*, et *Bar-sur-Seine* envoyaient seuls aux

États de Bourgogne des députés, pris dans les trois ordres politiques : clergé, noblesse, tiers-état. Les Comtés de Chalon, de Charolles et de Mâcon avaient eu jadis leurs États particuliers, qui se réunirent successivement aux États du duché. Ceux du Charolais ne furent réunis qu'en 1755. Ces assemblées se tenaient à Dijon de trois en trois ans, le plus souvent au mois de mai, en vertu d'une convocation royale et sous la présidence du gouverneur de la province.

Le jour de l'ouverture, le clergé se rendait à la Sainte-Chapelle, les évêques en camail et en rochet, les prêtres en manteau long et en bonnet carré. Les députés du Tiers-État s'y rendaient ensuite, vêtus de robes violettes de satin ou de moire : la robe du maire de Dijon, président de cet ordre, était de velours. La noblesse, en habits brodés, s'assemblait au palais du gouverneur. A neuf heures du matin, le premier président du Parlement et l'intendant de la province, en robe noire, ainsi que leurs officiers et ceux des États, allaient au Logis-du-Roi prévenir le gouverneur. Les gentilshommes députés se mettaient aussitôt en marche sur deux rangs dans la direction de la Sainte-Chapelle. Le gouverneur avec sa suite fermait le cortége ; il était harangué à son entrée dans le lieu saint par les chanoines du chapitre et prenait place entre le clergé et la noblesse. ayant derrière lui les députés du Tiers. On célébrait une messe du Saint-Esprit, pendant laquelle il y avait « musique et symphonie. » Aussitôt après, les trois ordres se rendaient dans la grande salle des États, selon leur rang de préséance. Le gouverneur, assis sur un fauteuil de velours bleu, semé de fleurs de lis d'or, sous un dais « à la pente duquel était le portrait du roi » faisait lire les lettres patentes ordonnant la convocation des États, et exposait quelles étaient les intentions de Sa Majesté. Le premier président développait à son tour dans un discours l'objet et les motifs de la réunion des États. Enfin, l'intendant de la province, en présentant la commission du roi, qui lui permettait de prendre part aux travaux de l'assemblée, faisait les réquisitions conformes aux ordres du souverain. L'évêque d'Autun et, en son absence, l'évêque de Chalon, était chargé de répondre au nom des trois ordres aux discours précédents. Après quoi, le gouverneur levait la séance et rentrait au Logis-du-Roi par une porte intérieure ; les États se rendaient ensuite chacun dans une salle particulière, car chaque ordre délibérait et votait séparément. Lorsqu'une proposition était adoptée dans l'une des trois chambres, elle était communiquée aux deux autres, et soumise à leur discussion.

Toutes les affaires pendantes ayant été ainsi examinées, on les soumettait à un vote général, dans la salle commune, où s'était faite l'ouverture des États et qu'on nommait alors *Chambre de la conférence*. Quand deux ordres étaient du même avis la motion proposée devenait un décret des États, et son exécution, ayant force de loi, était confiée aux *Élus*.

Le jour de la conférence, et avant même qu'elle se tînt, chaque ordre faisait choix d'un commissaire appelé *élu*, qui était chargé en son nom de gérer les intérêts de la province, pendant la triennalité.

Les Élus entraient en fonctions aussitôt après la séparation des États : un de leurs premiers soins était d'aller en cour présenter au roi les cahiers, apportés par chaque ordre à l'Assemblée : c'est ce qu'on appelait le *voyage d'honneur*. Cette sorte de commission permanente des États tenait ses séances au Logis-du-Roi, à Dijon ; elle comprenait : l'Élu du Clergé et celui de la Noblesse ayant chacun une voix, deux députés de la chambre des comptes n'ayant ensemble qu'une voix, un élu du roi avec des provisions de Sa Majesté et prenant part au vote pour une voix, le maire de Dijon et l'élu du Tiers-État avec une voix seulement entre eux. La chambre des Élus ainsi composée réglait les impositions, et en envoyait les rôles particuliers aux villes, bourgs, paroisses et autres communautés du duché de Bourgogne, des comtés et pays en dépendant. Les Élus faisaient aussi la liquidation des étapes, l'adjudication des octrois de la Saône, des crues sur le sel et des ouvrages, qui étaient entrepris à la charge de la province.

Enfin, pour rendre impossible une mauvaise gestion des finances, des *alcades*, nommés par les députés de chaque ordre, s'assemblaient quelques mois avant la convocation des États et examinaient à leur tour l'administration des Élus (1).

(1) Comme on le voit, les précautions les plus minutieuses étaient prises afin de prévenir et d'empêcher toute malversation, car les moindres irrégularités n'auraient pu échapper à l'œil vigilant de ceux que l'on appellerait aujourd'hui les mandataires ou les défenseurs du peuple. Quant à l'impôt lui-même, contre lequel il a été de mode pendant longtemps de crier à l'exagération, des calculs récents ont démontré qu'il était beaucoup moins considérable que celui que l'on paie aujourd'hui, toute proportion gardée d'ailleurs. Nous venons de voir avec quel soin scrupuleux les États

Le Trésorier général des États, à Dijon, touchait les deniers de sa recette des mains des receveurs particuliers établis dans les principales villes : les uns et les autres percevaient l'impôt sur des commissions votées par les États et étaient tenus de présenter chaque année leurs registres ou rôles, soit à la Chambre des comptes, à Dijon, soit à la Cour des aides, selon la nature des contributions.

Au parlement de Dijon ressortissaient six présidiaux : Dijon, Autun, Chalon, Semur, Chatillon, Bourg et 19 bailliages dont 10 principaux et 9 particuliers ; on en trouvera la liste plus loin, à la fin du volume. Outre la justice royale, il y avait encore la justice seigneuriale, qui avait gardé presque partout des

étudiaient les lois de finances et avec quelle attention les États surveillaient soit la perception, soit l'emploi des fonds alloués au gouvernement. La comparaison des subsides que l'on prélevait sur le Tiers-État avec les exigences de plus en plus onéreuses du budget moderne ne serait pas au désavantage de l'ancien régime, et les contribuables échangeraient volontiers les charges qui les accablent pour les vieux droits féodaux, s'ils étaient mieux connus. Les privilèges du Clergé et de la Noblesse n'étaient pas aussi exorbitants qu'on le croit communément, et étaient compensés par d'autres obligations grandement équivalentes. Les sommes énormes votées chaque année par les assemblées du Clergé de France sous le nom de *don gratuit au roi* ne représentaient-elles pas un impôt véritable ? De plus, les frais du culte, le soulagement des pauvres, l'éducation de la jeunesse n'avaient pas alors de budget spécial et incombaient entièrement au clergé, qui ne s'en est jamais plaint. Quant à la noblesse, elle payait seule le plus rude de tous les impôts, celui que la Révolution a étendu à toutes les classes de la société et qui, chaque année, décime les familles des villes et des campagnes, l'impôt du sang ! Les gentilshommes ne portaient l'épée que pour la défense de la patrie ; et l'histoire atteste qu'ils n'ont jamais failli à cette noble mais difficile mission !

attributions de police confiées aujourd'hui aux juges de paix et aux maires, la justice municipale, qui s'exerçait dans les villes, et la justice ecclésiastique ou officialité diocésaine, qui concernait les clercs.

Le gouvernement de Bourgogne s'étendait dans quatre provinces ecclésiastiques : Sens, Besançon, Vienne pour quelques archiprêtrés seulement, et Lyon pour la plus grande partie. Les quatre suffragants de l'archevêque de Lyon, primat des Gaules, étaient les évêques d'Autun, de Langres, de Chalon et de Mâcon. Le diocèse d'*Autun* possédait une foule d'abbayes, prieurés, monastères, 24 archiprêtrés et 611 paroisses. Le diocèse de *Langres*, dont l'évêque était le troisième des douze pairs de France et portait le sceptre au sacre du roi, renfermait entre autres monastères l'abbaye de Clairvaux, avec 6 archidiaconés et 600 paroisses. Le diocèse de *Chalon*, dans le territoire duquel se trouvaient les fameuses abbayes de Tournus et de Cîteaux, n'avait que 5 archiprêtrés et 204 paroisses. Enfin le diocèse de *Mâcon*, avec ses 4 archiprêtrés et ses 268 paroisses, possédait l'abbaye de Cluny, dont l'abbé était supérieur de 2000 monastères.

La liste des prieurés, églises collégiales, séminaires, collèges, hôpitaux, est si considérable que nous sommes forcés de l'omettre. La charité de nos pères n'avait voulu laisser aucune misère du corps ou de l'âme sans lui venir en aide, aucune infortune particulière ou publique, sans lui porter secours. On est profondément touché de cette prévoyance, qui s'étendait à tout : enfants trouvés, orphelins, veuves, malades, infirmes, pauvres, voyageurs, passants, vieillards, moribonds ; l'Église, en mère tendre et dévouée, avait institué, pour les soulager, une foule d'ordres et de communautés d'hommes et de femmes, rivalisant de zèle et de ferveur dans les divers états de la vie active ou contemplative, propres à chaque âme illuminée de la grâce de la vocation religieuse.

Voilà ce que la Révolution impie du dernier siècle a voulu détruire, en bouleversant de fond en comble l'ancien édifice social; en chassant la famille royale, que l'univers entier enviait à la France; en massacrant les nobles et les prêtres; en faisant couler par torrents le sang du peuple sur l'échafaud et sur les champs de bataille *(quinze millions* d'hommes sont morts pendant les guerres de la république et de l'empire). Sur les ruines encore fumantes de tant d'institutions chrétiennes, qu'a-t-elle su ou pu édifier?

L'usage le plus noble qu'elle a fait des biens usurpés, a été d'en conserver quelques-uns à leur destination primitive : hôpitaux, refuges, asiles; mais un certain nombre de maisons religieuses ont été converties sans pudeur en casernes, prisons, bagnes..., d'autres, en établissements d'instruction. Ici, nous croirions volontiers que les vues des premiers fondateurs seraient en partie respectées, si la secte ne s'efforçait pas de transformer ces créations utiles en écoles de pestilence. Malheureusement, n'est-il pas trop évident que l'enseignement qu'elle inspire a pour mission secrète d'étouffer peu à peu la foi des générations futures? Enfin, la majeure partie des biens ravis à l'Église ont été donnés, à l'époque de la spoliation, pour une somme dérisoire, à des acquéreurs, qui ne les ont pas gardés, fait bien digne de remarque! Pour accomplir *ses réformes*, il a fallu à la Révolution, indépendamment du sang répandu, tout l'or de la France, trésor public et fortunes particulières. (Les calculs donnent la somme incroyable de *165 milliards!*)

Ces ruines matérielles, si effrayantes qu'elles soient, ne sont rien à côté des ruines morales amoncelées dans notre malheureux pays où tout conspire, si Dieu n'intervient, à le précipiter de la décadence dans une dissolution complète.

Mais l'heure de la réparation arrive. Le temps n'est plus, où l'on n'avait pas assez de mépris pour honnir la période de notre histoire que nous venons de parcourir, et qui avait été si indignement travestie par des écrivains de mauvaise foi. La réaction a commencé par les beaux-arts : elle se poursuit par le rétablissement des grandes et fortes études philosophiques et théologiques du moyen âge ; elle aboutira infailliblement à la reconstitution pièce par pièce de la vieille société chrétienne, telle que nos pères l'avaient comprise, et il sera toujours vrai de dire, en lisant nos annales : *Gesta Dei per Francos.*

FIN.

TABLEAU

des Villes, Bourgs, Paroisses et Hameaux
formant des communautés séparées et comprises
dans la province de Bourgogne.

Le gouvernement de Bourgogne se composait de la province de ce nom et de trois pays récemment annexés : la Bresse, le Bugey et le pays de Gex.

La province de Bourgogne proprement dite était divisée elle-même ainsi qu'il suit :

1° Le Duché formé du *Dijonnais*, de l'*Autunois*, du *Chalonnais*, de l'*Auxois* et du pays de la *Montagne*.

2° Les Comtés dépendants du duché : le *Charolais*, le *Mâconnais*, l'*Auxerrois* et *Bar-sur-Seine*.

DUCHÉ DE BOURGOGNE

I. DIJONNAIS.

Le Dijonnais avait cinq bailliages : *Dijon, Beaune, Nuits, Auxonne* et *Saint Jean-de-Losne*, et deux marquisats ou bailliages seigneuriaux.

§ I. Bailliage de Dijon

Ce bailliage, le 1ᵉʳ de la province, mesurait 10 lieues du nord au midi et 8 de l'est à l'ouest. Il comprenait 2 villes, 6 bourgs, 132 paroisses et 38 hameaux.

Villes

Dijon, capitale du duché et du gouvernement de la province, diocèse de Langres, 7 paroisses : Notre-Dame, Saint-Jean-Baptiste, Saint-Michel, Saint-Médard, Saint-Nicolas, Saint-Pierre, Saint-Philibert. — 2 abbayes d'hommes : Saint-Bénigne et Saint-Étienne; collégiale de la Sainte-Chapelle, 2 séminaires, Commanderie de Malte, Chartreuse, 5 communautés de religieux de divers ordres, 2 abbayes de femmes, l'une de Bénédictines, l'autre de Cisterciennes, 6 communautés de religieuses de divers ordres, collège tenu par les Jésuites, 5 hôpitaux ou refuges. — Siège du parlement de Bourgogne, Chambre des Comptes, Cour des aides, Généralité ou bureau des Finances, Intendance de justice, police et finances, Chambres des Élus des États de Bourgogne, 1ʳᵉ ville des États-Généraux de Bourgogne, etc., etc.

Talant, mairie, 18ᵉ ville qui députait aux États de Bourgogne. Talant était autrefois une simple forteresse ; Henri IV, qui en démolit les murs, lui donna le titre de ville avec le blason de Bourgogne ancienne pour armes.

Bourgs

Mirebeau, mairie.
Is-sur-Tille, capucins, hôpital, seigneurie, mairie.
Fontaine-Française, prieuré, mairie.

Gemeaux.
Saulx-le-Duc, collégiale.
Selongey, mairie.

Paroisses.

Ahuy.
Aiserey, partie de Saint-Jean-de-Losne.
Ancey.
Asnières.
Arceau.
Arc-sur-Tille.
Argillière.
Avot.
Barges.
Bassoncourt.
Beaumont-sur-Vingeanne.
Beire.
Bellefond.
Belleneuve.
Bergemond-Foigney. (la)
Benouotte.

Binges.
Blagny.
Boussenois.
Bressey.
Bretenières.
Brochon.
Brognon.
Broindon.
Cessey.
Chaignay.
Champagne-sur-Vingeanne.
Chaume.
Chenôve.
Cheuge.
Chevigny-Saint-Sauveur.
Cirey.
Clenay.

BAILLIAGE DE DIJON.

Corcelles-aux-bois.
Corcelles-au-mont.
Couchey.
Courtivron.
Couternon.
Crecey.
Crimolois.
Curtil.
Daix.
Dampierre.
Darois.
Diénay.
Echigey.
Echirey.
Epagny.
Epernay.
Etaules.
Etevaux.
Fauverney.
Fays-Billot.
Fénay.
Fixey.
Fixin.
Flacey.
Flavignerot.
Fleurey.
Foncegrive.
Fontaine-lez-Dijon.
Fouvans-la-ville.
Frêne-Saint-Mammet.
Genlis.
Gevrey.
Hauteville.
Jancigny.
Iseure.
Izier.
Lantenay.
Layer.
Lonchamp.
Longecourt.
Longvic.
Luce.
Magny-Saint-Médard.
Magny-sur-Tille.
Marey-sur-Tille.
Marliens.
Marsannay-en-Mont.
Marsannay-le-Bois.
Marrey.
Messigny.

Meuvy.
Musseau.
Neuilly.
Noiron-près-Cîteaux.
Noiron-sous-Bèze.
Norge-la-ville.
Oigny.
Oisilly.
Orgeux.
Orain.
Ouges.
Pasques.
Perrigny.
Pichanges.
Plombières.
Poinson.
Poiseul.
Quetigny.
Remilly-sur-Tille.
Renêve.
Rouvres.
St-Apollinaire.
St-Julien.
St-Léger.
St-Seine-sur-Vingeanne.
Saussy.
Savigny-le-Sec.
Saulon-la-Chapelle.
Savouge.
Sennecey.
Spoy.
Talmay.
Tanay.
Tarsul.
Tart-la-ville.
Tellecey.
Tournay.
Trochères.
Val-Suzon.
Varanges.
Varois.
Velle.
Vernot.
Véronnes.
Viévigue.
Villars-sur-Ouche.
Villecomte.
Villy-sur-Tille.
Urcy.

Hameaux

- Arcelot.
- Arson.
- Bretigny.
- Chaignot.
- Chambière.
- Charme.
- Chevigny-Fénay.
- Corcelle-en-Monts-vaux.
- Cusorey.
- Domois.
- Dromont.
- Epoisses.
- Fouchange.
- Lambelin.
- Lucerois.
- Marandeuil.
- Meix.
- Mitreux.
- Norges-le-Pont.
- Orville.
- Plain d'Ahuy.
- Potangey.
- Rosière.
- Ruffey.
- St-Seine-les-Halles.
- Saulon-la-Rue.
- Savole.
- Tanlot.
- Tarsul.
- Tart-l'Abbaye.
- Tart-le-Bas.
- Thorey.
- Triey.
- Vantoux.
- Vaux.
- Uchey.
- Vernoy.
- Véronnes.

§ II. BAILLIAGE DE BEAUNE

Ce territoire comptait 7 lieues du nord au midi, et autant de l'est à l'ouest. Outre son unique ville, il avait 2 bourgs, 69 paroisses, et 60 hameaux.

Ville

Beaune, chef-lieu du bailliage, diocèse d'Autun; 5 paroisses : Notre-Dame, Saint-Pierre, Saint-Martin, Saint-Nicolas, Sainte-Madeleine, collégiale Notre-Dame, Chartreuse, abbaye de Bernardines, 8 communautés religieuses de divers ordres, commanderie de Malte, collège, 2 hôpitaux, 3° ville des États de la province, nommait la 2° l'Élu du Tiers.

Bourgs

- Bligny-sur-Ouche.
- Nolay, mépart

BAILLIAGE DE BEAUNE. 303

Paroisses

Aloxe.
Antheuil.
Antigny-la-ville.
Aubaine.
Aubigny.
Auxey-le-Grand.
Auxey-le-Petit.
Bessey.
Baubigny.
Bligny-sous-Beaune.
Bessey-en-Chaume.
Bouilland.
Bouze.
Champignolles.
Chassagne.
Chaudenay-la-Ville.
Cheilly.
Chevigny.
Chorey.
Colombier.
Combertaul.
Corcelles-les-Arts.
Corpeau.
Crugey.
Culètre.
Cussy-la-Colonne.
Dezize.
Echarnant.
Echevronne.
Ecutigny.
Foissy.
Fussey.
Ivry.
Jours-en-Vaux.
Lusigny.

Mavilly.
Meloisey.
Merceuil.
Meursange.
Meursault.
Molinot.
Montceau.
Montagny.
Monthélie.
Nantoux.
Painblanc.
Pernand.
Pommard.
Puligny.
Rochepot. (la)
Ruffey.
Saint-Aubin.
Sainte-Marie-la-Blanche.
Saint-Romain.
Sampigny.
Santenay.
Santosse.
Savigny.
Saussey.
Serrigny.
Tailly.
Thomirey.
Torcy-sur-Ouche.
Veilly.
Vernoy.
Vevey.
Vic.
Vignoble.
Volnay.

Hameaux

Aigney.
Antigny-le-Château.
Auxan.
Auvenet.
Borde-Reullée. (la)
Bourguignon.
Buisson-sur-Ouche.

Buisson-sur-Serrigny.
Canche. (la)
Changey.
Changé près Nolay.
Charmoy.
Chasilly-le-haut.
Chassagne. (la)

Chassauge.
Cirey.
Cissey.
Coiffan.
Corcelles-sous-Molinot.
Cormot-le-Grand.
Cormot-le-Petit.
Crepée.
Curtil.
Cussy-le-Château.
Détain.
Ebaty.
Gamay.
Geange.
Grandchamp.
Grandmont.
Lée et Bise.
Longecourt.
Marchéseul.
Mandelot.
Masse.
Melin-sous-Orche.
Messey.

Mimande.
Moissey.
Morteul.
Moulin-au-Moine.
Orche.
Orcherote.
Páquier-Painblanc.
Paris-l'Hôpital.
Pluvey.
Poil.
Port-de-Paleau.
Rouvray.
Rully.
Sagy.
Servange.
Serve.
Travoisy.
Varenne.
Vauchignon.
Vaux-d'Aubigny.
Vernicourt.
Vernuse.
Vouchey.

§ III. Bailliage de Nuits

Ce bailliage plus long que large (neuf lieues sur trois) possédait 42 paroisses et 35 hameaux.

Ville

Nuits, diocèse d'Autun, collégiale de St Denis-de-Vergy, mépart., capucins, ursulines, collége, hôpital. 5ᵐᵉ ville députant aux États de la Bourgogne et la 3ʳᵉ qui nommait l'Elu du Tiers. — C'était dans le bailliage de cette ville que se trouvait *Citeaux*, diocèse de Châlon, abbaye chef d'ordre, soumise immédiatement au Saint-Siége.

Paroisses

Agencourt.
Arcey.
Arcenant.
Argilly.
Bagnot.
Bergement-le-Duc. (la)
Boncourt-le-Bois.
Bragny.

Broin.
Chambeuf.
Chambôle.
Chaux.
Clemencey.
Colonge.
Comblanchien.
Concœur.

Corberon.
Corgengoux.
Corgoloin.
Ecuelles en partie.
Flagey.
Gerland.
Gilly.
Magny.
Marey.
Marigny.
Meuilley.
Montmain.
Morey.

Palleau.
Premeaux.
Prissey.
Quemigny.
Quincey.
Saint-Jean-de-Bœuf.
Saint-Nicolas-lès-Cîteaux.
Ternant.
Vergy.
Villebichot.
Villars-la-Faye.
Villy-le-Moutiers.
Vosne.

Hameaux

Antilly.
Balon.
Bévi.
Boncourt-la-Ronce.
Bruan.
Chevanne.
Chevrey.
Corboin.
Curley.
Curtil.
Cussigny.
Forgeotte. (la)
Gergueil.
Grange-Neuve de Cîteaux.
Grange-Rouge.
Grosbois.
Lée.
Loge-au-Potier.

Longvay.
Maiserote.
Maître-forétiers.
Messange.
Molaise.
Moulin-l'Étang.
Moux.
Perruey.
Poisot.
Rolle.
Saint-Bernard-lès-Cîteaux.
Saule.
Segroix.
Semessange.
Villars-sous-Vergy.
Villy-le-brûlé.
Vougeot.

§ IV. BIALLIAGE D'AUXONNE

Ce petit bailliage n'avait que 20 paroisses et 1 hameaux; son étendue était de 6 lieues sur 4.

Ville

Auxonne, diocèse de Besançon, mépart, capucins, cordeliers, clarisses et ursulines, collége, hôpital, garnison et arsenal, 11me ville des Etats et la 10me pour nommer l'Elu du Tiers.

BAILLIAGE D'AUXONNE.

Bourg

Pontailler, prieuré de Notre-Dame, paroisse de Saint-Maurice du diocèse de Besançon, et paroisse de Saint-Jean à l'ouest de la Saône, diocèse de Langres, collége, mairie. La Marchotte annexe de Saint-Jean.

Paroisses

- Athée.
- Bergement-près-Auxonne. (la
- Billey.
- Champdôtre.
- Flammerans.
- Foufrans.
- Huilly.
- Mailly-l'Église.
- Marche. (la)
- Marcilly.
- Montarlot.
- Montmanson.
- Perrigny-sur-l'Ognon
- Pluveau.
- Preumière.
- Saint-Sauveur.
- Tillenay.
- Viéverge.
- Villars-les-Pots.
- Villars-Rotain.

Hameaux

- Boire-le-Fort.
- Champfort.
- Cléry.
- Collonges-près-Pluveau.
- Longeau.
- Magny-près-Auxonne.
- Mailly-la-Ville.
- Mailly-le-Château.
- Mailly-le-port.
- Pluvet.
- Poncey.
- Pont.
- Soissons.
- Soirans.
- Tréclan.
- Vonge.

§ V. BAILLIAGE DE SANT-JEAN-DE-LOSNE

Ce bailliage n'avait que 12 paroisses et 2 hameaux parsemés sur un territoire de 3 lieues et demie de largeur et de longueur.

Ville

Saint-Jean-de-Losne, diocèse de Langres, carmes, ursulines, collége, hôpital, 6me ville des États et la 4me qui nommait l'Élu du Tiers.

Paroisses

- Aubigny.
- Aiserey, en partie.
- Bessey.
- Bonancontre.
- Brazey.
- Charrey.
- Esbarres.
- Franxault, en partie.
- Losne.
- Magny près Aubigny.
- Montot.
- Trouhans.

Hameaux

Bordé. (la) | Echenon.

BAILLIAGES SEIGNEURIAUX DU DIJONNAIS, enclavés dans la Franche-Comté et ressortissant nûment au parlement de Dijon.

1° Marquisat de Chaussin

Ville ou *bourg* : Chaussin, diocèse de Besançon, mépart. Ce marquisat appartenait à la maison de Bourbon-Condé, et comprenait 3 paroisses et 6 hameaux.

Paroisses

Anans. | Tichey.
Saint-Baraing. |

Hameaux

Beauvoisin. | Chêne-Bernard.
Cernote. | Etagnevaux.
Chalonge. | Vorne.

2° Marquisat de La Perrière

Cette terre, située dans le diocèse de Besançon, comprenait 6 paroisses et 1 hameau.

Paroisses

Perrière. (la) | Franxault, en partie.
Flagey. | St-Seine-en-Bâche.
Foucherans. | St-Symphorien.

Hameau.

Samerey.

II. AUTUNOIS

L'Autunois comprenait quatre bailliages : *Autun, Montcenis, Semur-en-Brionnais et Bourbon-Lancy.*

§ I. Bailliage d'Autun

Le bailliage d'Autun, l'un des plus considérables de la province en étendue, se composait de deux parties : la première, ayant 10 lieues de l'est à l'ouest sur 8 du nord au midi, confinait à l'Auxois ; la seconde, ayant 8 lieues du nord au midi sur une lieue et demie de l'est à l'ouest, s'avançait vers le Charolais. Il comptait 4 bourgs, 49 paroisses et 23 hameaux.

Ville

Autun, évêché, 1er suffragant de la métropole de Lyon, ancienne cathédrale SS. Nazaire et Celse, nouvelle cathédrale Saint-Lazare ; 7 paroisses : Saint-Jean-de-la-Grotte, Saint-Pancrace, Notre-Dame, Saint-Quentin, Saint-Pierre, Saint-Jean-l'Evangéliste et Saint-Jean le Grand. 2 abbayes d'hommes : Saint-Martin, Saint-Symphorien, collégiale de Notre-Dame, 2 séminaires, collége régenté par les Jésuites, cordeliers, capucins. 2 abbayes de Bénédictines : Saint-Jean-le-Grand et Saint-Andoche. 3 autres communautés de femmes, 2 hôpitaux, gouvernement particulier dans la Lieutenance générale de l'Autunois, second bailliage principal du Parlement, seconde ville des Etats de Bourgogne et la première qui nommait l'Elu du Tiers.

Bourgs

Couches, prieuré et collégiale.	Issy-l'Évêque.
Lucenay-l'Evêque.	Motte-Saint-Jean. (la)

Paroisses.

Anost.	Barnay.
Antully.	Blain.
Auxy.	Brion.

BAILLIAGE D'AUTUN.

Broye.
Chapelle-au-Mans. (la)
Comelle. (la)
Cordesse.
Couhard.
Curdin.
Curgy.
Cussy-en-Morvand.
Dracy-Saint-Loup.
Epinac.
Etang.
Glux.
Geugnon.
Igornay.
Laisy.
Manlay.
Marchéseul.
Mesvres.
Montelon.
Morillon
Neuvy.
Reclesne.

Rigny-sur-Arroux.
St-Denis-du-Péon.
St-Didier-sur-Arroux.
St-Forgeot.
St-Jean-de-Lux ou St-Émiland.
St-Léger-du-Bois.
St-Léger-sous-Beuvray.
St-Pantaléon.
St-Pierre-Létrier.
St-Prix-sous-Beuvray.
St-Sernin-du-Plain.
St-Vincent, près Autun.
Saisy.
Selle. (la)
Sommant.
Sully.
Tavernay.
Til-sur-Arroux.
Tintry.
Verrière-sous-Glaine.
Verrière-sous-Roussillon.

Hameaux.

Barnay-en-Duché.
Champeaux.
Charcilly.
Chisy.
S.-Blaise-d'Autun.
Grand-Moloy.
Lailly.
Loge-au-Morelet.
Millet.
Montorge.
Montpaté.
Ornay.

Orsa.
Petit-Moloy.
Rigny-Saint-Léger.
St-Firmin-de-Chaseuf.
Savigny-le-Jeune.
Savigny-le-Vieux.
Souvert.
Suilly-en-Royauté ou Grosne.
Vergoncey.
Villars, près Lucenay.
Voudeney-le-Château.

§ II. BAILLIAGE DE MONTCENIS

Ce bailliage avait 4 lieues du sud au nord et 12 de l'est à l'ouest ; il comptait 39 paroisses et 18 hameaux.

Ville

Montcenis, qui était plutôt un bourg non fermé, diocèse d'Autun, Ursulines. 25ᵐᵉ ville députant aux États de Bourgogne.

Paroisses

- Bessy.
- Blanzy.
- Boulaye Belle-fontaine. (la)
- Breuil. (le)
- Chapelle de Villars. (la)
- Chapelle-sous-Uchon. (la)
- Charbonnat.
- Charmoy.
- Chatel-Moron.
- Dotey.
- Ecuisses.
- Essertenne.
- Graton. (le)
- Marcilly.
- Montmort.
- Morey.
- Rosier.
- St-Eugène.
- St-Firmin.
- St-Gervais.
- St-Jean-de-Trézy.
- St-Julien-sur-Dheune.
- St-Laurent-d'Andenay.
- St-Martin-d'Auxy.
- St-Martin-de-commune.
- St-Martin-de-Marmagne.
- St-Maurice-les-Couches.
- St-Nizier-sous-Charmoy.
- St-Nizier-sur-Arroux.
- St-Privé.
- Ste-Radegonde.
- St-Sernin-du-Bois.
- St-Symphorien-de-Marmagne.
- Tanière. (la)
- Torcy.
- Vandenesse-sur-Arroux.
- Varennes-sous-Montcenis.
- Uchon.
- Uxeau.

Hameaux

- Créot.
- Cromey.
- Dracy-les-Couches.
- Epertuilly.
- Faye. (la)
- Marnay.
- Mazenay.
- Nion.
- Noiron.
- Perseuil.
- St-Berain-sur-Dheune en partie.
- St-Berain-sous-Sauvignes.
- St-Eusèbe-des-Bois.
- St-Gilles.
- St-Martin-de-Couches.
- St-Micaud, en partie.
- Toulon, en partie.
- Viécourt.

§ III. Bailliage de Semur-en-Brionnais

Ce bailliage très resserré entre les bailliages voisins comptait 6 lieues du sud au nord et comprenait 25 paroisses et 8 hameaux.

Ville

Semur, diocèse d'Autun, collégiale de St-Hilaire, baronnie, 23ᵐᵉ ville qui députait aux Etats de Bourgogne.

Bourg

Le tiers du bourg de Digoin avec l'église sous la baronnie de Lamotte St-Jean.

Paroisses

Anzy.
Artais.
Baugy.
Brian.
Chassenard.
Chenay.
Hôpital-de-Chenay. (l')
Hôpital-le-Mercier. (l')
Iguerande.
Jonzy.
Mailly.
Melay.
Montceau.
Oyé.
St-Christophe.
Ste-Foy.
St-Forjeux.
St-Germain-l'Epinasse.
St-Julien-de-Cray.
St-Martin-de-la-Vallée.
St-Martin-du-Lac.
St-Yan.
Sarry.
Varenne-Reuillon.
Vindecy.

Hameaux

Avrilly.
La Broche.
Chiseuil.
Cours.
Maltaverne.
Montmegin.
Le Péage.
Vivant.

§ IV. BAILLIAGE DE BOURBON-LANCY

Il avait 6 lieues du nord au sud et 5 de l'est à l'ouest, comprenant 16 paroisses et 3 hameaux.

Ville

Bourbon-Lancy, diocèse d'Autun, collégiale de N.-Dame, prieuré de Bénédictins, 3 paroisse : St-Léger, St-Nazaire, et St-Martin, Capucins, Ursulines, Visitation, hôpital et collège, 7me bailliage principal, 52me ville qui députait aux Etats.

Paroisses

Aupont.
Challemoux.
Crécy.
Cronat.
Fontête.
Gilly-sur-Loire.
Grury, en partie.
Lesme.
Maltat.
Marly-sous-Issy.
Mont.
La Nocle.
Perrigny.
St-Agnan.
St-Aubin-sur-Loire,
Vitry-sur-Loire.

Hameaux

Boulées. (les)
Plat Pays de St-Nazaire et
St-Martin.
Plat Pays de St-Léger.

III. CHALONNAIS

Bailliage de Chalon-sur-Saône

Le Chalonnais ne formait qu'un seul bailliage, le plus étendu de la Bourgogne ; il était divisé en deux parties principales par la Saône : l'une à l'ouest de cette rivière avait 10 lieues du nord au midi sur 6 de l'est à l'ouest, l'autre à l'est de la Saône, appelée la *Bresse Chalonnaise* comprenait tout le pays situé sur la rive gauche (12 lieues du nord au midi et 8 à 5 de l'est à l'ouest) ; Aussi renfermait-il 7 villes y compris la capitale, 10 bourgs, 186 paroisses, 126 hameaux, 2 marquisats ou bailliages seigneuriaux.

Villes

Chalon-sur-Saône, 3me évêché suffragant de Lyon, cathédrale de St-Vincent, abbaye de bénédictins à St-Pierre, de Bénédictines à Notre-Dame-de-Lancharre, collégiale de St-Georges, prieuré de Ste-Marie, 4 paroisses : St-Vincent, St-Georges, Ste-Marie, St-Jean-de-Maisel. Commanderie du temple de l'ordre de Malte, Commanderie de St-Antoine, séminaire, collège. 2 hôpitaux, 8 communautés religieuses de différents ordres. Troisième bailliage principal du parlement de Bourgogne, 4me ville qui députait aux Etats et la 5me qui nommait l'Elu du Tiers, centre du commerce de toute la province, gouvernement particulier dans la lieutenance générale du Chalonnais, châtellenie royale pour la moitié de la ville.

St-Laurent-les-Chalon, diocèse de Chalon, prieuré de St-Benoît, cordeliers de Chalon. Le maire de cette dernière ville étendait sa juridiction à St-Laurent, mais St-Laurent députait aux Etats de Bourgogne avec les 4 autres villes de la Bresse Chalonnaise qui suivent :

Cuiseau, diocèse de Lyon, collégiale de St-Thomas, baronnie du bailliage, mairie.

Louhans, diocèse de Besançon, mépart, cordeliers, collège, hôpital, baronnie du bailliage de Chalon.

Verdun, diocèse de Chalon, mépart, hôpital, comté du bailliage.

BAILLIAGE DE CHALONS-SUR-SAONE.

Bourgs

Chagny, prieuré de St-Ruf, mépart, hôpital, baronnie, mairie.
Givry, mépart, seigneurie du bailliage, mairie.
Buxy-le-Royal, mépart, prévôté royale du bailliage, mairie.
Brancion, châtellenie royale du bailliage de Chalon.
Pierre, diocèse de Besançon, baronnie.
Sennecey, dans la paroisse de St-Julien, marquisat du bailliage, mairie.
Sagy, diocèse de Besançon, châtellenie royale du bailliage.
Savigny en Revermont, diocèse de Besançon, comté du bailliage.
Brange, diocèse de Chalon, marquisat du même bailliage.
Mervans, baronnie.

Paroisses

Alleriot.
Aluze.
Authumes.
Bantange.
Baudrière.
Beaumont-sur-Grosne.
Beaurepaire.
Bey.
Bellecroix.
Bellevesvre.
Bergement-de-Cuisery. (la)
Bergement-Ste-Colombe. (la)
Besanceuil.
Bissey-sous-Cruchaut.
Bosjean.
Bouhans.
Bouzeron.
Bousselange.
Bresse-sur-Grosne.
Brienne.
Bruailles.
Cersot.
Chamilly.
Champagnat.
Champlieu.
Chapaize.
Chapelle-Naude. (la)
Chapelle-St-Sauveur. (la)
Chapelle-sous-Brancion. (la)
Chapelle-Tècle. (la)
Charrecey.
Charette.
Charmée. (la)
Charnay.
Chassey.
Châteaurenaud.
Châtelet. (le)
Chatenay.
Chaudenay.
Chaux. (la)
Chenoves.
Ciel.
Colombier.
Condal.
Cortiambles.
Cortevaix.
Crissey.
Cruchaut.
Cruzille.
Damerey.
Dampierre.
Demigny.
Dennevy.
Devrouze.
Diconne.
Dommartin.
Dracy-le-Fort.
Etrigny.
Fay. (le)
Flacey.
Fragne.
Frangy.
Frette. (la)

14

Fretterans.
Frontenard près Ste-Croix.
Frontenard-sur-le-Doubs.
Genête. (la)
Gergy.
Gigny.
Grange.
Grosbois.
Guierfan.
Huilly.
Jamble.
Joude.
Jouvençon.
Juif.
Juilly.
Lays-sur-le-Doubs.
Laives.
Lancharre.
Lante.
Lessard-en-Bresse.
Lessard-en-Royaume.
Lheue. (la)
Loisy.
Longepierre.
Loyère. (la)
Lux.
Mancey.
Marnay.
Mellecey.
Ménetreuil.
Mercurey.
Moisenau.
Molèze.
Mont.
Montagny-près-Buxy.
Montagny-près-Fransaux.
Montagny-près-Louhans.
Montcoy.
Montcony.
Montret.
Montpont.
Moroges.
Mouthiers-en-Bresse.
Nanton.
Ormes.
Ougy.
Ouroux.
Pagny-la-ville.
Perrey.

Pourlans.
Racineuse. (la)
Rancy.
Ratte.
Ratenelle.
Remigny.
Rosey.
Royer.
Ruilly.
Russilly.
Saint-Ambreuil.
Saint-André.
Saint-Bérain en partie.
Saint-Bonnet-en-Bresse.
Saint-Cyr.
Saint-Côme.
Saint-Christophe.
Sainte-Croix.
Saint-Denis-de-Vaux.
Saint-Désert.
Saint-Didier.
Saint-Etienne.
Saint-Huruge-sur-Seille.
Saint-Germain-du-Bois en Bresse.
Saint-Germain-du-Bois près Buxy.
Saint-Germain-du-Plain.
Sainte-Hélène.
Saint-Jean-de-Vaux.
Saint-Julien-de-Sennecey.
Saint-Léger-sur-Dheune.
Saint-Léonard.
Saint-Loup-de-Varennes.
Saint-Marc-de-Vaux.
Saint-Marcel-lès-Chalon.
Saint-Martin-de-Mont.
Saint-Martin-en-Bresse.
Saint-Martin-de-Vaux sous Montaigu.
Saint-Maurice-en-Rivière.
Saint-Remy.
Saint-Sulpice.
Saint-Vallerin.
Saint-Vincent.
Sassangy.
Sassenay.
Savigny-sur-Seille.
Saunière.

BAILLIAGE DE CHALON-SUR-SAONE.

Sens.
Serrigny.
Sienne.
Sigy-le-Châtel.
Simandre.
Simard.
Sornay.
Terrans.
Torpes.
Touches.
Toutenant.

Tronchy.
Thurey.
Varennes-le-Grand.
Varennes-Saint-Sauveur.
Varennes-sur-le-Doubs.
Vérizey.
Villeneuve-en-Montagne.
Villeneuve (la) près Seurre.
Vincelles.
Virey.

Hameaux

Baleure.
Bergement de Messey. (la)
Bière.
Bissy-sous-Uxelles.
Borde-près-Verdun.
Bourgneuf.
Boye et Banzon.
Brecuilly.
Bruyère. (la)
Cercy.
Cercot.
Chalot.
Chamblanc.
Chamirey.
Champagny.
Chanseul.
Chapot.
Charangeroux.
Chardenay.
Chareuble.
Chatenay.
Chatenoy.
Chatenoy.
Chauvot.
Chazaut.
Chazelle.
Chemenot.
Chenevelle.
Cherizy et Sailly.
Chilly.
Clux.
Colombey.
Corcassey.
Corcelle.
Corchanu.
Corlay.
Cormatin.

Cortamblain.
Cortelin.
Cortot.
Coudre. (la)
Couhée. (la)
Crotenot.
Daveney.
Derou.
Dissey.
Ecle.
Epervans.
Etroye.
Faussigny.
Flée.
Flériat et le Miroir.
Fontaine-Couverte.
Forains de Brange.
Forains de Mervans.
Fragne et Oussy.
Germolle.
Grand-Velars.
Jallanges.
L'abbaye des Barres.
Laus et le Ruty.
Lochère.
Maison-Rouge.
Martailly.
Martia.
Messey.
Meix.
Mépilly.
Montceau.
Montagny.
Montot.
Nantou.
Navilly-la-Ville.
Neuilly.

Olon.
Pagny-le-Château.
Perrigny.
Petit Trisy.
Planche.
Plancy.
Ponneau
Port de Chauvort.
Poussard.
Prondevaux.
Ragny.
Rimont.
Sagy.
St-Huruge-sur-Guye.
Savigny.
Sens et la Farge.
Sermaizey.
Servelle.
Serrigny-le-Grand.
Serrigny-le-Petit.
Serville.

Seugne.
Seuilly.
Taisey.
Tallant.
Tenarre.
Tertre. (le)
Tielley.
Til.
Truchère. (la)
Trugny.
Turey.
Vaissey.
Valottes. (les)
Vaublanc.
Vauvry.
Veneuse. (la)
Vieil-Moulin.
Villargeau.
Villeneuve.
Vingelles.
Vulpierre. (la)

BAILIAGES SEIGNEURIAUX EN CHALONNAIS

1° Temporel de l'évêque et comte de Chalon

La moitié de la *ville de Chalon* formait un bailliage particulier ressortissant nûment au parlement, mais uni à l'évêché, avec 9 paroisses et 7 hameaux.

Paroisses

Allerey.
Champforgeuil.
Farge.
Fontaine.
Saint-Gervais.

Saint-Jean-des-Vignes.
Saint-Loup-de-Maizière.
Saint-Martin-des-Champs.
Saint-Martin-en-Gâtinois.

Hameaux

Bagnan.
Chazeul.
Condemême.
Corcelle-près-Allerey.

Neuvelle.
Pussy.
Sondebois.

2° *Marquisat de Seurre*

Ville du diocèse de Besançon, mépart, Augustins, Capucins, Clarisses, Ursulines, collège, hôpital, gouvernement particulier dans la Lieutenance générale du Chalonnais. Ce marquisat appartenait à la maison de Bourbon Condé et ressortissait nûment au parlement, mairie, 12° ville députant aux Etats et la 11° qui nommait l'Elu du Tiers. Il comprenait 11 paroisses.

Paroisses

Chamblanc.
Pontoux.
Navilly-le-Château.
Glanon.

Auvillars.
Chivres.
Pouilly-sur-Saône.
Ecuelle en partie.

IV. AUXOIS

L'Auxois renfermait 4 bailliages : *Semur, Avallon, Arnay-le-Duc* et *Saulieu*, et un bailliage seigneurial : Noyers.

§ I. BAILLIAGE DE SEMUR-EN-AUXOIS.

Ce bailliage avait 10 lieues du sud au nord et 8 de l'est à l'ouest. Il possédait quatre villes, 4 bourgs, 192 paroisses, 74 hameaux.

Villes

Semur-en-Auxois, diocèse d'Autun : 2 prieurés bénédictins N.-D. et St-Jean l'évangéliste, Carmes, Capucins, Minimes, Jacobines, Ursulines, Visitation, collège, hôpital, 4° bailliage principal au parlement de Bourgogne, 7° ville qui députait aux Etats et la 6° à nommer l'Elu du Tiers.

Montbard, diocèse de Langres, mépart, Ursulines, hôpital et collège, châtellenie royale, 8° ville qui députait aux Etats et la 7° à nommer l'Elu.

Flavigny, diocèse d'Autun, abbaye de Bénédictins, mépart, Ursulines, hôpital, 15° ville des Etats de Bourgogne.

Vitteaux, diocèse d'Autun, mépart, Minimes, Ursulines, hôpital, baronnie, 24° ville qui députait aux Etats.

Bourgs

Époisses, diocèse de Langres, collégiale, marquisat.
Nuits-sous-Ravière.
Moutiers-Saint-Jean, diocèse de Langres, abbaye, hôpital.
Alise-Sainte-Reine, aurait donné son vieux nom Alexie à l'Auxois.

Paroisses

Aran.
Arnay-sous-Vitteaux.
Athie-sous-Moutiers.
Avosne.
Bar.
Barain.
Bierre-les-Semur.
Bierry.
Boussey.
Braux.
Cessey.
Chaleur. (la)
Chant-d'oiseau.
Charigny.
Chassey.
Chevannay.
Clamercy.
Courcelles-les-Semur.
Courcelles-sous-Grignon.
Coromblus.
Corsaint.
Crépand.
Dompierre-en-Montagne.
Dracy-près-Vitteaux.
Eringes.
Etay.
Etivay.
Fain près Montbard.
Fain près Moutiers.
Flée.
Fontaine-lez-Sèches.
Fontète.
Forléans.
Frêne.
Génay.
Grignon.
Grosbois.
Hauteroche.
Jailly.
Lantilly.
Lucenay-le-Duc.
Magny-la-ville.
Marcellois.
Marcilly près Vitteaux.
Marigny-le-Cahouet (Pibrac).
Marmagne.
Massingy-près-Semur.
Massingy-près-Vitteaux.
Menetreux-le-Pitois.
Millery et Chevigny près Semur.
Montbertaut.
Montigny-Montfort.
Montigny-sur-Armançon.
Montigny-Saint-Barthélemy.
Mussy-la-Fosse.
Nèle.
Nogent.
Normier.
Pionay.
Pouillenay.
Pouligny.
Puys.
Roche-Vanneau. (la)
Saffres.
Saigny.
Saint-Antot.
Saint-Beurey.
Sainte-Colombe.
Saint-Elier.
Saint-Euphrône.
Saint-Germain-près-Sensilly.
Saint-Jeux.
Saint-Memin.
Saint-Remy.
Saint-Thibaud.
Savoisy.
Torcy-près-Époisses.
Tôte.
Touillon.

BAILLIAGE DE SEMUR EN AUXOIS.

Toutry.
Veloigny.
Venarley.
Verdonnay.
Verrey-sous-Drée.
Veuvres.
Vic-de-Chassenay.
Vieuxchâteau.

Villaine-les-Prévôttes.
Villenotte.
Villeberny.
Villy.
Villiers-les-Hauts.
Viserny.
Uncey.

Hameaux

Alerey.
Benoisey.
Berges.
Bourisot.
Bornay.
Bourbilly.
Brain.
Brianny.
Celier.
Cernois.
Cêtre.
Changy.
Champrenaud.
Charantois.
Chaudenay.
Chevigny-le-Désert.
Clirey.
Collonges.
Corcelles-en-Montagne.
Corcelles-en-Morvant.
Corcelles-Frémay.
Cormoillon.
Courtine.
Creuzot.
Croisée. (la)
Cruchey.
Curey.
Davrées. (les)
Ecorsaint.
Epoissotte.
Failly.
Flacey.
Foux.
Frémoy.
Geloigny.
Godan.
Jeux.

Ilan.
Laumes. (les)
Lignières.
Lingault.
Lucenay près Bierre.
Lugay.
Maison-au-Moine.
Massène.
Menetois.
Ménetreuil-sous-Pissy.
Ménetreuil et Préjailly.
Montfort.
Plumeron.
Pluviers.
Pont.
Pont-d'Aisy.
Pousange.
Préau.
Quincerot.
Roilly.
Saint-Marc.
Saucy.
Savigny près Bourbilly.
Senailly.
Souhey.
Souillas.
Tivanche.
Turley.
Verchisy.
Villars.
Villars-Dampierre.
Villars-Frémoy.
Villars-Pautras.
Villeferry.
Villeneuve-sous-Charigny.
Villeneuve-sous-Charny.
Villiers-Montfort.

§ II. Bailliage d'Avallon

Il avait 8 lieues du sud au nord et 5 de l'est à l'ouest, et comprenait dans son étendue, 3 bourgs, 46 paroisses et 71 hameaux.

Ville

Avallon, diocèse d'Autun, 3 paroisses : St-Pierre, St-Julien et St-Martin, collégiale N.-D. 4 communautés religieuses, collège, hôpital, 8ᵉ ville à députer aux États et à nommer l'Élu.

Bourgs

Montréal, collégiale, prieuré, mairie. 1ʳᵉ communauté députant aux États.	Guillon, diocèse de Langres, mairie.
	Tanlay, diocèse de Langres, Cordeliers, marquisat.

Paroisses

Angely.	Pontaubert.
Arnay-la-Côte.	St-André en terre plaine.
Annéot.	St-Branché.
Annoux.	St-Germain-des-Champs.
Athie-sous-Montréal.	Ste-Magnance.
Beauvilliers.	Sancy-près-Rouvray.
Blacy.	Sautigny.
Bussière en Cordois.	Sarry.
Carré.	Savigny en terre plaine.
Châteaugirard.	Savigny-le-Bouréal.
Chatelus.	Sauvigny-le-Bois.
Cussy-les-Forges.	Saux.
Domecy.	Sermiselle.
Etaules-le-Bas.	Talcy.
Giroles.	Tharot.
Ilan-le-Grand.	Taroiseau.
Lucy-le-Bois en partie.	Tisy.
Magny-près-Avallon.	Trevilly.
Marcilly-près-Avallon.	Varenne.
Marmea.	Vassy-sous-Pisy.
Menade.	Vaux-de-Lugny.
Pasilly.	Vigne.
Pisy.	Villarnoux.

Hameaux

- Ausson.
- Bornoux.
- Boucherasse. (la)
- Bousson.
- Brecy.
- Cerf.
- Cersé.
- Champien.
- Champloy.
- Champ-Morlien-en-Morvant.
- Champ-Morlien-Vollenay.
- Charbonnière.
- Charme.
- Chassigny.
- Chatelène.
- Chazelle.
- Cérisy.
- Chevane.
- Cisery.
- Cormatin.
- Corterole.
- Corvignot.
- Cure.
- Etaules-le-Haut.
- Etrée.
- Forestière. (la)
- Joux-près-Rouvray.
- Lautreville.
- Lingaut.
- Maison-Dieu de Villerotte. (la)
- Maraut.
- Meix.
- Monemois.
- Montagny.
- Montchanin.
- Montpandier.
- Montjalin.
- Mont-le-Champloi.
- Montmardelin.
- Montot-près-Montréal.
- Montréal.
- Orbigny.
- Orche ou Ouche.
- Pancy.
- Perrigny-près-Montréal.
- Pont-de-Cussy.
- Précy-sous-Pierre-Pertuis.
- Prêle.
- Ragny.
- Ratsau-Tronsoie.
- Reposoir.
- Roussots.
- Ruère.
- St-Aubin.
- Sanvigne.
- Saussoie d'Ilan. (la)
- Soulangy.
- Tory.
- Tour-du-Pré. (la)
- Treviselot.
- Tronsoie.
- Valone.
- Vassy près Avallon.
- Vermoiron.
- Vèvre. (la)
- Vilaine-en-Morvand.
- Vilaine-près-Presle.
- Villerot.
- Villeurbin.
- Villiers-le-Comte.
- Villiers-les-Nones.
- Villiers-les-Potots.
- Usy.

§ III. Bailliage d'Arnay-le-Duc.

Ce bailliage avait 10 lieues du nord au sud et 4 de l'est à l'ouest ; il comprenait 3 bourgs, 54 paroisses et 61 hameaux.

Ville

Arnay-le-Duc, diocèse d'Autun, prieuré, départ, Capucines, Ursulines, Collège régenté par les Jésuites d'Autun, hôpital, 14° ville des États.

Bourgs

Pouilly, baronnie.
Chateauneuf, baronnie.

Sombernon, baronnie, mairie.

Paroisses

Agey.
Arconsey.
Aubigny.
Barbirey.
Bellenot-sous-Pouilly.
Beurey-Beaugay.
Blancey.
Bussy-la-Pèle.
Bussière. (la)
Chailly.
Chatellenot.
Chaudenay-le-Château.
Civry-en-montagne.
Clomot.
Commartin.
Créancey.
Diancey.
Drée.
Echannay.
Eguilly.
Essey.
Fête. (le)
Gissey-le-Vieux.
Gissey-sur-Ouche.
Grenan.
Jouhey.
Maconge.
Magnien.

Maisière.
Malain.
Maligny.
Marcilly-sous-Mont-St-Jean.
Martrois.
Meilly.
Mémont.
Mimeure.
Montaillot.
Musigny.
Pralon.
Remilly-près-Sombernon.
Ste-Marie-sur-Ouche.
St-Pierre-en-Vaux.
St-Prix-les-Arnay.
Ste-Sabine.
St-Victor.
Saverange.
Savigny-sous-Malain.
Semarrey.
Saussey.
Toisy-le-Désert.
Torcy-le-Défand.
Tury.
Vandenesse-sous-Châteauneuf.
Viévy.
Voudenay-l'Eglise.

Hameaux

Avancey.
Baume-sous-Pouilly.
Blangy.
Bonraisin.
Bordes-près-Arnay.
Bordes-sous-Chateauneuf.
Bordes-sous-Chaudenay.
Bouhey.
Boussillon.
Bruère.
Chazilly-le-Bas.
Chatenay.

Chavêne.
Chaume. (la)
Chevigny-le-Vieux.
Civry-près-Arnay.
Comboillard.
Cresson.
Dionne.
Dracy-Chalas.
Essertaine.
Fontaine-près-Arnay.
Forêt. (la)
Grandchamp.

Jonchéry.
Juilly.
Juilly-Lochenaut.
Juilly-près-Arnay.
Laneau.
Lantillière.
Lepinouze.
Loserol.
Mercey.
Molaise.
Mouillon.
Moulin de la Lochère.
Nanteuil.
Neuilly.
Pantier.
Pochey.
Promenais.
Rêpe. (la)
Rochette. (la)

Rouvre.
Saule.
Saunière.
Sauvau.
Sercey.
Soulonge.
Suze.
Tillot.
Toreille.
Trency.
Vaux.
Uchey et Poncey.
Velerot.
Vesignot.
Veuvraille.
Villars-près-Pouilly.
Villeneuve-près-Essey.
Villeneuve-près-Voudenay.

§ IV. BAILLIAGE DE SAULIEU

Il avait 8 lieues du nord au sud et 6 de l'est à l'ouest, possédait 2 bourgs, 37 paroisses et 45 hameaux.

Ville

Saulieu, diocèse d'Autun, collégiale de St-Andoche, 3 paroisses ; St-Saturnin, St-Andoche, St-Nicolas, Capucines, Ursulines, collége, hôpital ; 16° ville des États.

Bourgs

Mont-Saint-Jean, baronnie, mairie.

Rouvray.

Paroisses

Aizy-sous-Tille.
Allerey.
Aligny.
Bar-le-Régulier.
Blanot.
Brazet.
Charny.
Chissey.
Dompierre-en-Morvant.
Fontangy.
Huilly.
Marcigny-sous-Tilly.
Menessorre.

Missery.
Molphey.
Montlay.
Motte. (la)
Moux.
Nan-sous-Thil.
Noidan.
Précy-sous-Thil.
Roche-en-Brenil. (la)
Saint-Agnan.
Saint-Andeux.
Saint-Didier.
Saint-Germain-de-Modéon.

BAILLIAGE SEIGNEURIAL DE NOYERS.

Saint-Léger-de-Foucheret.
Saint-Léger-de-Fourche.
Sancerey.
Savilly.
Sussey.
Thoisy-la-Berchère.

Thorey-sous-Charny.
Viangea.
Vic-sous-Thil.
Villargoix.
Villiers.

Hameaux

Angoste.
Arconay.
Argey.
Bierre-les-Égardes.
Blanot-en-Duché.
Brouillard.
Chalecy.
Chantant.
Chape.
Chasserole.
Chauvirey.
Chaselle-Lescaut.
Chaselle-en-Morvant.
Chenaut.
Collonge-sous-Marcilly.
Conforgien.
Corcelotte.
Crépy et Boulay.
Croix (la)
Essegrey.
Fleurey.
Goix et Tomirey.
Juillenay.

Liernay.
Marceuil.
Marey.
Maupas.
Moulin.
Montachon.
Nailly.
Oigny.
Pierrepointe.
Plat-pays de Saulieu.
Rouillon.
Romanay.
Sainte-Segroa.
Saiserey.
Saunotte.
Til-en-Auxois.
Til-la-Ville.
Toriseau.
Tramblay.
Vernon.
Viécourt.
Vieuxmoulin et Geligny.

BAILLIAGE SEIGNEURIAL DE NOYERS

Le comté ou seigneurie de Noyers avait 6 lieues du nord au midi et deux de l'est à l'ouest et possédait onze paroisses et treize hameaux.

Ville

Noyers, diocèse de Langres, prieuré de Notre-Dame, Ursulines, collège, 2 hôpitaux; 15ᵉ ville qui députait aux États de Bourgogne.

Paroisses

Annay-la-Rivière.
Chemilly.
Cours.

Flée.
Frêne.
Irouer.

Jouancy.
Molay-la-Rivière.
Sancy-près-Noyers.
Serrigny.
Villiers-la-Grange.

Hameaux

Arton.
Borde (la).
Chancerin.
Forêt-Bureau (la).
Grimaut.
Joux-le-Château.
Laubépine.
Milly.
Montot.
Noyers-la-Ville.
Paisson.
Perrigny-la-Rivière.
Puits-de-Vaux.

V. PAYS DE LA MONTAGNE

Bailliage de Chatillon-sur-Seine

Ce bailliage comprenait tout l'ancien comté de Châtillon ou de la Montagne. Il avait 14 lieues du nord au sud et 10 de l'est à l'ouest, et renfermait 14 bourgs, 110 paroisses et 73 hameaux.

Ville

Châtillon-sur-Seine, diocèse de Langres, abbaye d'Augustins et abbaye de N.-D. du Puits-d'Orbe, 2 paroisses : S¹-Vorle et S¹-Jean, Commanderie de Malte, 5 communautés religieuses, 2 hôpitaux, collège, 10ᵐᵉ ville qui députait aux États et la 9ᵐᵉ qui nommait l'élu du Tiers.

Bourgs

Aignay-le-Duc, diocèse d'Autun.
Aisey-le-Duc, diocèse de Langres.
Baigneux-les-Juifs, diocèse d'Autun, mairie.
Ducsme, diocèse d'Autun, prieuré.
Chanceau, diocèse d'Autun, prieuré.
Arc-en-Barois, diocèse de Langres, mairie, hôpital.
Villaines-en-Duesmois, diocèse d'Autun.
Saumaise, diocèse d'Autun, prieuré.
Salives, diocèse de Langres, prévôté.
Vanvey, diocèse de Langres, prieuré.
Recey.
Larrey-Poinson, prieuré.
Saint-Seine, abbaye, mairie, diocèse de Langres.
Latrecey, prieuré.

Paroisses

Ampilly-les-Bordes.
Ampilly-le-sec.
Aprey.
Avelange.
Autricourt.
Barjon.
Balot.
Baumlac-Roche.
Beaunotte.
Belan.
Bligny-le-Sec.
Bellenot-sous-Origny.
Benevre.
Bissey-la-Côte.
Bissey-la-Pierre.
Billy-près-Chanceau.
Blaisy-le-Bas.
Blaisy-le-Haut.
Boux.
Bremur.
Bricon.
Brion.
Buncey.
Bunière.
Bure.
Busseau.
Busserote.
Bussière.
Bussy-le-Grand.
Chalvosson.
Chameroi.
Chamesson.
Champagny.
Charancey,
Chaume.
Chaumont-le-Bois.
Courban.
Corcelles-les-Rangs.
Courpoyer-la-Chapelle.
Coulmier-le-Sec.
Courtévêque.
Créancey.
Darcey.
Echalot.
Essarois.
Etalante.
Etormay.

Etrochey.
Fontaine-en-Duêmois.
Francheville.
Fraignot.
Frainoy.
Frolois.
Giez-sur-Aujon.
Gissey-sous-Flavigny.
Gresigny.
Jours.
Léry.
Leffond.
Louesme.
Magny-Lambert.
Maisey-le-Duc.
Marcenay.
Margelle. (la)
Massingy.
Mauvilly.
Melesson.
Minot.
Moitron.
Moloy.
Montliot.
Mont-saint-Martin.
Montmoyen.
Montribour.
Mosson.
Nod.
Origny.
Pange.
Pellerey.
Poinsenote.
Poiseul-la-Grange.
Poiseul-la-Ville.
Poncey.
Prancey.
Pralay.
Quemigny.
Richebourg.
Rochefort.
Rochetaillée.
Rouelle.
Saint-Broingt.
Sainte-Colombe.
Saint-Germain-la-Feuille.
Saint-Germain-le-Rocheux.

BAILLIAGE DE CHATILLON-SUR-SEINE.   327

Saint-Marc.
Semoutier.
Serilly.
Tenissey.
Terrefondrée.
Toire.
Trouhaut.
Turcey.

Vaux.
Verrey-sous-Salmaise.
Villeneuve. (la)
Villers-sur-Suize.
Villers-le-Duc.
Villotte. (la)
Villotte-près-Maizey.
Voulaine.

Hameaux

Beaulieu.
Blacey.
Bordes-Bricard.
Bordes-Pillot.
Bordes-Plaisantes.
Bordes-sous-Saumaize.
Bouzot.
Cessey-près-Jours.
Champigny.
Champigny-le-Neuf.
Charmois.
Châtellenot.
Chaugey.
Chemin-d'Aisey.
Cheneroille.
Cinqfonds.
Combe-au-Foretier.
Combe-du-Rup.
Cône.
Conquelot.
Corcelles-les-Rangs.
Corcelles-sur-Aujon.
Courpoyer-les-Moines.
Cresay-sur-Suize.
Didier.
Epilan.
Foiseul.
Folie. (la)
Forêt. (la)
Frère-Martin.
Froideville.
Fromanteau.
Lagneuf.
Larson.
Layer.
Lochère.
Logerot.

Luesne. (la)
Maladière.
Massoul. (la)
Marai.
Menéble.
Montagne. (la)
Montarnet.
Montenaille.
Montenet.
Morot.
Munois.
Oigny.
Orray.
Palus. (la)
Perrière. (la)
Plaisance.
Poisel.
Prairay.
Prejelan.
Presilly.
Quartier. (le)
Quemignerot.
Rompray.
Semont.
Soutreux.
Ternans.
Toirey.
Valbruant.
Vanerre.
Vaubusin.
Vaugimois.
Vaux-de-la-Saule.
Vaux-Ferme.
Vaux-sous-Origny.
Vesvrotte.
Voisin.

LES COMTÉS DÉPENDANTS
DU DUCHÉ DE BOURGOGNE

I. CHAROLAIS

Le Charolais formait le premier comté de la province et des États de Bourgogne, étant le plus noble fief mouvant du duché. Il avait été le titre d'honneur des fils aînés de Bourgogne et le fut du prince puîné de la maison de Condé. A ce bailliage qui avait 11 lieues sur 8 ressortissaient la châtellenie de *Charolles* comprenant la justice d'Artus, Dondin, Sanvigne et Sauvement, la châtellenie ou baronnie de Mont-Saint-Vincent, les baronnies de Digoin, Joncy et Lugny, enfin les seigneuries des prieurés de Paray, Toulon, Perrecy, Charolles, Bragny et la commanderie d'Épinac.

BAILLIAGE

Son ressort administratif comprenait 2 villes, 4 bourgs, 65 paroisses, 23 hameaux.

Villes

Charolles, diocèse d'Autun, prieuré de bénédictins de Ste-Madeleine, Clarisses, Visitation, collége, hôpital, bailliage des cas royaux, 6me principal du Parlement de Bourgogne, 1re ville des anciens États particuliers du Charolais.

Paray-le-Monial, diocèse d'Autun, prieuré de Bénédictins, mépart, Ursulines, Visitation, collége régenté par les Jésuites, hôpital.

Bourgs

Mont-Saint-Vincent, diocèse de Chalon, mairie.

Digoin, pour les deux tiers, diocèse d'Autun, l'autre tiers est en Brionnais.

Toulon-sur-Arroux, diocèse

BAILLIAGE DE CHAROLLES.

d'Autun, départ, bénédictines.

Perrecy, prieuré, diocèse d'Autun.

Paroisses

Avrilly.
Balore.
Baron.
Baubery.
Bragny.
Bussouil.
Céy.
Changy.
Champlecy.
Chauvant.
Chassy.
Ciry.
Clessy.
Collonges.
Dompierre-les-Ormes.
Fautrière.
Fontenay.
Genelard.
Genouilly.
Gourdon.
Grandvaux.
Hautefond.
Joncy.
Lugny.
Laneau.
Larcy.
Marcilly.
Mary.
Marigny.
Marizy.
Marly.
Martigny.
Mornay.

Nochise.
Oudry.
Ozolles.
Palinges.
Poisson.
Pouilloux.
Pressy-sous-Dondin
Puley. (le)
Saint-Aubin.
Saint-Bérain-sous-Sanvigne.
Saint-Bonnet-de-Joux.
Saint-Bonnet-de-Vieille-Vigne
Saint-Eusèbe-des-Bois.
Saint-Germain-de-Rive.
Saint-Léger.
Saint-Micaut.
Saint-Romain-sous-Gourdon.
Saint-Romain-sous-Versigny.
Saint-Symphorien.
Saint-Vallier.
Saint-Vincent.
Sanvigne.
Savianges.
Suin.
Vandenesse-sous-Charolles.
Vaudebarier.
Verosvre.
Vigny.
Villorbeine.
Viry.
Vitry.
Volesvre.

Hameaux

Blanzy.
Chassenard.
Gaubert.
Gougnon.
Mont d'Auxy.
Motte-Saint-Jean. (la)
Rigny-sur-Arroux.
Rosier.
Rousset. (le)
Sainte-Colombe.
Saint-Eugène.

Saint-Julien.
Saint-Laurent-d'Andenay.
Saint-Marcellin.
Saint-Martin-sur-Guye.
Saint-Privé.
Vandenesse-sur-Arroux.
Varennes-Reuillon.
Verrière. (la)
Villars, Limmant et l'Abergement.
Vindecy.

II. MACONNAIS

Le Mâconnais était le second Comté de la Province et des États de Bourgogne et le 8ᵐᵉ bailliage du gouvernement de la même province; son étendue de l'est à l'ouest mesurait onze lieues, et du nord au sud de neuf à dix; il comprenait en outre la baronnie de Romenay, enclavée dans la Bresse chalonnaise, et la ville de Marcigny avec sa seigneurie ou dépendances du Prieuré situées en Brionnais, ainsi que les terres de Cluny.

§ I. — ÉLECTION OU BAILLIAGE DE MACON PROPREMENT DIT

Cette partie, la plus ancienne du Comté de Mâcon, confinée par la Saône à l'est, se composait de 4 villes, 4 bourgs, 163 paroisses, 16 hameaux.

Villes

Mâcon, 4ᵐᵉ évêché suffragant de la métropole de Lyon; église cathédrale Saint-Vincent, collégiale de Saint-Pierre avec un chapitre noble, 2 paroisses : Saint-Pierre et Saint-Étienne. Commanderie de Malte, 7 autres communautés religieuses tant d'hommes que de femmes, séminaire, collége tenu par les Jésuites, hôpital, bailliage principal du Parlement de Paris, Chambre des Élus des États particuliers du Mâconnais, 1ʳᵉ ville de ces États.

Cluny, abbaye, chef d'ordre, immédiatement soumise au Saint-Siège, 3 paroisses : Saint-Mayeul, Notre-Dame et Saint-Marcel sous la juridiction spirituelle du grand-archidiacre de l'abbaye, Récollets, hôpital, justice-mage de la ville et de la mense conventuelle ressortissant au Parlement de Paris, 3ᵐᵉ ville des États du Mâconnais.

Tournus, diocése de Chalon, abbaye de Saint-Philibert, 2 paroisses : Saint-André et Sainte-Madeleine, séminaire, Bénédictines, Récollets, collége, hôpital, 2ᵐᵉ ville des États du Mâconnais.

Saint-Gengoux-le-Royal, diocése de Chalon, mépart, Ursulines, hôpital, mairie, châtellenie royale du bailliage de Mâcon, 4ᵐᵉ ville des États.

BAILLIAGE DE MACON.

Bourgs

Châteauneuf.
Clayette. (la)

Lugny.
Romenay, baronnie de l'évêque de Mâcon.

Paroisses

Aînard.
Ameugny.
Azé.
Azolette.
Athie.
Bergesserin.
Berzé-la-Ville.
Berzé-le-Château.
Bissy-sur-Fley.
Bissy-sous-Uxelles.
Blanot.
Bonnay.
Bourgvillain.
Boyer.
Bray.
Brandon.
Buffière.
Bargy.
Burnan.
Burzy.
Bussière.
Chaintré.
Chasne.
Chapelle-de-Bragny. (la)
Chapelle-de-Quinchay. (la)
Chapelle-du-Mont-de-France. (la)
Chapelle-sous-Dun. (la)
Charbonnière.
Chardonnay.
Charnay.
Chazelle.
Chasselas.
Chassigny-sous-Dun.
Chassigny et Beaudemont.
Château.
Chauffailles.
Chevagny-la-Chevrière.
Chevagny-sur-Guye.
Chissey.
Ciergue.
Clermain.
Clessé.

Confranson.
Cortambert.
Cotte.
Coublanc.
Cray-Saint-Paul.
Crèche.
Culles.
Curtil-sous-Buffière.
Curtil-sous-Burnand.
Davayé.
Domange.
Donzy-le-Pertuis.
Donzy-le-Royal.
Farge.
Flacey.
Flagy.
Fley.
Fleury près Loches.
Fleury près Saint-Sernin.
Fuissé.
Germagny.
Grevilly.
Hurigny.
Jalogny.
Igé.
Jugy.
Laisme.
Laisé.
Lancié.
Langue.
Ligny.
Lis.
Loché.
Lournand.
Malay.
Mazille.
Massy.
Massilly.
Messey.
Milly.
Montagny.
Montbelet.
Nussy-sous-Dun.

Nancelle.
Ozenay.
Passy.
Péronne.
Pierreclos.
Plots.
Praye.
Préty.
Prissé.
Prusilly.
Rochette. (la)
Romanèche.
Rousset. (le)
Sailly.
Saint-Albin.
Saint-Amour.
Saint-André-le-Désert.
Saint-Boil.
Sainte-Catherine-de-la-Bergement.
Sainte-Cécile.
Saint-Clément près Mâcon
Saint-Clément-sur-Guye.
Saint-Harague-sur-Guye.
Saint-Gengoux-de-Sissé.
Saint-Germain-du-Bois.
Saint-Hippolyte.
Saint-Jean-le-Priche.
Saint-Igny-de-Roche.
Saint-Ithaire.
Saint-Laurent-en-Brionnais.
Saint-Léger.
Saint-Marcellin-sur-Guye.
Saint-Martin-de-Croix.
Saint-Martin-de-Salancey.
Saint-Martin-de-Senozan.
Saint-Martin-du-Tartres.
Saint-Maurice-des-Prés.
Saint-Maurice-de-Châteauneuf.
Saint-Maurice-près-la-Rochette.
Saint-Ouen.
Saint-Pierre-de-Senozan.
Saint-Pierre-le-Vieux.
Saint-Point.
Saint-Quentin.
Saint-Sernin.
Saint-Symphorien-d'Ancelles.
Saint-Sorlin.
Saint-Vérand.
Saint-Vincent-des-Prés.
Salle. (la)
Salornay-sur-Guye.
Sancé.
Santilly.
Satonny.
Savigny-sur-Grosne.
Saule.
Sennecey.
Sercy.
Serrière.
Sologny.
Solutré.
Taisey.
Tancon.
Tramayes.
Trambly.
Varenne-sous-Dun.
Varenne-sous-Mâcon.
Vaux-en-Prés.
Uichizy.
Vergisson.
Vérizet.
Vers.
Verzé.
Villars.
Vineuse. (la)
Vinzelle.
Virey.
Vitry.

Hameaux

Bourgeuil et Maumont.
Cersot et Mantot.
Dulfé.
Genouilly (l'hôpital de)
Laives.
Merzé et Varange.
Montsarin et Poluzot.
Ougy.
Pozolles.
Pressy-sous-Dondin.
Saint-Forjeu.
Saint-Julien.
Sermaize et le Treuil.
Tesseul.
Vercheseul.
Vingelle.

§ II. — PARTIE DU BAILLIAGE EN BRIONNAIS

Ville

Marcigny, diocèse d'Autun, Prieuré de Bénédictines, départ, Récollets et Ursulines, hôpital, 21ᵐᵉ ville qui députait aux États de Bourgogne. Elle était jadis du bailliage de Semur en Brionnais, et dépendait du duché, de même que toutes les paroisses du bailliage de Mâcon situées au diocèse d'Autun. 2 bourgs, 27 paroisses, 15 hameaux.

Bourgs

Bois-Sainte-Marie. | Matour.

Paroisses

Amanzé.
Chambilly.
Chapelle-sous-Dun. (la)
Colombier.
Curbigny.
Dompierre-les-Ormes.
Dun-le-Roi.
Dyo.
Gibles.
Meulin.
Montmelard.
Ozolles.

Ouroux-sous-le-Bois.
Prizy-d'Amanzé.
Saint-Didier-en-Brionnais.
Saint-Germain-des-Bois.
Saint-Julien-de-Civry.
Saint-Léger-sous-la-Bussière.
Saint-Symphorien-des-Bois.
Trivy.
Vareille.
Varennes-en-Brionnais.
Verzauje.

Hameaux

Artais-en-Royauté.
Chantry et Chanvenot.
Guiche. (la)
Mont et la Colombe-aux-Perrières.
Oyé en partie.
Perret. (le)
Putière et la Brosse.
Saint-Ambreuil.

Saint-Christophe-en-Royauté.
Saint-Germain-de-Rive.
Saint-Igny-de-Vers.
Selorre et Sermaize.
Sivignon.
Tiellay.
Toley.
Tradet.

III. AUXERROIS

L'Auxerrois était le troisième comté de la province et des États de Bourgogne. C'était le 9ᵉ bailliage du gouvernement et faisait une lieutenance générale avec l'Autunois et l'Auxois. Il comptait 9 lieues du nord au sud et 5 de l'est à l'ouest, sans compter la seigneurie de Seignelay.

Bailliage ou Comté d'Auxerre

La circonscription de ce bailliage qui ressortissait au Parlement de Paris comprenait sans compter Auxerre : 6 villes, 4 bourgs, 21 paroisses et 5 hameaux.

Villes

Auxerre, Évêché suffragant de la province de Sens, 5 abbayes : Saint-Germain, Saint-Pierre, Saint-Marien, Saint-Julien, Notre-Dame, collégiale, 2 prieurés : Saint-Amatre, Notre-Dame, 12 paroisses : Saint-Pierre, Saint-Renobert, Saint-Père, Saint-Eusèbe, Notre-Dame-la-Dehors, Saint-Marnet, Saint-Loup, Saint-Pèlerin, Saint-Amatre, Saint-Gervais, Saints-Martin et Julien, Saints-Martin et Marien, séminaire, Commanderie de Malte ; 7 communautés de divers ordres, collège régenté par les Jésuites, 2 hôpitaux, Bailliage principal et présidial du Parlement de Paris, 13ᵐᵉ ville des États et la 12ᵉ qui nommait l'Élu.

Cravant, Ursulines, mairie, députait alternativement avec les 2 villes suivantes aux États de Bourgogne.

Vermenton, Providence, mairie.
Saint-Bris, marquisat.
Coulanges-sur-Yonne.
Coulanges-la-Vineuse.
Mailly-le-Château.

Toutes ces villes étaient du diocèse d'Auxerre.

Bourgs

Mailly-la-ville.
Migé.

Courson.
Chitry en partie.

Paroisses

Augy.
Crain.
Escolives.
Festigny.
Fontenay.
Fontenaille.
Fouronnes.
Goix.
Gurgy.

Lucy-sur-Cure.
Méry-le-Sec.
Méry-sur-Yonne.
Montigny-le-Roi.
Perrigny.
Queine.
Saint-Georges.
Sery.
Val-de-Mercy.

Venoy.
Villargeau.

Vincelles.

Hameaux

Cassy.
Monéteau.
Mouffy.

Souilly.
Vilotte. (la)

BAILLIAGE SEIGNEURIAL DE SEIGNELAY

Cette terre ne comprenait que le bourg de Seignelay et 4 paroisses.

Ville

Seignelay, diocèse d'Auxerre, marquisat ressortissant au parlement de Paris, députait aux États de Bourgogne.

Paroisses

Beaumont.
Chemilly.

Saint-Cyr.
Villeneuve-Saint-Salle.

IV. COMTÉ DE BAR-SUR-SEINE

Ce comté était le dixième bailliage du gouvernement de Bourgogne et le 4ᵉ comté des États de Bourgogne.

BAILLIAGE

Il avait 5 lieues de l'est à l'ouest et autant du nord au sud. Il comprenait 3 bourgs, 18 paroisses et 8 hameaux.

Ville

Bar-sur-Seine, diocèse de Langres, Saint-Étienne, mépart 2 prieurés : Saint-Étienne et les Mathurins, Ursulines, collège et hôpital.

Bourgs

Ricey-Hauterive.
Ricey-le-Bas.

Ricey-le-Haut.

Paroisses

- Arelles.
- Avirey.
- Balnot.
- Bourguignon.
- Buxeuil.
- Bussières.
- Chauffour.
- Landreville.
- Lingey.
- Loches.
- Merrey.
- Polisy.
- Polisot.
- Riel-les-Eaux.
- Ville-sur-Arce.
- Villemorien.
- Vivier-sur-Arce.
- Celle et Jully.

Hameaux

- Bailly.
- Borde. (la)
- Champigny.
- Fois.
- Forêt. (la)
- More et les Granges.
- Valeure.
- Villeneuve.

TABLE DES MATIÈRES

	Pages.
Préface	1
Introduction : Temps préhistoriques. — L'âge de pierre. — Gisements en Bourgogne. — L'âge de bronze. — Stations lacustres. — L'âge de fer. — Les Eduens	xiii

LIVRE I⁰⁰. — LES ROMAINS

Chapitre I. — Temps primitifs ou période éduenne

Premiers habitants	1
Bibracte, capitale des Eduens	2
Organisation politique et sociale . . .	3
Emigrations principales	4
Cantonnements et fondation des villes . .	6
Vêtements des Eduens	7
Leurs armes offensives et défensives . .	8
Leur religion	9
Les Druides	10
Mœurs et coutumes, repas, hospitalité . .	11
Division du temps	13

Chapitre II. — Conquête romaine

Ingérence de Rome dans les affaires de la Gaule	15
Guerre des Eduens contre les Allobroges .	16
Invasion d'Arioviste et des Helvétiens . .	17
Alliance des Romains et des Eduens . .	18
Victoires de César	19
Révolte de la Gaule, Vercingétorix . . .	20
Siége d'Alise	21
César organise sa conquête	23

CHAPITRE III. — LES CÉSARS

                                                           Pages.

- Politique romaine, Auguste 26
- Fondation d'Autun 28
- Nouvelle division de la Gaule 30
- Paix universelle 31
- Tibère et Sacrovir 32
- Caligula, Claude et le druidisme . . . 33
- Néron, incendie de Lyon 37

CHAPITRE IV. — LE CHRISTIANISME

- I. — Période apostolique 35
- La Judée et les Gaulois 36
- II. — Période gréco-orientale 37
- Premiers missionnaires 38
- Prédication et Martyre de saint Marcel . 40
- —   — de saint Valérien . 41
- Martyre des saints Jumeaux 42
- Prédication et Martyre de saint Bénigne . 43
- Martyre de saint Symphorien 45
- III. — Période romaine (saint Révérien) . 46
- Nouveaux martyrs 47
- Saint Rhétice 48
- Saint Martin à Autun 49

CHAPITRE V. — FIN DE LA DOMINATION ROMAINE

- Décadence de l'Empire 50
- Successeurs de Néron et la Gaule . . . 51
- Révolte de Maricus 52
- Vespasien et Sabinus 53
- Règne des Antonins, âge d'or de l'Empire. 54
- Les princes Syriens 55
- Les usurpateurs militaires 56
- L'empereur Gaulois Posthume 57
- Probus introduit la vigne en Gaule . . 58
- Constance-Chlore et les Eduens . . . 59
- Les écoles Méniennes 60
- Constantin à Autun 61
- Le Labarum 62
- Invasion des Barbares 63
- Prise de Rome 64

LIVRE II. — LES ROIS

Chapitre 1er. — Ère burgondienne

	Pages.
Origine des Burgondes	65
Leur organisation politique et religieuse	66
Leur arrivée en Gaule	67
Leur conversion au christianisme	68
Etablissement de la royauté	69
Gondicaire, 1er roi	70
Ses conquêtes	id
Gondioc, 2me roi	71
Partage des terres	72
Chilpéric, 3me roi	73
Son respect pour les évêques	id
Gondebaud, 4me roi	74
Son ambition et ses victoires	75
Sainte Clotilde épouse Clovis	76
La loi Gombette	77
Dijon au VIe siècle	79
Fondations monastiques	80
Saint Sigismond, 5me roi	81
Ses vertus et ses malheurs	82
Gondemar, 6me roi	83
Fin de la dynastie burgondienne	84
Le royaume de Bourgogne et les Mérovingiens	85

Chapitre II. — Ère mérovingienne

Politique de Clovis	86
Théodebert et Théodebald, Clotaire Ier	87
Saint Gontran, roi de Bourgogne	88
Querelle de Frédégonde et de Brunehaut	89
Guerres en Bourgogne, traité d'Andelot	90
Saint Colomban fonde Luxeuil	91
Vertus et bienfaits de saint Gontran	id
Childebert roi d'Austrasie et de Bourgogne	92
Thierry, roi de Bourgogne	93
Brunehaut restaure les édifices d'Autun	94
Etablissements religieux : Saint-Martin	95

	Pages.
Saint-Symphorien et saint-Jean	*id*
La porcheresse d'Auxy	96
Projets et mort de Brunehaut	97
Clotaire II, sa politique	98
Dagobert unit la Bourgogne à la Neustrie.	99
Clovis II, roi de Neustrie et de Bourgogne.	100
Régence et bienfaits de sainte Bathilde	101
Clotaire III et Childéric	102
Saint Léger, évêque d'Autun	103
Sa disgrâce et son martyre	104
Tyrannie d'Ebroïn	105
Les rois fainéants et les Pépins	107
Résistance des Bourguignons	108
Invasion des Sarrasins, saint Emiland	109

CHAPITRE III. — ÈRE MÉROVINGIENNE

État de la société au VIIIe siècle	110
Rôle bienfaisant des évêques	112
Les cours plénières et les plaids	113
Les comtes d'Autun	114
Pépin le Bref	115
Charlemagne et la Bourgogne	116
Suite des comtes d'Autun	117
Louis le Débonnaire	118
Bataille de Fontenay	119
Charles le Chauve et les comtes d'Autun	120
Etablissement de la féodalité	121
Droits et devoirs des seigneurs	122
Louis le Bègue	123
Nouveaux royaumes de Bourgogne	124

CHAPITRE IV. — ÈRE CAPÉTIENNE

Décadence des Carlovingiens	126
Avénement des ducs de France	127
Suite des comtes d'Autun	128
Ils deviennent ducs de Bourgogne	129
I. — *Richard le Justicier*	130
Fondation de Cluny	131
II. — *Raoul le Noble*	132
Son avénement au trône de France	133
III. — *Gislebert de Vergy*	134

	Pages.
Les armoiries de Bourgogne	135
IV. — *Hugues le Noir*	id.
Plaid royal à Autun	id.
V. — *Hugues le Blanc*	136
Grandeur de sa maison	id.
VI. — *Othon ou Eudes*	137
VII. — *Henri le Grand*	138
Fondation de Paray-le-Monial	id.
VIII. — *Othe-Guillaume*	139
Fin du duché bénéficiaire	id.
Famine de l'an 1032	140
Saint Odilon et saint Ardain de Tournus	141
Trêve ou paix de Dieu	142

LIVRE III. — LES DUCS

Chapitre I. — Les Capétiens directs

Constitution féodale	143
Pairs et Etats de Bourgogne	144
Chalon au XIe siècle	145
Résidences des ducs	146
Usages de la cour ducale	147
Le chancelier, le connétable, les maréchaux de Bourgogne	148
Le sénéchal de Bourgogne	149
Robert Ier, le Vieux	id.
Sa politique	150
Saint Hugues, abbé de Cluny	151
Hugues Ier	152
Sa retraite à Cluny	153
Eudes Ier, Borel	154
Construction de l'église de Cluny	155
Fondation de Cîteaux	156
Costume des cisterciens	id.
Hugues II	157
Saint Bernard se retire à Cîteaux	158
Eudes II	159
Saint Bernard et la seconde croisade	160
Hugues III	id.
La Sainte-Chapelle de Dijon	161
Duché-pairie de Langres	162

	Pages.
La chapelotte	163
L'alleluia au XIIe siècle	164
Eudes III.	165
L'hôpital du Saint-Esprit	166
Apogée de la chevalerie	167
Les communes en Bourgogne	168
Création d'un bailliage à Mâcon	169
Les Bourguignons à Bouvines	id.
Les Ladres ou maizaux	170
Hugues IV	171
Les églises au XIIIe siècle	171
Puissance de la maison de Bourgogne	172
Le comté de Bourgogne appelé Franche-Comté	173
Saint Louis visite le duché	174
Illustre descendance de Hugues IV	175
Robert II	177
Monnaies bourguignonnes	178
Caractère du gouvernement de Robert	179
Hugues V	180
Abolition des Templiers, la franc-maçonnerie	181
La mode au XIVe siècle	182
Eudes IV	id.
Réunion du duché et du comté de Bourgogne	183
La peste noire	184
Philippe de Rouvre	185
La guerre de cent ans	186
Les Anglais en Bourgogne	187
L'âge d'or de la théologie	189

CHAPITRE II. — LES VALOIS

État de la province	190
Féeries et mystères	191
Mœurs et coutumes	192
Etendards bourguignons	193
Philippe le Hardi	194
Il chasse les Anglais et les grandes compagnies	195
Son mariage et sa puissance	196

	Pages.
Acquisition de la Flandre	196
La chambre des Comptes de Dijon	197
Charles VI en Bourgogne	198
Acquisition du Charolais	199
Institutions et mort de Philippe le Hardi.	id.
La mode au XVe siècle	200
Jean sans Peur	201
Sa valeur et ses exploits	202
Meurtre du duc d'Orléans	203
Guerre en Flandre	id.
Armagnacs et Bourguignons	204
Jean est assassiné à Montereau	205
Philippe le Bon	206
La Pucelle d'Orléans	207
La guerre de Cent ans en Bourgogne.	id.
Philippe se réconcilie avec le roi et avec le duc d'Orléans	209
Fêtes en Bourgogne	210
Négociations pour une croisade	211
Honneurs rendus à Philippe le Bon.	212
Intrigues de Louis XI en Flandre	213
La Toison d'or	214
Charles le Téméraire	215
Ses démêlés avec Louis XI	id.
Entrevue de Péronne	216
Charles veut reconstituer le royaume de Bourgogne	217
Mécontentement des Suisses	218
Batailles de Granson et de Morat	219
Mort de Charles le Téméraire	221
Son portrait et sa puissance	222
Réunion de la Bourgogne	id.
Louis XI institue le Parlement de Dijon	223
Premiers gouverneurs de la province	224
Mariage de Marie de Bourgogne	225
Sa fin tragique	226
Charles VIII et Marguerite de Bourgogne.	227
Le roi visite les villes de Dijon, Chalon, Mâcon	228
Louis XII	229
Siége de Dijon par les Suisses	id.
François Ier et le traité de Madrid	230

	Pages.
La mode au XVIe siècle.	231
Décadence des mœurs	232
Guerres de religion	233
Gaspard de Tavannes	id.
L'hérésie pénètre dans quelques villes	234
Ne peut s'implanter dans les autres	235
Henri II et François II	236
Charles IX et l'édit de janvier	237
Massacres à Chalon et à Beaune	id.
Montbrun dévaste la Bourgogne	238
Cluny est pillé	id.
Voyage du roi à Dijon, énergie de Tavan'	239
Coligny recommence la guerre civile	240
Les Reîtres en Bourgogne	241
La province est préservée des massacres de la Saint-Barthélemy	id.
Wolfang en Bourgogne	242
La Ligue et les partis politiques	243
Siége d'Autun	244
Fin des guerres	245
Conversion de Henri IV	246
Son entrée à Dijon	247
Annexion de la Bresse au duché	248

CHAPITRE III. — LES BOURBONS

La Bourgogne et les Bourbons	249
Les Condés, gouverneurs de la province	250
Louis de France, duc de Bourgogne	251
Joseph-Xavier de France, dernier duc	252
Sa mort prématurée	253
Franchises communales	254
Le maïeur de Dijon	255
Ses priviléges	256
Le vierg d'Autun	257
Son élection	258
Montre de la *Saint-Ladre*	259
Le maire de Chalon	260
Ses attributions	261
Prérogatives de l'évêque de Chalon	262
Municipalités de Mâcon et d'Auxerre	263
Magistrats de Châtillon-sur-Seine	264

	Pages.
Vie municipale	265
Les baillis	266
Officiers des bailliages	267
Justice secondaire	268
Parlement de Bourgogne	269
Gouvernement royal.	270
Henri IV	id.
Louis XIII et les Lanturlus	271
Les Jésuites à Chalon	272
Charles-Quint et les Comtois	273
Politique de Richelieu	274
Renaissance catholique	275
Pontus de Thiard	276
Bénigne Joly et autres pieux personnages.	277
Trouble de la Fronde	278
Conquête de la Franche-Comté	279
Louis XIV à Dijon	280
Une fête au palais ducal	281
Louis XV, l'Académie de Dijon	283
Louis-Joseph, 8e prince de Condé	284
Les Condés et les Bonaparte	285
Louis XVI	286
Fondation du Creusot	287
Buffon et Cazotte	288
Imminence d'une révolution	289
Organisation provinciale	290
Les États de la Bourgogne	291
Chambre de la conférence	293
Les Élus des États	294
Administration judiciaire	295
Division ecclésiastique	296
La Révolution et ses réformes	297
TABLEAU des villes, bourgs, paroisses et hameaux de Bourgogne	299

FIN DE LA TABLE.

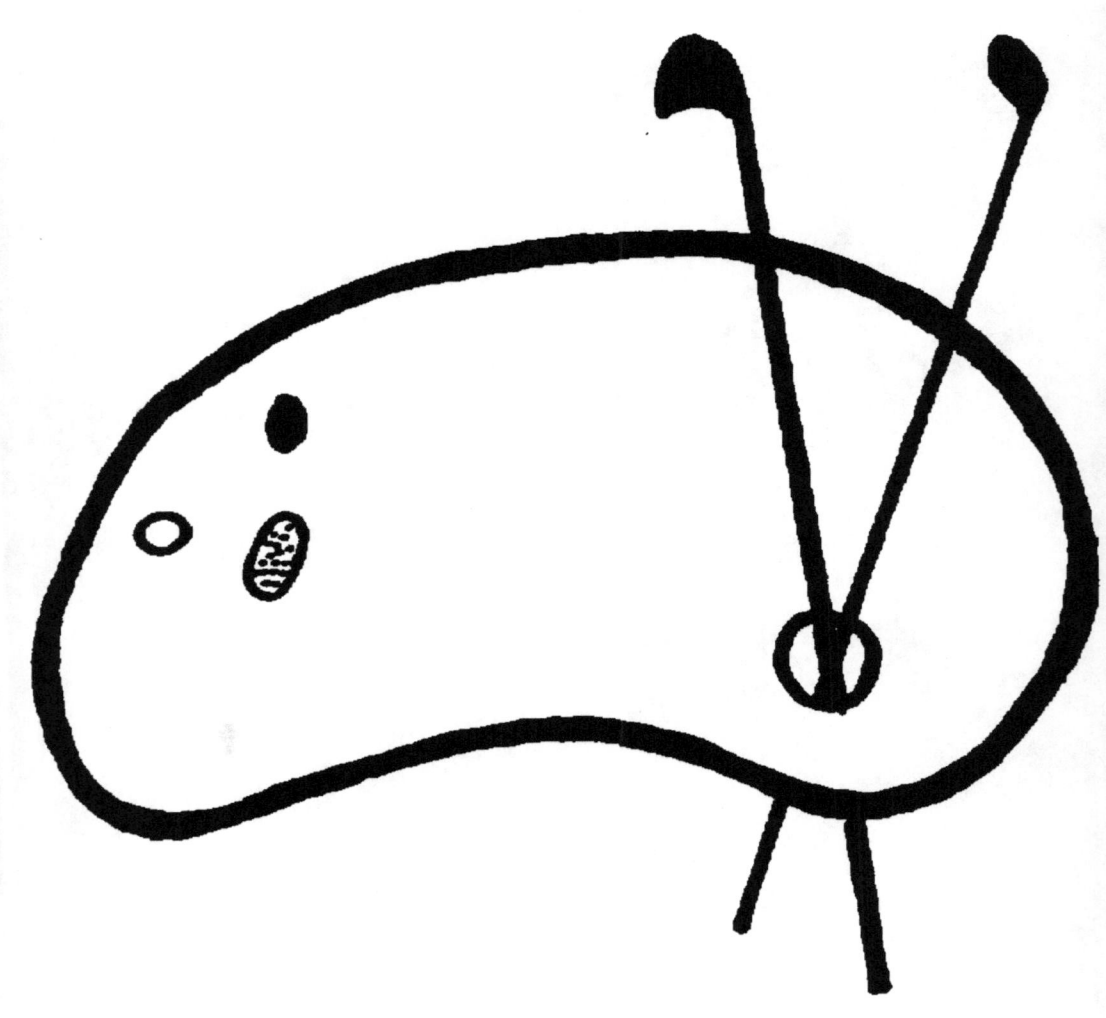

ORIGINAL EN COULEUR
NF Z 43-120-8

www.ingramcontent.com/pod-product-compliance
Lightning Source LLC
Chambersburg PA
CBHW070457170426
43201CB00010B/1380